●

**도스토예프스키
만나다**

도스토예프스키
만나다

지은이　김형진

머리말

　인간은 자유롭게 태어났다. 모두들 그렇게 알고 있다. 그러나 로마와 같은 노예제 국가를 떠올릴 것도 없이, 조선 인구 중 적어도 3분지 1 이상이 노비였다는 사실을 상기해보면, 우리가 당연한 진리로 간주하고 있는 자유 관념도, 그렇게 수월하게 얻어진 것만은 아니라는 점을 알게 될 것이다. 자유는 장기간에 걸쳐서 힘겹게 발전해온 개념이고, 앞으로도 갈 길이 먼 이상이다.

　도스토예프스키는 현대적 의미의 자유가 태동하는 시대에, 누구보다 앞서서 자유의 의미와 한계에 대해 고민했던 작가다. 그에게 자유는 그냥 주어진 선물이 아니라, 사람이 사람답게 살기 위한 조건이자, 목표였다. 어떤 면에서 보면, 그가 『대심문관』에서 질문한 것은, 신과 인간의 관계가 아니라, 자유 그 자체에 대한 것이라 할 수 있다. 인간이라면 모두 같은 내용의 자유를 누릴 자격이 있는가, 빵은 자유를 대신할 수 있는가, 그리고 자유를 위해 인간이 인간을 억압할 수 있는가 등이 그 물음에 포함되어 있었다.

　그는 비상한 결의와 확신에 찬 자각이 없다면. 자유는 감당할 수 없는 것이라는 사실을 보여주었다. 철학과 종교가 높은 곳에 고고하게 걸려 있는 이상적 자유를 설파할 때, 그는 지상으로 내려온 자유, 번잡한 길거리에서 마주치는 자유, 평범한 사람들의 행동으로 나타나는 자유의 모습을 생생하게 그려냈다.

죄 많고 병든 육신, 욕정과 욕망에 찌든 육체가 표현하고 갈구하는 자유를 눈에 보이고, 손에 잡히는 양태로 구체화해 보였던 것이다. 그는 『지하실의 수기』에서 욕망에 굴복한 자유는 언제나 목마름과 갈증으로 귀결되고, 종국에는 자신과 그를 중심으로 하는 세계의 파멸을 가져올 뿐이라는 사실을 증명하였다. 자유는 욕망을 따르는 것이 아니라, 욕망을 제어하는 것이다.

그러나 욕망의 통제는 맹목적으로 신에게만 매달리지 않고, 내 힘으로 일어서겠다는 주체의식의 성장, 자발적 반성이 필요한 법이다. 그가 일생에 걸쳐 아름답고 완전한 인물을 그려내려고 노력한 것은 그런 이유다. 그는 그리스도를 이상으로 삼고 그 이상을 간직한 인간이야말로 지상에 필요한 존재라는 것을 감지하였다.

제아무리 자유를 일신에 구현하였어도, 타인의 고통에 눈을 감고, 사람들을 사랑하지 못한다면, 그 자유가 무슨 소용이 있겠는가. 신이 자유를 부여한 것은 그 자유를 이용하여 아름다운 인격이 되라는 것이고, 아름다운 인격은 네 이웃을 사랑하는 데서 완성된다. 그것이 조시마 장로가 우리에게 던지는 화두이다. 자유는 사랑으로 마무리된다.

도스토예프스키는 과거의 작가가 아니라, 현재의 작가다. 그것은 그가 던지는 질문의 현대성 때문이다. 그가 제기한 문제는 오늘날에도 여전히 유효하고, 현대의 시각과 입장에서 대답을 찾아볼 것을 독자에게 요구하고 있다. 누구라도 마찬가지겠지만, 그러한 물음에 흥미를 갖는다는 것은 벌써 그의 세계에 들어섰다는 얘기다.

등장인물의 대화 한 마디 한 마디에 전율을 느끼고, 그들의 행보에 조바심이 일었다면, 소설가 이병주가 말한, 톨스토이형 인간과 도스토예프스키형 인간 중 후자에 속한다는 증거다. 나는 그를 처음 접한 이래 언제나 나 자신이 도스토예프스키형 인간이라는 점을 자랑스러워해 왔다. 시간이 허락하면, 반복적으로 그의 작품이나, 그를 다룬 평론과 평전-2차 서적들을 읽어왔다. 그것은 늘 즐거움이었다.

하지만 그에 대한 2차 서적들은 거의 모두가 그가 말했던 것에만 초점을 맞추고 있다. 그것은 도스토예프스키를 과거의 시점에 박제시키고 고정시켜 놓는 일이다. 오늘의 우리가 왜 그를 어제의 시각으로만 보아야 하는가. 나의 도스토예프스키를 위해서도 현대적 관점에서 평가하는 시도가 하나쯤은 있어야 한다는 안타까움이 있었다.

이 책은 그와 같은 고민의 산물이다. 그러한 작업을 위해서는 그가 말했던 것은 물론이고, 말하려 했던 것에도 주목해야 한다고 보았다. 그가 말한 것을 기초로, 말하고 싶어 했던 것을 체계 지을 때 비로소 그의 현대적 의의가 제대로 드러날 수 있다는 것이 나의 생각이다.

내 의도가 성공했는지의 여부는 중요한 것이 아니다. 다만 바람은 이를 계기로 도스토예프스키의 현대화를 넘어 미래화로 나가는 도화선이 되기를 바라는 것이다. 그는 충분히 그럴 만한 가치가 있는 작가다.

책을 쓰는 데는 물론 여러 사람의 도움이 있었다. 그중에서도 특히 원고를 꼼꼼히 읽고, 격려와 조언을 아끼지 않은 친구 김병직 변호사, 후배 백재선 본부장, 한종술 변호사에게 감사드린다. 어느 누구도 이들의 도스토예프스키 사랑에 미치지 못할 것이다. 그리고 특별히 나의 아내 장찬옥에게 고마움을 표하고 싶다. 아내는 끊임없이 의견을 제시하고, 부족한 점과 개선할 부분을 지적하였다. 어떤 의미에서 이 책은 아내의 작품이기도 하다. 그리고 책의 모양새를 갖추도록 힘써 주신 출판사 이재욱 사장님과 김의수씨, 이정윤씨에게도 감사를 드린다.

2017. 3.
김 형 진

차례

머리말 … 4

제1장 서론 - 자유의 여정
도스토예프스키와 우리 … 12
도스토예프스키의 방법 … 16
도스토예프스키와 현대 … 25

제2장 스비드리가이로프 - 악함과 강함
선인과 악인 … 28
악인과 무서움 … 33
범인과 비범인 … 39
악인과 강함 … 45

제3장 그리스도 - 신의 의도
진리 혹은 그리스도 … 52
인간의 질서 … 57
긍정과 부정 … 62
신의 질서 … 65
대중의 반란 … 69
신 또는 인간 … 72

제4장 호색 - 욕망의 파편
호색 - 삶의 목표? … 78
욕망과 실천이성 … 82
호색 - 욕망의 사생아 … 88
정상과 병리 … 92
욕망 - 자유의 기초 … 97
욕망 - 키메라의 제어 … 100

제5장 므이쉬낀과 알료샤 - 아름다운 영혼
같다 혹은 다르다 … 104
인격 - 덕의 가치 … 109
그리스도 - 우리 속에 온 신 … 113
아름다운 인간 … 116
자연스러움과 아름다움 … 121
성인聖人 - 영원한 꿈 … 125
지상의 낙원 … 128

제6장 키릴로프 - 자살과 자유의 증명

죽는다는 것	…	132
자살, 내재된 모순	…	135
스따브로긴 - 무기력한 황제	…	139
키릴로프 - 인신人神의 꿈	…	144
이반 - 반역의 책사	…	149
신의 위기, 위기의 신	…	153

제7장 대심문관 - 자유와 강자强者

머리말로서의 자유	…	158
결정론과 자유	…	163
자유의 필연성	…	170
자유 - 신의 선택	…	173
인간의 등급	…	180
인간의 영역, 신의 영역	…	188
자유와 공동체 - 도스토예프스키가 말하고 싶었던 것들	…	197

제8장 조시마 장로 - 사랑과 인격의 완성

악의 얼굴	…	206
죄 - 자유의 이면	…	213
양심과 상호인정	…	219
도덕과 상호인정	…	226
상대주의를 넘어서서 - 강자强者의 의무	…	235
조시마 장로	…	242
너 자신을 알라	…	247

제9장 결론 - 자유의 미래

필연이냐 자유냐	…	258
생의 조건으로서의 부조리	…	262
부조리의 극복	…	265
강자强者의 의무	…	270
유일한 대안 - 자유	…	273

제1장 서론 - 자유의 여정

도스토예프스키와 우리

" 도스토예프스키는 과거가 아니라 현재다. 그가 문제를 제기했던 방식과 논의의 내용은 지금도 많은 이에게 자극을 주고, 생각할 재료를 공여하고 있다. "

　도스토예프스키는 이미 백수십 년 전 사망한 과거의 작가다. 그럼에도 현재에도 그가 문제가 되는 이유는 무엇일까. 어떤 점이 그를 망각 속으로 사라지게 하지 않고 오늘을 사는 우리를 끌어당기는지, 무엇이 우리의 관심과 흥미를 자극하는지, 어떤 연결고리가 어제의 그와 오늘의 우리 사이에 있는지 궁금하다.
　그것은 기본적으로 시대와 나라가 달라도 그가 다루었던 주제와 재료가 인간이라는 점에 있다고 생각된다. 작가로서 인간을 다루지 않은 사람은 없겠지만, 특별히 그가 전면에 나서는 이유는 그의 인간을 다루는 방식, 관찰하고 조사하는 태도, 시각, 지향점, 거기서 끌어낸 결과 등이 현재에도 강한 공감과 영감을 주고, 통찰과 사색의 기회를 부여하는 데 있다고 보인다.
　일반적으로 그의 작품을 읽고 느끼게 되는 강렬한 첫인상은 치밀한 심리묘사에서 비롯된다. 숨통을 죄듯 다가오는 심장의 전율은 빠져나갈 길이 없는 외딴 골목으로 독자를 몰고 간다. 그러나 그렇게 가쁜 숨을 몰아쉬고 흥분이 가라앉고 난 뒤, 펼쳐지는 세계는 거대한 절벽인가 하면 끝을 모르는 심연이다. 그에게 중요했던 것은 신, 자유, 선과 악, 사랑, 인간의 구원 같은 심오한 테마였다. 그는 좌고우면하지 않고 곧바로 그것에 도전했고, 누구도 도달하지 못했던 경지에 이르렀다.

인간은 아무런 고민 없이 생을 이어갈 수 있지만, 일단 삶의 비밀에 대해 궁금증을 갖는다면 그 출발점이 어디건 최종적으로는 신과 자유, 선악, 사랑 그리고 구원에 대해 생각하지 않을 수 없다. 삶의 의미와 목적은 그것들과 얽혀있고, 그것들을 풀지 않고서는 한발자국도 나갈 수 없기 때문이다. 내가 지상에 존재하는 이유는 무엇이고, 나를 이곳에 보낸 이는 누구며, 죽음 뒤에는 어디로 가는지, 사는 동안에 추구해야 할 목표와 그것의 성취를 위해 어떠한 태도를 가져야 하는지 알지 못한다.

종교와 철학, 도덕과 법률이 정치精緻한 이론과 숭고한 말씀을 제시하고 있지만 여전히 부족하고 심지어 전혀 도움이 되지 않는다. 인간은 늘 배고프다. 그렇게 태어났고 의문을 풀지 못한 채 사라져갈 처지에 있다. 그러나 그럼에도 불구하고 이곳으로 보내진 목적을 발견하려는 노력을 멈추지 않을 것이고 끊임없이 새로운 답을 찾아내야만 할 운명이기도 하다. 인간의 정신은 여러 단계를 거쳐 왔다. 역사가 누적되고 경험이 쌓이면서 전보다는 넓은 시야와 깊은 통찰을 갖추게 되었다. 그렇다고 뒤에 찾아낸 명제가 종전 것보다 더 진리에 가깝다고 장담할 수는 없지만 적어도 새 시대를 사는 사람들의 요구에 부응하리라는 점은 인정할 수 있다.

도스토예프스키는 인류가 정신적으로 커다란 변혁을 겪는 시기를 살았다. 이전에는 삶의 근본적 의미는 인간의 외부, 즉 저 높은 곳의 신이 부여하는 것이고, 신의 뜻을 충실히 따를수록 값어치 있는 생이라는 믿음으로 살았다. 인간은 신의 도구로서 그가 준비한 천년왕국을 위해 현세의 고통과 신산을 참아내야 할 것이었다. 모든 기쁨과 행복도 신에게 돌리고, 슬픔과 불행도 신의 의지라면 감사히 받아들여야 했다.

그러나 종교개혁과 프랑스 혁명 등을 거치고 자유와 이성이 강조되면서 이제까지의 지형은 달라졌다. 근본적으로 신의 관념에 대한 반성 내지 회의가 생겼고, 교회와 교리, 사제의 권위에 의존하는 대신에 그리스도를 직접 대면하려는 시도가 나타났다. 신의 존재에 대한 고민은 인간의 자의식이 성장하지 않고는 있을 수 없는 일이다. 벼락이나 천둥 혹은 태양 등 자연력으로부터 곰이나 호랑이 등 토템을 숭배하거나 운명, 전쟁, 사랑 등을 신격화했던 다신교를 거쳐 유일신에 이르면서 인간의 지위는 계속 격하되었다. 유일신은 강력한 응징과 징계의 신이었고, 그의 의사에 따르지 않는 인간에게 무자비하게 보복했다. 인간의 희망은 지상에 있는 것이 아니라 그 너머 사후 세계에 있었다.

그러나 세상의 부조리를 이성과 사유의 힘으로 교정할 수 있다면, 이반 까라마조프가 대심문관을 통해 보여 주었듯이 지상의 질서 가운데 신에게 귀책이 있는 부분에 대해서 신의 의도와 역할이 무엇이었는지 묻지 않을 수 없었다. 신 앞에 옴츠러들었던 인간이 자기 목소리를 내기 시작한 것이다. 진화론과 정신분석 등은 결과적으로 삶은 자기 책임의 영역, 즉 자신의 결단과 의지의 산물이라는 신념으로 바뀌게 하는 데 일조했지만, 그는 그러한 변화가 태동하는 시기를 살았다. 신의 아성牙城이 아직 견고한 때에 그는 신의 편에 서서 무너지는 발판을 수호하려고 노력하였지만, 부지불식간에 그 반대의 기류, 그 시점부터 지금까지 이어져오는 경향, 즉 인간을 모든 것의 중심에 놓는 흐름을 대변하였다.

그의 뒤를 이어 니체가 신은 죽었음을 공식적으로 선포하였고, 그 뒤 신을 인정하든 인정하지 않든 개인의 실존보다 중요한 담론은 없다는 것을 전제로 개체의 삶의 의미와 가치를 정립하기 위한 논의가 활발히 쏟아졌는바, 그는 이 모든 것의 단초를 제공하였고, 어쩌면 의연히 궁극적인 갈래의 하나를 차지하고 있다. 도스토예프스키는 과거가 아니라 현재다. 그가 문제를 제기했던 방식과 논의의 내용은 지금도 많은 이에게 자극을 주고, 생각할 재료를 공여하고 있다. 도스토예프스키를 통하면 인간탐구의 핵심으로 바로 들어갈 수 있다.

도스토예프스키의 방법

" 그는 철학자가 아니라 소설가였다. 그는 논리적이고 질서정연한 주장을 담은 논문이 아니라, 작중 인물들의 대화나 생각을 통해 문제를 제기하는 방식을 취하였다. "

도스토예프스키의 작업방식은 당연한 얘기지만 그 만의 개성이 넘치는 독특한 형태를 취하고 있다. 『죽음의 집의 기록』 이후 『지하실의 수기』를 신호탄으로 탄생된 대작들은 마치 하나의 중심을 향해 도는 소용돌이와 같이, 같은 구조, 같은 유형의 인물들이 같은 주제를 반복적으로 변주하는 변주곡 같은 느낌을 준다. 그들에게 중요한 것은 옷이나 음식, 감각과 관능, 지상의 성공이나 명예, 돈과 같은 것이 아니다. 그들은 만나자마자 곧바로 자유, 범인凡人과 비범인非凡人, 신인神人과 인신人神을 화제에 올리고, 인류에 대한 사랑 등을 운운한다. 거두절미하고 그들이 본질문제에 천착하는 것은 결국 사람이 사는 것은 빵으로만 사는 게 아니라는 암묵적인 동의가 있기 때문이다.

도스토예프스키는 여러 유형의 인물을 창조하고 있으나, 그들의 개성과 지향점이 각기 다르면서도 유일하게 공통적인 면을 가지고 있다면, 바로 중요한 것은 인간의 구원, 말하자면 지상에서의 삶의 의미와 그에 대한 신의 역할, 인간과 신의 관계라는 것이라는 데 의견이 일치하고 있다는 점이다. 체홉의 주인공들이 일상의 평범한 사건을 통해 인생을 관통하는 소박한 진리를 드러내준다면, 도스토예프스키의 인물들은 주정뱅이나 가난한 대학생, 정욕에 사로잡힌 악한의 모습으로, 아무런 생각 없이 살기로 작정한 소소한 인물들이라면, 정면으로 맞닥뜨리길 꺼려하였을 거대담론을 제시하는 것이다. 하지만 1차적으로 긴장감을 불러오는 심리묘사의 압박을 걷어내고 그가 제기한 쟁점의 진면목을 만나려면 그가 창조한 일련의 인간군의 내면을 들여다보아야 한다.

그의 인물들은 크게 두 개의 부류로 나눌 수 있는데, 『죄와 벌』의 라스꼴리니꼬프, 『까라마조프 형제들』의 이반 까라마조프, 『악령』의 스따브로긴 등은 각기 포괄적 의미의 무신론에 사상적 기초를 갖고 있고, 반대편의 소냐, 알료샤, 므이쉬낀, 조시마 장로 등은 기독교 특히 러시아 정교에 뿌리를 두고 있다. 그들은 모두가 개성이 뚜렷하고, 바흐찐의 지적처럼 작가의 목소리가 아니라 각자의 음성으로 나름대로의 인생론을 설파하고 실천에 옮긴다. 그럼에도 불구하고 각 진영의 인물들 사이에는 정신적, 정서적 유사성이 존재하며, 전자가 새롭게 인식된 자유를 기반으로 신의 질서에 의문을 던지면서 인간의 체제로 대체할 수 있는지 고민한다면, 후자는 지성의 한계와 신 없는 세계의 논리적 결과, 모든 것이 허용되었을 때 드러날 황폐함을 경고하고, 실천적 사랑만이 유일한 구원이라는 것을 말과 행동으로 보여준다.

이들은 표면적으로 볼 때 서로 물과 기름처럼 이질적인 요소로 구성되어 있어 전혀 공통점이 없는 것처럼 보이지만, 사실은 동전의 양면과 같이 인간이라는 같은 중심 질문을 받치고 있는 기둥인 셈이다. 그러므로 그들 중 누구를 도스토예프스키의 의중을 대변하는 인물로 볼 것이냐 하는 문제는 결정하기 힘든 부분이다. 어떻게 보면 그는 심정적으로 소냐나 조시마 장로를 지지하는 것 같기도 하나, 오히려 이반이 대심문관을 날카롭게 다그칠 때는 그것이 그의 진심이 아닌가 하는 의문이 들기도 한다. 신을 공경하고 사랑하면서도 동시에 그의 존재에 대해 회의를 느끼고 그가 창조한 세계의 참상을 애달파하는 것에는 쉽게 풀리지 않는 모순이 있는 것처럼 보이는 것이 사실이다. 그러나 사안을 평면적으로 고찰했을 때 나타나는 불합리는 공간적, 동적으로 파악하면 충분히 해소된다는 것 또한 있을 수 있는 일이다.

무엇보다도 작가의 문제의식은 단순하지 않다. 그가 삶을 일의적 단선적으로 해석하였다면, 그가 내놓은 세계상은 우리에게 아무런 공감을 불러일으키지 않았을 것이다. 그는 과연 무엇이나 그 안에 담을 수 있는 너무나도 폭이 넓은 러시아인이었고, 일견 모순되게 보이는 견해조차 마음속에 포괄해 넣고, 용광로처럼 소용돌이치게 할 수 있었다. 이질적으로 보이는 사상의 편린들은 사실 인간에 대한 사랑에서 비롯된 것이고, 인생에 의미를 부여하고, 평안과 행복, 궁극적으로 구원을 얻기 위한 모색이었다. 인간의 궁극적 행복을 위해 자유와 선악에 대한 고찰이 그토록 중요하였던 것이다.

그러나 그는 철학자가 아니라 소설가였다. 그는 논리적이고 질서정연한 주장을 담은 논문이 아니라, 작중 인물들의 대화나 생각을 통해 문제를 제기하는 방식을 취하였다. 그러나 그렇다 해도 그 질문들은 단순하지만 간단하게 대답할 수 있는 것이 아니었다.

라스꼴리니꼬프는 생각한다. 선악에 구속되는 인간들은 모두 보잘것없는 자들이 아닌가. 나폴레옹과 같은 비범인은 수백만의 인간을 죽였다 해도 인류의 이상과 숭고한 목적이 있었으므로 용서가 되었다. 그러면 그에 못지않은 훌륭한 이상과 자유의지를 갖고 있다고 자부하는 나도 저 이虱와도 같은 전당포 노파를 죽임으로써, 그렇지 않으면 아무렇게도 유용하게 써지지 못했을 그 돈을 인류를 위해 쓸 수 있지 않을까. 나도 나폴레옹이 될 수 있지 않을까? 혈기왕성한 청년치고 이 질문의 유혹에 사로잡히지 않은 사람이 과연 얼마나 될까.

범인과 비범인의 구분은 여러 형태로 변형을 거듭하며 인류에게 상속되어 왔다. 직접적으로 귀족과 평민으로부터, 철학적으로 지배자인 철인왕과 피지배자인 백성, 종교적으로 사제와 평신도 등은 가면 속에 가려진 범인과 비범인의 구별이었다. 하지만, 모든 세속적 구분, 신분적 차별이 의미를 잃어갈 때 기어코 인간의 크기, 그릇, 능력, 정신적 역량을 기반으로 선을 그으려는 시도가 나타났다.

니체가 이를 사상적 논리적 극단으로 밀고 갔다면, 도스토예프스키는 비범인이 되려던 평범한 인간의 행로를 모든 범인을 위해, 그리고 범인을 대신하여 심리적 논리적 극단까지 실험해준 것이다.

한편 이반 까라마조프는 다른 각도에서 무신론을 전개한다. 그는 일찍이 어머니를 잃은 뒤로 아버지에게 버림을 받았지만 자기 힘으로 대학을 졸업한다. 새로운 세대의 대표적 지식인이 된 이반은 신이나 영혼과 같은 일체의 신비적 요소를 부인한다. 따라서 신이 없는 이상 남을 사랑해야 한다는 법칙도 존재할 수 없고 그러므로 모든 것이 허용된다는 결론에 도달한다. 신이 필요 없게 된 세상을 긍정적으로 보면, 인간의 힘이 그만큼 자라나서, 모든 것을 신탁과 계시에 의존하던 나약한 과거를 청산하고 자기의 책임 아래 새롭게 그 의미와 역량을 인식하게 된 자유를 이용하여 결단하고 결정할 수 있게 되었다는 말이다.

이반은 당시에 태동되어 성장을 거듭하게 될 인간의 자의식이 가진 함의와 폭발력을 충분히 표현하지는 못하였지만, 그래도 반역과 대심문관의 장을 통하여 지금까지도 절대적으로 유효한 '신에 대한 도전'의 모범을 보여주고 있다. 그가 내놓은 질문은 쉬운 것이 아니다. 신이 의인들을 위해 마련해 둔 천년왕국을 이유로 지금 여기 지상에서의 눈물과 한탄을 용인한다면, 그 천년왕국의 행복은 땅 위의 불행에 대해 대체 어떤 의미와 가치가 있는 것인지 누구든 성실하게 대답해야 한다. 여기서 무고하게 죽은 자가 나중에 충분한 보상을 받는다고 한 번 실패했던 정의가 과연 완전하게 복원될 수 있는 것인지 한 점 의혹이 남지 않도록 해명되어야만 하는 것이다. 인간은 인간의 행복을 위해 신에 의지하지 않고 스스로 결단하고 행동할 자유와 책임이 있다. 대심문관이 재림한 그리스도에게 말하고 싶었던 것은 그것이었다. 그러나 물론 이반이 그렇게 멀리까지 그리고 명확하게 보여준 것은 아니다. 그의 자유는 일단 신 없는 세상의 카오스로 귀결되고 말았다. 모든 것이 허용된다는 이론은 친부살해의 패륜으로 허무하게 결론지어졌던 것이다. 신이 부재하는 세상은, 부정적으로 보자면, 친부살해까지도 가능한 무질서와 혼돈 속으로 빠져들고 말 것이다. 일단 그것이 이반의 결론이었다.

이들의 대척점에 조시마 장로가 서있다. 그는 도스토예프스키의 전체 인물 중 가장 높은 수준의 정신적 성숙과 심리적 안정에 도달한 인물이다. 살아있는 성인과 같은 인물로 모두의 존경과 경배를 받고 있지만, 그의 성취가 아무런 시련과 투쟁 없이 저절로 얻어진 것은 아니다. 그는 불행한 소년기를 보냈고, 질풍노도의 청년기를 통과했다. 그러다 마치 장님이 눈을 뜨듯 하루아침에 방탕의 상징이었던 장교복을 벗어 던지고 사제의 길로 들어선다. 탁발과 순례, 봉사와 묵상, 금식과 자선은 그의 사제생활을 대표하는 단어들이다.

나를 내세우지 않는 겸손과 남을 진심으로 공경하는 진지함이 누구에게나 공감과 연민을 불러오고, 그는 그 자체의 존재만으로도 민중의 애정과 믿음의 대상이 되었다. 그러므로 이런 인물이 사랑을 운위한다면 그것은 오히려 당연한 것이리라. 그리스도의 말씀을 전하는 사제인 데다가 반전을 거듭한 정신적 격동과 고투 끝에 도달한 결론이므로 거기에는 아무런 가식과 위선이 있을 수 없다. 그러므로 그가 이웃에 대한 사랑을 설교할 때는 문자 그대로의 사랑을 말하는 것이고, 열등감 때문에 세상에 대한 시각이 비틀린 사람이 아니라면 누구나 수긍할 수 있는 것이다. 그러나 사랑은 사랑이고, 다른 사랑이 있는 것은 아니지만, 신이 의연히 존재하는 시대의 사랑과 부재하는 시대의 사랑이 같은 내용을 갖는 것이 아닐 것이다. 신 없이 사는 인간들의 사랑은 더 절박하고 더 한계에 몰려있다고 할 수 있다.

  이반은 신이 없다면 모든 것은 허용된다고 말했다. 그런데 신이 없는 세상은 그가 보여주었듯이 언제든지 카오스와 패륜으로 떨어질 가능성이 있다. 이와 같이 추락의 공포를 지고 사는 사람들에게 사랑은 마지막 보루이자, 더 이상 밀릴 수 없는 최후의 성채 같은 것이다. 신 없는 세상에서 사랑이 없으면 바로 지옥이 시작된다. 물론 조시마 장로가 신의 부재를 염두에 두고 사랑을 설파한 것은 아니지만, 그는 까라마조프가의 부자들, 아버지 표트르와 아들 드미뜨리, 이반의 싸움에서 다가올 세상의 묵시론적 실상을 예지하면서 사랑을 말한 것이므로, 우리가 파악한 것에서 멀리 벗어나 있는 것은 아니라고 생각된다.

  그에게 사랑은 힘들고 고된 노력의 산물이지 자연과 신의 선물이 아니었다. 그는 첫눈에 반한 청춘 남녀의 불타오르는 감정이나, 품에 안은 자식을 바라보는 어머니의 미소 같이 하늘에서 완성된 형태로 부여받은 사랑을 넘어서, 타인에 대한 혐오와 불편함, 편견과 차별을 넘어선 사랑, 정서적 정신적으로 숙성되고 발효되어서 남을 나와 동등한 위치에 놓고 볼 수 있게 된 사랑을 말한 것이다. 한 여주인공의 말과 같이 사이비 인류애는 공상 속에서는 인류를 위해 십자가에 못 박힐 수도 있을 것 같은 심정이지만, 그 어떤 사람들과 단 이틀도 같이 지낼 수 없는 법이다. 말하자면 그가 아무리 훌륭한 사람이라도 가령 식사 때 소리를 낸다든가, 감기에 걸려 코를 훌쩍거린다든가 하는 하찮은 이유 때문에 그를 미워하면서도, 하나하나의 인간을 증오하면 할수록, 인류 전체에 대한 사랑은 더욱 뜨겁게 타오르게 되는 것이다.

사이비 인류애가 공상에 머무는 것은 현실의 고단함을 극복하지 못했기 때문이다. 공상의 뜨거움은 불에 달궈진 쇠가 찬물에 순식간에 식듯이 타인의 예상치 못한 반응을 접하게 되면, 바로 시들게 된다. 호의와 냉정한 경멸은 종이 한 장 차이에 지나지 않는다. 진정한 사랑은 실망과 자기회의의 암흑을 통과한 뒤에 오는 법이다. 조시마 장로는 말한다.

"…사실 실천적인 사랑이란 공상 속의 사랑과는 달리 무척이나 엄격하고 가혹한 것이지요. …그것은 묵묵한 노동과 인내일 뿐이며 어떤 사람들에게는 하나의 훌륭한 학문일수도 있습니다. 여기서 미리 말해두지만 실천적인 사랑이란 아무리 애를 써도 목표에 이르지 않고 오히려 목표에서 점점 멀어지는 듯한 느낌이 들고 공포를 느끼더라도 어느샌가 우리는 이미 목표에 도달한 자신을 발견하게 되는 것입니다…."

인간의 이상과 구원을 실현하는 것은 논리적인 이성인가 혹은 회의를 이겨낸 사랑인가 하는 질문은 하나가 다른 하나를 배척하는 이질적인 선택지처럼 보이지만, 실은 어느 것도 다른 것이 없이는 무의미할 뿐이다. 이성과 사랑은 대립명제가 아니다. 사랑 없는 이성과 이성 없는 사랑은 혼자로는 아무것도 이루지 못한다. 성숙하고 원만한 개인, 개개의 균형과 조화를 구현한 인류가 인간의 목표라면 이성과 사랑 모두 필요하다. 그러나 평면적인 시선에는 이런 사실이 보이지 않는 법이다. 이성과 사랑은 서로 무관하고 심지어는 근본적으로 다르다는 선입견이 지배적이기 때문이다.

실제로 대심문관은 재림한 그리스도에게 그리스도가 인간을 사랑하는 방식은 인간을 사랑하는 것이 아니라고 비난한다. 인간은 너무나 유약해서 그리스도가 원하는 방식대로라면 의지가 강한 극히 일부만 신의 곁에 갈 수 있고, 나머지는 전부 죄악의 나락에 빠지게 될 운명이라는 것이다. 그러므로 그는 약한 사람들을 보호하기 위해 자유를 제한하되 빵과 약간의 위안과 오락을 제공하여 왔고, 그것이야말로 인류에 대한 사랑에서 발로된 것이라고 항의한다. 그리스도의 사랑과 대심문관의 사랑 중 어느 것이 진정한 사랑이며, 어느 것이 우월한가를 정하는 일은 의외로 쉽지 않다.

근대에 이르러 전면에 등장한 인간의 이성은 한때 신을 대신할 수 있는 만능의 도구로 존중되었던 시기도 있었다. 이성에 대한 믿음과 신뢰는 이성을 활용하면 이상사회를 만들 수 있다는 낙관주의를 팽배하게 하기도 하였으나, 현대에 이르러 뿌리 깊은 인간의 욕망은 이성으로 완전히 통제되거나 굴복시킬 수 있는 것이 아니라는 점을 자각하게 되면서, 이성의 위상은 쪼그라들었다. 그 사이 인간은 두 번이나 큰 전쟁을 일으켰고, 특정한 인종이라는 이유만으로 수백만을 가스실에서 처형했다. 정치, 경제, 사회 등 모든 영역에 있어 각자의 입장에서 각자 관점의 정당성만을 주장하는 행태를 보고 있으면 과연 인간이 인간의 미래를 책임질 수 있는지 의문이 든다.

그러나 여기에 다시 신을 불러들이는 것은 시대착오적이다. 문명의 정화가 다시 오지 못할 만큼 찬란하여 인간 중 재빠른 사람들이 의기양양하게 이데올로기의 종말(다니엘 벨)에 이어 역사의 종언(프란시스 후쿠야마)을 논의한 시대에, 다시금 전개되는 이러한 혼돈과 카오스, 무질서는 인간의 무력함보다는 신의 무력함만을 드러냈을 뿐이다. 모두 신의 이름을 전면에 내걸고, 신의 명령을 투쟁의 명분으로 내걸고 있기 때문이다. 그러므로 신의 사랑이 인간의 사랑보다 반드시 한 수 위라고 고집할 수 없는 이유다.

   인간은 지금 진퇴양난에 빠져 있다. 이성이 없던 야만으로 돌아갈 수도 없고 이성만 믿고 미래를 꿈꿀 수도 없다. 낙관의 시대는 지났지만, 그렇다고 절망에 빠져 손을 놓는 것도 허락되지 않는다. 여전히 이성은 등불이요, 달리 의지할 데 없는 인간의 보루일 수밖에 없다. 진부한 얘기지만, 이성을 지팡이 삼고 인류애, 연대의식, 사랑을 등불로 삼아 전진하지 않으면 미궁에서 빠져나갈 길은 없다. 인간은 신을 전면에 내걸 건 아니건 스스로 운명을 개척할 수밖에 없게 되었다.

도스토예프스키와 현대

" 오늘을 사는 우리에게도 삶의 근본을 돌아보게 하는 질문으로서 유효하고, 제대로 살기 위해서는 반드시 답변해야만 할 것들이 수두룩하다. "

모두에서 말한 바와 같이 도스토예프스키가 사망한 지 백 수십 년이 지났다. 세계사는 정해진 방향으로 진행한다 할 수 없을 것이므로, 지난 백여 년 간의 역사는 작가로서 결코 짐작하거나 예상도 할 수 없는 방향으로 흘러왔을 것이다. 그 움직임을 옳다거나 그르다고 평가 할 수는 없다. 그가 악령의 주인공 샤또프의 입을 빌어 열정적으로 옹호했던 조국 러시아는 그 자신이 그렇게도 받아들이길 거부했던 공산주의를 국가이념으로 채택한 역사상 최초의 나라였고, 그 체제를 탈피한 지금도 어떤 면에서는 과거의 유산에 시달리고 있다.

그러나 나름대로 애국자가 아닌 사람이 어디 있으랴. 러시아를 지나치게 옹호하여 국수적 표현을 했다는 에피소드는 단점이 될 수도 없고, 그로 인해 그의 중요성이 반감되는 것이 아니다. 보통 도스토예프스키를 비평하고 다룬 글은 그가 말한 것, 쓴 것을 기반으로 시각과 관점을 달리하며 해석을 이어왔다. 이런 작업은 물론 당연한 것이다. 그가 언급하지 않고, 저술하지 않은 것을 가지고 그를 비평할 수는 없기 때문이다.

그러나 그가 제기했던 문제가 시간이 흘렀다고 전부 해결된 것은 아니다. 그중에는 아직도 오늘을 사는 우리에게도 삶의 근본을 돌아보게 하는 질문으로서 유효하고, 제대로 살기 위해서는 반드시 답변해야만 할 것들이 수두룩하다. 내가 주목한 것이 바로 그것이다. 그가 열어젖힌 판도라의 상자를 현대의 시각으로 재단하는 것, 그가 말한 것, 쓴 것은 물론이고 그가 말하려고 했던 것, 쓰려고 했던 것 중 세월의 경과에도 불구하고 여전히 의미를 가지고 있는 부분이 있다면, 그것을 오늘의 문제의식을 가지고 다루어볼 수 있지 않을까 하는 생각이었다.

신이나 선악, 자유, 인격의 완성, 사랑 같은 것들이 주된 주제가 될 것이다. 아직도 신인가? 그리고 사랑이라니, 너무 고리타분한 것 아닌가? 하는 의문이 있을 수도 있다. 그러나 유일신만을 신이라고 정의하지 않는 한, 의식하든 하지 않든 여전히 많은 사람들은 습관적으로 신에 의지해 살고 있고, 그러므로 사람이 진지해지려는 순간에는 어떻게 하든 신이라는 연옥을 통과하지 않으면 생의 의미를 정립하기 어렵다.

선악이나 자유, 사랑 같은 문제들도 모두 신을 중심으로 도는 태양계와 같다고 할 수 있다. 서로의 복잡한 인력으로 묶여 있어 어느 것도 독자적으로 답을 찾아낼 수 없는 체계다. 그렇다고 일거에 모든 문제를 해소할 수는 없을 것이지만, 내가 강조하려는 것은 어떤 문제든지 개별성과 독자성보다는 연관성에 주목하여 들여다 보려고 한다는 말이다. 나로서는 이런 시도가 얼마나 공감과 호응을 얻을지는 알 수 없다. 하나의 잡문 위에 다른 잡문이 쌓인다는 말을 듣는다면 또 어떠랴. 다만 이런 방식으로 나의 위대한 작가 도스토예프스키를 들여다보는 프로그램도 하나쯤은 있어야 하지 않을까 하는 생각이다. 단 한 사람이라도 나의 의도를 평가해준다면 다만 고마울 따름이다.

제2장 스비드리가이로프 - 악함과 강함

선인과 악인

" 일견 명확해 보이는 선과 악은 깊이 따지고 들어갈수록 경계가 흐릿해지고 무엇이 선이고 악이며 누가 악인이고 선인인지 구별이 안 가는 경우가 비일비재하며 심지어 악이 선이 되고 선이 악이 되는 역전현상마저도 일어날 수 있다. "

　　인간이 착한지 악한지를 묻는 것은 부질없다. 그렇게 단순한 이분법으로 결론이 날 문제가 아니다. 그럼에도 철학자들은 양지良知를 강조하거나, 본성에 뿌리박힌 악을 교정해야 한다고 주장한다. 그들이 어떤 입장을 취하건, 인간은 선과 덕을 행하여야 한다는 당위를 강조하기 위해 그러는 것이라면 충분히 이해할 수 있는 일이다. 자연상태 그대로는 위험하므로, 인간의 본성이 선하다면 조심스럽게 보전되거나, 악하다면 힘들여 순화되어야 한다는 점을 강조하려는 것이기 때문이다.
　　그러나 소설가들에게 인간의 악은 당연하다. 그들은 악한 인간이 있다거나 한 인간 속에도 악한 면이 내재한다는 사실에 대해 의문을 품은 적이 없다. 악은 비정상이 아니라 존재의 단면이고, 우리가 존재로서 존재하는 한 소멸되지 않을 것을 알기 때문이다. 그들은 악을 미워할지언정 제거할 수 있는 것으로 보지 않는다. 포기나 체념이 아니라 그냥 인간을 규정하는 속성으로 간주하는 것이다. 악의 존재가 유쾌하지는 않지만 그것이 없다면 인간도 없다. 우리는 악과 투쟁하기도 하지만 악을 저지르기도 하며, 악에 맞서 싸운다면서 실제로는 악을 행하기도 하며, 반대로 고의적인 악행이 의도하지 않은 좋은 결과로 나타나기도 한다. 우리는 악과 공존한다. 그러나 실제로 악은 무엇이고, 악인은 누구일까. 악은 선의 부재 혹은 비도덕이라고 정의할 수 있지만 이와 같이 형식적인 개념만으로는 진정한 악의 면모를 파악하기 어렵다. 악은 직접적이고 명백한 것으로부터 추상적이고 모호한 것에 이르기까지 천의 얼굴을 하고 있다.

한나 아렌트는 심지어 단순한 생각 없음sheer thoughtlessness도 심각한 악의 결과를 가져올 수 있음을 『예루살렘의 아이히만』에서 제시한 바 있다. 독일군 친위대 장교였던 아이히만은 전통적 의미의 악인이라 하기에는 부족하고 아무 생각 없이 그저 상부의 지시에 충실히 따른 톱니바퀴의 톱니에 불과하였지만 궁극적으로 홀로코스트라는 거악을 행하는 데 일조하였다. 악인은 특별하게 생겼을 것이라는 우리의 선입견과 달리 소위 '악의 평범성'이 백일하에 드러나는 순간이었다.

일견 명확해 보이는 선과 악은 깊이 따지고 들어갈수록 경계가 흐릿해지고 무엇이 선이고 악이며 누가 악인이고 선인인지 구별이 안 가는 경우가 비일비재하며 심지어 악이 선이 되고 선이 악이 되는 역전현상마저도 일어날 수 있다. 그럼에도 우리가 여전히 선악의 구분에 집착하고 있다면 그 이유는 단지 편리하기 때문일 것이다. 문학작품을 읽거나 영화를 볼 때 악인인지 선인인지 결론 지어놓고 보면 작품이해가 빠르고 쉽다. 그리고 종국에 가서 나쁜 놈이 그가 저지른 짓의 대가를 치를 때 우리의 도덕감정은 정화되고 만족을 얻는다. 악이 처단을 받지 않고 선이 보상을 받지 못하면 정의감이 손상되기 때문이다.

문학에 있어 악과 선의 구별이 명확한 것은 반대로 현실에 있어서 가름이 어렵기 때문일 수도 있다. 우리가 권선징악에 집착하는 것은 선에 목마른 것만큼 악에 불가피한 힘이 있어서인지도 모른다. 현실에는 늘 선이 부족하고 악이 넘쳐난다. 잠깐 한눈을 팔면 악의 구렁텅이로 빠져든다. 우리는 매양 악을 혐오하고 비난하지만 반드시 정의를 행하겠다는 의식적인 노력이 없으면 부지불식간에 악에 처하게 된다. 그만큼 악으로 인도하는 길은 넓다. 거기다가 만약 어떤 악에 아름다운 외관과 거부할 수 없는 치명적인 매력까지 있어서 사람들을 홀리고 유혹한다면 그것을 단호하게 거부할 수 있을까.

도스토예프스키의 인물들 가운데 스비드리가이로프는 공식적인 악인으로 지정되어 있다. 그와 같은 계통의 인물로는 스따브로긴이나 로고진 같은 이들이 있지만, 각기 평면비교가 어려운 조금 다른 뉘앙스를 가지고 있다. 그는 자칭 귀족출신으로 기병대에 2년 근무하고 뻬쩨르부르그에서 어정대면서 산전수전 다 겪은 중년남자로 사기도박을 하다가 칠만 루블의 빚을 지고 채무감옥에 갈 뻔 했는데, 때마침 부유한 과부, 마르파 뻬뜨로브나가 나타나 타협을 맺게 해주고 보증을 서서 빼내준 다음 그녀가 사는 시골로 데려갔다. 그는 그녀와 함께 그곳에 틀어박혀 부부로 7년을 지낸다.

그런데 사소한 트러블 이외에는 일견 평화로웠던 결혼생활이었는데, 마르파가 라스꼴리니꼬프의 여동생 두냐를 가정교사로 들이는 순간 문제가 생긴다. 그는 두냐를 보자마자 온몸의 감관이 들끓어 올라, 집요하게 두냐를 유혹하지만 그녀는 단호하게 거절한다. 하지만 그런 상황을 보고 마르파는 두냐가 그를 유혹했다고 오해하게 되고 그녀에 의해 두냐에 대한 굴욕적인 소문이 퍼지게 된다. 하지만 그는 두냐가 거절의 뜻을 담아 보낸 편지를 공개하여 진실을 밝혀 주었고, 그 집의 하인들까지 증언하자 두냐에 대한 소문은 잠잠해졌고 마르파도 두냐에게 진심으로 사과하고 친척인 루진을 소개하여 결혼을 하도록 한다. 두냐가 혼인을 위해 뻬쩨르부르그로 올라가게 되자, 스비드리가이로프는 마르파를 살해하고 두냐를 따라 뻬쩨르부르그로 올라와 그녀의 주위를 맴돌게 된다.

스비드리가이로프는 자신의 하숙방에서 그 옆방을 (매춘의) 영업장소로 사용하고 있는 소냐의 방에서 라스꼴리니꼬프가 자신의 살인범행 사실을 소냐에게 털어놓는 것을 우연한 기회에 엿듣게 되었고 그것을 무기로 두냐의 마음을 얻으려 한다. 그는 두냐를 자기 하숙방으로 불러 자기 말이 사실임을 증명시키고, 비밀유지를 미끼로 두냐를 겁탈하려 하지만, 두냐는 권총을 겨누며 격렬히 저항하고, 총알이 관자놀이를 스쳐 피가 나는 상황이 된다. 그가 아직 마음을 정하지 못하는 동안 두냐는 모든 것을 체념한 듯이 보내달라고 간청한다. 그 말에서 그녀가 그를 조금도 사랑하지 않는다는 것을 깨닫고, 열쇠를 주며 나가라고 한다. 그 후 그는 두냐가 두고 간 권총을 가지고 네바 강가에서 자살을 한다.

스비드리가이로프가 두냐에 대한 욕정에 사로잡혀 자기에게는 은인이라 할 수 있는 처를 죽이고, 수단방법을 가리지 않고 목적을 이루려 했다는 점에서는 틀림없는 악인이다. 공식적으로 그녀는 그에게 죽도록 얻어맞고 치료를 위해 소위 목욕요법을 하다가 뇌출혈로 죽은 것으로 처리되었지만, 사람들은 그가 마르파를 죽였다는 사실을 의심하지 않는다. 그는 마르파를 죽였느냐는 라스꼴리니꼬프의 단도직입적인 질문에 태연하게 "부검의도 (그녀가) 술을 한 병이나 마신 데다 밥까지 잔뜩 먹고 곧 물에 들어간 탓에 졸도하게 된 것이라고 진단을 내렸습니다. 그밖에는 아무런 징후도 찾아볼 수가 없었습니다."라고 대답한다.

그는 대체로 세간의 평가에 무관심하다. 라스꼴리니꼬프의 어머니는 아들에 대한 편지에서 그가 두냐에게 거칠고 무례한 행동을 하면서 조롱하고 경멸했다고 묘사하지만, 나중에 그것은 오히려 두냐에 대한 사랑-욕정을 스스로 거두어들이기 위한 노력이었다는 것이 밝혀진다. 두냐의 약혼자 루진은 의도적으로 그를 폄훼한다. 그가 렛스비히라는 여자의 벙어리요 귀머거리인 열네 살짜리 조카를 능욕하여 자살에 이르게 했으나, 이를 신고한 자가 신용할 수 없는 돈놀이하던 독일 여자였기 때문에 마르파의 노력과 돈 덕택에 소문만으로 끝나고 만 적이 있고, 하인인 필립을 학대와 고문 끝에 자살에 이르게 했다는 혐의도 있다고 비방한다. 하지만 두냐는 필립이 지나치게 책을 많이 읽어서 우울증 증세로 자살했다는 소리를 들었다고 해명해준다. 그러나 이 모든 것이 단순한 오해와 모함인지, 실제 있었던 일인지는 끝내 밝혀지지 않는다. 오히려 그런 미확인 소문은 그의 성격과 행동에 비추어 사실일 것 같은 느낌을 주어 그가 더욱 무서운 인간으로 다가오게 만든다.

악인과 무서움

" 그것은 마치 보이지 않는 증기처럼 흘러나와 마주한 자의 감각기관에 스며들어, 그로 하여금 표현할 수 없는 무언가가 모골을 송연하게 만든다. "

무서운 인간이라니, 무엇이 무섭고 어떤 인간이 무서운 인간일까. 라스꼴리니꼬프는 3년 만에 만난 두냐로부터 스비드리가이로프가 그녀에게 가한 곤욕에 대해 설명을 듣는 자리에서 묻는다.

"그 남자는 늘 부인을 때렸니?"

두냐가 답했다.

"아니에요. 실은 그 반대였어요. 부인에게 언제나 참을성이 있고 정중할 정도였으니까요. 도리어 부인의 심술을 너무 너그럽게 대하는 듯한 경우도 무척 많았거든요. 그렇게 칠 년 동안이나…. 그러다가 어쩐 일인지 갑자기 참을 수 없었던 모양이에요."

"칠 년 동안이나 참았다면 무서운 사내라는 건 거짓말이로군. 그런데 너는 그 사람 편을 드는 것 같구나."

"아니에요. 아니에요. 그는 무서운 사람이에요. 그만큼 무서운 남자도 상상하기 힘들 정도인 걸요."

"두냐는 몸서리가 난다는 듯이 몸을 떨고는 다시 생각에 잠겨 버렸다."

어떤 사람이 그의 존재만으로 주위에 있는 이들에게 두려움을 느끼게 한다면, 그 공포 또는 위협의 실체는 그의 내면에 미만해 있는 어떤 불가사의한 힘이라고 할 수 있다. 무엇이라고 규정할 수 없는 기운이 외부에서 감지되어 접촉하는 사람들의 정신을 위축시키고 감정을 얼어붙게 만드는 것이다.

우리가 종종 카리스마라고 부르는 능력이나 자질도 그와 상통하는 부분이 있겠지만, 카리스마가 타인으로 하여금 자발적으로 기꺼이 심복하게 만드는 것이라면, 두냐가 느낀 두려움은 타인의 반발과 후퇴를 불러오고 혐오와 불쾌를 남긴다는 점에서 질적으로 다르다 할 수 있다. 상대로 하여금 무서움을 맛보게 만든 요소는 분명히 그의 내면에 있다. 그의 생김새, 몸짓, 행동, 사고, 감정, 말투, 표정 심지어 웃음이나 숨 쉬는 소리까지 내면의 어떤 것과 결합되어 공포를 자아내는 것이다. 그것은 마치 보이지 않는 증기처럼 흘러나와 마주한 자의 감각기관에 스며들어, 그로 하여금 표현할 수 없는 무언가가 모골을 송연하게 만든다. 그것이 사람을 굴복시킨다는 점에서는 카리스마와 같지만, 카리스마가 자기 의지로 승복하게 만드는 데 반해, 그것은 굴욕적인 저항의사의 상실을 남기는 것이다.

도스토예프스키는 『죽음의 집의 기록』에서 시베리아에서 4년간 유형생활을 할 때 만난 뻬뜨로프라는 인물에 대해 묘사한다.

"이런 종류의 사람들은 … 자기들이 진정으로 바라던 일을 발견할 때까지는 방황하게 되지만 일단 그것을 발견하는 날에는 모가지 하나쯤은 문제가 되지 않는다. … 이러한 인간은 보드까 반병을 마시기 위해 필요한 25꼬뻬이까를 빼앗기 위해 사람을 죽일 수 있지만, 내키지 않으면 몇 십만 루블을 가진 사람이 옆을 지나가도 내버려 두기 일쑤다. … 이러한 사람들 중에는 살면서, 긴박한 사회적 사건이나 변혁이 있을 때 느닷없이 날카롭고 거창한 모습을 나타내고, 크게 활약하고, 그리고 일시에 자기 활동력을 나타내는 일이 있는 법이다. … 그들은 사업의 중요한 실행자이며, 처음 시작하는 사람들이다. 그들은 간단히, 별다른 큰 소리도 내지 않고 일을 시작한다. 그 대신 망설이지도 않고, 두려워하지도 않고, 앞장서서 첫째 장애물을 뛰어넘든지, 혹은 온갖 곤란을 향해 돌진한다. - 그래서 모든 사람은 그의 뒤를 따르고, 맹목적으로 전진하고, 자기의 머리가 내걸리게 될지도 모르는 최후의 장벽까지 돌진하는 것이다. 나는 뻬뜨로프가 무사히 그의 생애를 마치리라고는 믿지 않는다. 그는 어느 한 순간에 만사를 단숨에 끝낼 것이다. 그가 오늘날까지 죽지 않고 있다면, 그것은 그러한 기회가 오지 않았다는 의미에 지나지 않는다."

여기서 도스토예프스키는 그의 핵심 주제 중의 하나인 소위 강한 성격, 강한 개성의 원형을 소개하는데, 그 특징은 첫째, 대체로 선악이나 주위의 평가에 대해 무관심하고, 둘째, 충동적인 결단력과 행동력이 있으며, 셋째, 목표달성이나 일의 완성보다는 과정에서의 감정적 고양, 정신적 흥분상태에 가치를 두는 데 있다고 진단한다. 이런 인간형은 적절한 때와 상황에 도달하면 폭발적인 에너지로 선악의 경계를 뛰어 넘어 이정표를 세운다. 강한 성격은 부산스럽고 과시적인 행동에 드러나는 것이 아니다. 오히려 평소에는 남보다 소극적이고 무관심하여 내성적으로 보일 만큼 조용하다. 그렇다고 내면에 들끓고 있는 용광로가 때를 만나면 터져 오를 것이라는 사실을 모르는 사람은 없다.

도스토예프스키는 위의 뻬뜨로프와 관련된 일화를 소개한다.

"그(뻬뜨로프)는 다른 죄수들과는 다투는 일도 드물었고, 오직 시로뜨낀한 사람만을 제외한다면 누구와도 친하게 지내는 일이 없었다. 그러나 한번은 그가 아주 심하게 화를 내는 것을 본 적이 있다. 어쩌다 그에게만 어떤 물건을 주지 않고 빠뜨리고 분배한 것이었다. 그와 다툰 죄수는 힘이 세고 큰 키에, 악의에 가득 차 있으며, 빈정거리는 것을 좋아할 뿐만 아니라, 겁이라는 것과는 거리가 먼 바실리 안또노프라는 죄수였다. 그들은 이미 오래전부터 고함을 질러대고 있었으므로 나(도스토예프스키)는 필경 이번 싸움도 단지 주먹싸움질로 끝나리라 생각했다. 왜냐하면 뻬뜨로프는 비록 드물기는 하지만, 감옥에서 제일 저질인 죄수들이 그렇듯, 가끔 주먹질도 하고 욕도 하는 사람이었기 때문이다. 그러나 이번만큼은 그렇게 하지 않았다. 뻬뜨로프는 별안간 하얗게 질리더니, 입술에 경련을 일으키고 푸른색으로 변하면서 숨까지 가쁘게 쉬는 것이었다. 그는 자리에서 일어나 천천히 아주 천천히 소리도 내지 않고 맨발로 안또노프에게 다가가는 것이었다. 별안간 떠들썩한 고함소리가 들리던 감옥 안이 잠잠해지며 파리소리조차 들리지 않는 듯했다. 모든 사람이 앞으로 일어날 일을 기다리고 있었다. 안또노프가 그를 향해 덤벼들었지만, 그의 얼굴은 사색이 되어 있었다. … 나는 더 이상 참지 못하고 옥사 밖으로 나와 버리고 말았다. 나는 계단을 다 내려가기도 전에 피살당하는 사람의 고함소리가 들릴 것이라고 생각했다. 그러나 이번에도 아무 일 없이 끝났다. 안또노프는 뻬뜨로프가 미처 자기에게 다다르기 직전에 아무 말 없이 재빠르게 문제가 되었던 물건을 그에게 던져 버렸던 것이다. 싸움의 발단은 어떤 보잘것없는 누더기인 무슨 안감 때문이었다. 물론 한 2분쯤 지나자 안또노프는 자기가 결코 겁먹지 않았다는 것을 보여 주느라 체면상 그에게 욕설을 퍼붓기 시작했다. 그러나 욕을 먹던 말던 뻬뜨로프는 전혀 개의치 않고 아무런 대답도 하지 않았다. 일은 욕설에 있는 것이 아니었으며, 그것은 그의 승리로 끝난 것이었다."

안또노프는 그 순간 뻬뜨로프에게 결정적 시간이 닥쳤음을 직감하고 순순히 꼬리를 내린 것이다. 만약 그가 상황판단을 잘못하고 계속 욕설을 해대거나 적대적인 행동을 했다면 그의 목숨은 부지되지 못했을 것이다. 안또노프는 평소에 뻬뜨로프가 필요하면 주저 없이 행동에 나설 것이라는 사실을 알고 있었을 것이다. 그와 같은 감방 내에서 부대끼고 뒹굴며 웃고 장난치고 욕설하고 다투는 뻬뜨로프 속에는 마치 두냐가 스비드리가이로프라는 인물을 생각할 때 두려움에 몸을 떨게 했던 것과 같은 요소가 있다는 것을 감지하고 있었기 때문에, 그 순간 그것이 폭발될 것 같은 무서움을 느끼고 누더기를 내던졌던 것이다. 그가 그 후 겁을 먹지 않았다는 것을 보여주기 위해 욕설을 내뱉은 것은 도스토예프스키의 말대로 체면치레에 불과한 것이었고 누가 진짜 강한 자인가라는 문제와는 상관없는 일이었다. 마치 동물들이 몇 번 뿔을 부딪혀보는 것만으로 우열을 정하듯이 그들은 실제로 싸우지 않았지만 표정이나 몸짓을 통해 상호 간 내면의 힘을 알아봄으로써 그들 사이의 순위가 정해진 것이다.

보통 사이코패스라고 불리는 반사회적 범죄자들은 뇌 기능의 이상으로 타인과 감정을 공감하지 못하고, 병적 성향이 내부에 잠재돼 있다가 범행을 통해서만 밖으로 드러나기 때문에 주변에선 전혀 알아차리지 못한다고 한다. 그들은 범죄에는 강하지만 인격에 힘이 있는 것은 아니다. 그러나 도스토예프스키가 말하는 강한 성격은 부지불식간에 상대방에게 감지되고 그에게 본능적 두려움과 어떤 면에서 보면 외경심을 갖게 만드는 우월성, 비범성에 유사한 면이 있다. 뻬뜨로프가 가졌던 힘은 모든 강한 성격의 기본으로, 그것 없이는 어떤 담대한 일도 이루어지지 않는다. 그것이 잔혹한 범죄이건, 위대한 업적이건 남다른 이정표를 남기기 위해서는 이 힘이 있어야 하는 것이다. 이 힘이 선한 일에 쓰일지 악한 일에 쓰일지는 운명이 결정한다. 라스꼴리니꼬프가 나폴레옹과 같은 초인은 선악의 경계선 저 위에 자리하는 것에 주목하고, 인류를 위해 나폴레옹과 같은 스케일의 유익한 일을 할 생각으로 한 마리의 이虱라 할 수 있는 노파를 죽이지만, 그에게 돌아온 것은 불안감과 무력감이었다. 그가 필사적으로 부인할수록 진창에 빠질 뿐이었다. 소설의 말미, 시베리아 유형소 장면에서 그가 소냐의 복음서를 손에 들고 소냐가 그에게 라사로의 부활을 읽어주었던 사실을 생각하며, "그녀의 (부활 혹은 재생에 관한) 신념이 내 신념으로 되어도 좋지 않겠는가."라고 자신에게 묻는 것은 한편으론 한 인간의 갱생을 말하는 것이지만, 다른 편으론 그에게는 초인의 힘, 강한 성격이 없다는 완전한 자각이자, 승복이기도 하다.

범인과 비범인

" 니체가 볼 때 신을 인간의 외부에 두는 기독교적 발상으로는 인간은 언제나 신에 대해 왜소하고 비루한 존재임을 벗어나지 못한다. "

　　니체가 볼 때 신을 인간의 외부에 두는 기독교적 발상으로는 인간은 언제나 신에 대해 왜소하고 비루한 존재임을 벗어나지 못한다. 인간과 동떨어져 마주 서 있는 절대자 앞에서 인간이 설 자리는 없다. 구원을 얻기 위해서는 언제나 신에게 의존하고 신의 은총에 매달리지 않으면 안 되기 때문이다. 인간은 주체적으로 신과 소통하지 못하고 피동적인 존재로 심지어 신의 노예로 남을 것이다. 그래서 인간이 정말 인간다운 인간, 자족적인 인간이 되려면 신으로부터 독립을 쟁취한 인간, 혹은 신을 그의 내면에 간직한 인간, 초인이 돼야 한다고 주장했을 때, 그가 주목한 것은 인간의 본질, 삶의 본원적 의미, 존재의 근원, 말하자면 신으로부터 독립을 쟁취한 삶이었다. 그에 비해 라스꼴리니꼬프의 초인은 신의 개념, 신의 위엄을 극복한 초인이라기보다는 단순하게 범인과 비범인의 구분 중 비범인의 개념에 가깝다. 나폴레옹이나 칭기즈칸처럼 인류사에 거대한 족적을 남긴 위인을 지칭하는 말이자, 그들이 보여준 속성, 즉 사소한 윤리, 거추장스런 상황, 암담한 여건을 장애로 여기지 않는 불굴의 정신력과 행동력을 표상하는 말이다. 그런데 라스꼴리니꼬프가 알지 못하였던 것은 강한 성격이 없으면 비범인도 없다는 사실이다. 누구나 머릿속에서는 위대한 일을 구상하고 인류애에 불타서 숭고한 희생을 다짐하지만 꿈과 현실은 엄연히 다르다. 사상을 실제로 옮기기 위해서는 행동이 필요하고, 행동을 계속 이어나가기 위해서는 강한 성격의 뒷받침이 없으면 안 된다. 라스꼴리니꼬프가 행위에 착수한 것은 남보다 한 걸음 더 나간 것이지만, 그것으로 끝이었다. 추진력, 강한 성격이 부족했던 것이다.

그러나 스비드리가이로프는 신경증적인 라스꼴리니꼬프와는 달리 힘의 유무, 존재에 대해 무심하다. 라스꼴리니꼬프가 머릿속에서 초인을 이상화하고 위대한 일을 꿈꾸다가 비루한 살인자로 전락하였음에도, 자존심 때문에 현실을 부인하는 동안에도, 그는 다만 자신의 욕망이 시키는 대로 자기가 가진 힘을 행사한다. 방해가 되는 마르파를 죽이고 두냐를 따라 올라와 그녀의 주위를 맴돌면서도 일체의 후회나 두려움을 느끼지 않는다. 그가 라스꼴리니꼬프에게 "나는 남의 의견 같은 것에는 별로 신경을 쓰지 않는 편이죠."라면서 "그러나 저속한 인간이 되었다 해서 그리 나쁠 것도 없는 셈입니다."라고 웃으며 얘기할 수 있었던 것은 그가 라스꼴리니꼬프에게는 결여된 힘의 소유자라는 사실을 보여준다.

라스꼴리니꼬프는 초조하게 그 자신이 비범인인지를 알고 싶어 했지만, 스비드리가이로프는 자신이 비범인인지에 관해 골치를 썩지 않는다. 그는 다만 행동하고 실행에 나설 뿐이다. 라스꼴리니꼬프가 고결한 인간이고 스비드리가이로프가 비열한 인간이라는 사실은 라스꼴리니꼬프가 보통의 평범한 인간이고 스비드리가이로프가 강한 인간이라는 사실과는 무관하다. 스비드리가이로프는 라스꼴리니꼬프의 살인범죄나 비범인이론을 알았음에도 전혀 동요되지 않고 이를 비난하거나 평가하지 않는다. 그의 관심은 다른 곳에 있었기 때문이다. 만약 라스꼴리니꼬프가 자신의 계획에 방해가 된다면 가차 없이 행동에 나섰을 것이다. 그가 라스꼴리니꼬프에게 접근한 이유는 단 하나, 두냐가 오빠를 진심으로 사랑하고, 오빠의 강력한 영향 하에 있다는 것이었다. 그는 라스꼴리니꼬프를 찾아와 루진이 두냐의 배필로는 부족한 인간이라고 중상하면서 파혼보상금으로 금전을 제공할 의사를 밝힌다.

그러나 라스꼴리니꼬프와 대면하는 동안 그가 긍지에 찬 자존심 높은 사람이며 이미 루진을 경멸하고 있어서 달리 설득할 필요가 없다는 사실을 알고는 직접 두냐를 만나겠다고 한다. 라스꼴리니꼬프가 그런 생각은 그만두는 게 좋을 거라고 하자, 그는 "유감입니다만 당신은 아직 나를 잘 몰라보시는 모양이지만, 이제 차차 친해지게 될 것"이라고 확언한다. 그는 오빠의 영향력을 이용해 루진을 신랑 후보에서 탈락시키려 했으나, 이미 라스꼴리니꼬프가 루진을 신랑감으로 생각하지 않고 있다는 사실을 확인하고는 직접 두냐를 상대하기로 계획을 변경한다.

그가 라스꼴리니꼬프에게 차차 자기와 친해질 것이라고 한 것은 아마도 순수한 친교를 말하는 것일지도 모르지만 그런 일은 결코 일어나지 않았다. 애초 그들은 구성원리가 다른 인간들이기 때문이었다.

스비드리가이로프는 그 힘이 휴면상태에 있는 동안 나태하고 게으른 일상을 살아간다. 아내 마르파와의 일상이 따분하지만 외국에 나가자는 제의도 거절하고 북극탐험이나 열기구를 타고 여행을 떠날지도 모른다는 말로 무료함을 드러낸다. 가끔 하인들을 괴롭히거나 아내를 한두 차례 구타하긴 했어도 전체적으로 평범하고 조용한 생활을 영위한다. 그가 타락했다는 라스꼴리니꼬프의 지적도 기꺼이 수긍하고 받아들인 이유다. 그러나 그의 힘은 두냐를 만나면서 깨어난다. 그것은 나폴레옹처럼 웅대한 스케일의 업적도 아니고, 라스꼴리니꼬프처럼 선한 동기에서 비롯된 것도 아니다. 그저 자신의 욕망을 충족하겠다는 의지요, 본능의 지시일 뿐이다. 그는 그것이 정당한지 비난받을 일인지에 관해서는 관심이 없다. 목표는 정해졌고 그다음은 규정된 법칙대로 흘러가면 되는 것이다. 그는 두냐를 유혹하기 위해, 달래거나 모욕하며, 은근한 수작을 부리거나 무례하고 모욕적으로 대하며, 금전을 약속하거나 다른 고장 또는 외국으로 가자고 꼬인다. 그러나 두냐의 결심이 차돌처럼 굳다는 것을 알게 되면서, 점차 그녀의 가치에 눈뜨게 된다. 그가 자신에게 돌아올 비난을 감수하고 마르파의 오해를 풀어주었던 것은 그 단초라고 할 수 있다. 그러나 이는 진정한 사랑과는 거리가 멀다. 그는 여전히 욕정의 노예로서 마지막 순간까지 욕정의 노예로 죽기 때문이다. 스비드리가이로프는 그 사실을 숨기지 않는다. 그는 라스꼴리니꼬프에게 반문한다.

"그런데 한 가지 여쭤보겠습니다만 도대체 뭣 때문에 내가 자제해야 하는 겁니까? 여잘 좋아하는 내가 뭣 때문에 여자를 버려야 하는 겁니까. 이것도 하나의 일임엔 틀림없지 않겠어요? 적어도 이 음탕이라는 것에는 일종의 항구적인 것, 자연에 뿌리박고 공상으론 어쩔 수도 없는 것이 있지요. 빨갛게 달아오른 숯불처럼 쉴 사이 없이 피를 들끓게 하고 영원히 불타오르며 나이를 먹었다 해도 그처럼 쉽사리 꺼지지 않는 뭣인가가 있지요. 어떻습니까? 역시 일종의 사업이 아니겠습니까?"

얼마나 당당한가. 욕정이 하나의 항구적인 사업이 될 수 있다는 것, 그것은 그와 같은 강한 성격의 인간이 아니면 삶의 목표로 삼을 수 없는 목표다. 그의 말이 빈말이 아니라는 것은 그의 행동에 그대로 드러난다. 아내 마르파를 독살했다는 건 이미 나온 얘기이고, 뻬쩨르부르그로 올라와 분주하게 돌아다니는 건 모두 두냐를 차지하기 위한 전략의 일환이다. 라스꼴리니꼬프의 거처를 알아내고, 찾아가 스스로를 소개하고, 소냐의 영업장소가 있는 집을 얻고, 주변을 맴도는 것은 하나의 충동, 하나의 목적에서 나온 행동이다. 그가 소냐의 이복동생들을 도와주거나 싸구려 술집을 들락거리거나 하는 것은 그저 소품에 지나지 않는다.

그가 어린 소녀와 약혼한 것도 같은 맥락이지만, 거기에는 약간 다른 뉘앙스가 있기는 하다. 그는 실제로 어린 소녀에 욕정을 느끼고 있기 때문이다.

"당신(라스꼴리니꼬프)이 여성에 대해 어떤 취미를 갖고 계시는지는 모르지만 저보고 말을 하라면 이 열 여섯이라는 나이입니다. 아직도 어린 티가 가시지 않은 눈매, 겁먹은 듯한 태도와 부끄러움의 눈물 - 이건 이미 아름다움 이상이라 하겠습니다."

여기서 아름다움 이상의 아름다움이란 표현을 순진하게 미적인 것으로 받아들여서는 안 된다. 거기에는 이미 병적인 요소가 드러나 있다. 그것은 음탕이 지나쳐 버리지와 같은 색욕을 지닌 표트르 까라마조프가 정신지체자인 리자베따 스메르쟈스차야를 겁탈하면서 시궁창 같은 더러움 속에서도 아름다움을 발견할 수 있어야 진정한 호색한이라고 했을 때 염두에 두었던 것과 같은 의미다. 그러나 어쨌든 여기서 스비드리가이로프의 목적은 두냐였다. 두냐의 고결한 영혼이나 성품이 아니라, 두냐라는 여성 그 자체, 그녀의 육신이 관심의 대상이었다. 스비드리가이로프는 라스꼴리니꼬프에게 말한다.

"두냐는 내 눈의 표정을 무척이나 싫어했답니다. 믿어지십니까? 요컨대 내 눈에 깃든 어떤 종류의 불꽃이 점점 강해지며 더구나 난데없이 불타오르기 시작했으므로 누이동생은 거기에 겁을 먹어 마침내는 그것을 증오하기에 이른 거죠."

"아아, 하다못해 평생에 한 번만이라도 누이동생의 눈이 이따금 얼마나 아름답게 빛나는가를 봐 주셨으면 합니다."

요컨대 두냐는 아름답게 빛나는 그녀의 눈에 욕정이 끌어올라 그녀를 쳐다보는 스비드리가이로프의 음탕한 눈길에 두려움과 혐오를 느낀 것이다. 여기서 스비드리가이로프의 육욕은 그의 존재, 성격, 사상과 정신의 원리이자 기초를 형성한다. 그의 모든 말과 행동은 육욕의 구체적 발현에 지나지 않는다. 그는 욕정의 기계인 것이다.

악인과 강함

" 착한 사람이 뚜렷한 목표와 목적을 가지고 선한 일을 하는 경우는 적지만 나쁜 놈은 명료한 의식 아래 고의로 악행을 저지르는 때가 많다. "

　도스토예프스키는 프로이트가 과학적 방법을 통하여 인간은 리비도의 기계라고 정의하기에 이른 것을 이미 직관의 힘으로 알아냈고 스비드리가이로프들의 외관, 용모, 말투, 행동거지, 습관, 감정 및 정신세계에 이르기까지 입체적 모습으로 우리 앞에 생생하게 그려내 주었다. 그들에게 현실원칙은 프로이트와 달리 쾌락원칙을 제한하고 규제하는 것이 아니고 그것을 조정하고 심화하며 달성하기 위한 기제로 작용한다. 그들은 욕망을 숨기려 하지 않는다. 자신의 욕정을 감추거나 부끄러워하지 않고 떳떳하게 드러낸다. 보통 인간들이 현실의 중압에 자신의 쾌락을 왜곡되고 일그러진 모습으로 드러내는 데 반해, 그들에게 현실원칙은 아무런 제한사유가 아니므로 당당할 수 있다. 그 뻔뻔스러운 태연함이 타인에게 공포심과 역겨움을 불러오는 것이다.
　스비드리가이로프가 자신이 롓스릿히라는 여자의 막내딸과 결혼을 할 예정이라고 딴청을 피우지만, 라스꼴니꼬프는 "당신이 내 누이동생에 대한 비열하기 짝이 없는 계획을 버리지 않았을 뿐 아니라, 더욱 거기에 열중하고 있다는 것을 확실히 단정할 수 있다."고 말한다. 그의 짐작대로 스비드리가이로프는 두냐에게 오빠와 관련된 중요한 일이 있다면서 자신의 하숙방으로 오라는 편지를 보냈던 터다. 그러나 라스꼴리니꼬프는 그에 대한 혐오감 때문에 편지에 대해 더 이상 추궁하지 못하고 그와 헤어지게 된다. 스비드리가이로프는 그를 경계하는 두냐에게 시키는 대로 하지 않으면 오빠의 비밀을 폭로하겠다고 협박하여 그녀를 그의 하숙방이 있는 건물로 데려간다. 그는 거기서 소냐의 방 및 자신의 방과 소냐의 방 사이가 비어있는 사실 및 라스꼴리니꼬프가 소냐에게 살인을 고백하는 것을 엿들은 사실 등을 들려주며, 그가 두냐에게 오빠의 범죄를 알고 있고, 그녀가 그의 육욕을 채울 수 있도록 허락한다면 오빠를 외국으로 도피시켜주겠다고 회유하지만, 그녀는 만약을 위해 준비해간 권총을 그에게 겨눈다. 하지만 총알은 오른쪽 관자놀이를 스쳐 빗나가고 그녀가 모든 것을 포기한 순간 그는 그녀에게 열쇠를 주며 나가라고 한다.

"두냐는 권총을 올렸다. 그리고 송장처럼 새파란 얼굴이 되어 핏기 가신 아랫입술을 부들부들 떨면서 불길처럼 번뜩이는 검고 커다란 눈으로 응시하더니, 결심한 듯이 겨냥하면서 그가 움직이기를 기다렸다. 그는 여태까지 이토록 아름다운 그녀를 한 번도 본 적이 없었다. 그녀가 권총을 든 그 순간 그 눈에 반짝인 불꽃에 그는 마치 타 버리는 듯 싶어 심장이 따갑도록 쓰라리면서 오므라들었다. 한 걸음 앞으로 내디디자 총성이 울렸다. 총알이 그의 머리카락을 스쳐 뒤쪽 벽에 맞았다."

세계문학 사상 이보다 여성을 아름답게 묘사한 순간이 있을까. 일체를 사상해버리고 오로지 분노 그 자체가 된 여인. 상대에 대한 미움과 실망, 혐오와 거부를 표시하면서도 그에게 절대 굴복하지 않겠다는 강한 의지를 드러내는 여인. 스비드리가이로프가 번뜩이는 검은 눈동자와 온몸의 제스처를 통해 그 자신은 결코 도달할 수 없는 한없이 높은 정신적 경지에 올라서 있음을 보여주는 이 여인을 그 순간보다 아름답게 느낀 적이 없었다고 한 것은 충분히 공감이 가는 일이다. 그가 두냐에게 열쇠를 건넨 것은 그녀의 아름다움을 통해 그의 비루함을 깨달았기 때문이다. 육욕으로는 좌우하지 못할 불가촉의 정신적 미가 있다는 사실, 그런 성스러움을 파괴시키려 하면 할수록 오욕과 비탄의 수렁에 빠진다는 사실을 감지하게 되었기 때문이다. 혹시 그는 돈이나 아니면 그의 인간적 매력으로 두냐의 사랑을 얻을 수도 있을지 모른다는 헛된 희망을 품었을 수 있다. 그러나 그는 범접할 수 없는 아름다움을 대면하고 번지수를 잘못 짚은 사실을 절감하고 맥이 풀린 것이다. 그는 부드럽게 물었다.

"그럼 날 사랑하지 않는군?"

두냐는 고개를 가로 저었다.

"그래서 사랑할 수도 없고? 절대로?"

절망 어린 목소리로 그가 속삭였다.

"절대로."

두냐도 속삭였다. 완전한 절망이 불가능과 장애를 모르던 강한 성격의 해체를 불러오고 그를 자살로 몰고 간 것이다.

스비드리가이로프는 그날 밤 열에 들뜬 채 뻬쩨르부르그 시내를 돌아다니면서 이 사람 저 사람에게 술을 사거나 쏘냐나 어린 약혼녀를 찾아가 금전을 내놓기도 하고, 비에 흠뻑 젖어 오한에 시달리며 환상과 환청에 괴로움을 겪다가 새벽녘에 네바 강가를 찾아가 보초병 앞에서 방아쇠를 당긴다. 내면적 무장해제가 인간을 무력감에 빠트린다는 것은 충분히 있을 수 있는 일이다. 스비드리가이로프가 얼마나 욕정의 기계였는가를 생각해 보라. 살인도 불사할 정도의 집념이 방향과 목표를 잃은 순간 허공을 추락하는 느낌이 드는 것은 당연한 일일지도 모른다. 대상에 투사됐던 에너지가 강하면 강할수록 실망감도 비례해서 클 것이다. 그렇지만 스비드리가이로프가 모든 것을 포기하고 체념한 두냐를 겁탈하지 않은 것은 그가 악인일지언정 여전히 인간적인 면모를 가지고 있다는 증빙이고, 그 점에 그를 단순무지한 악한으로 단정 짓기 어려운 요소가 있다. 마지막 순간에 두냐에게 그를 사랑할 수도 없는지에 관해 물은 것은 그가 의외의 로맨티스트이며, 적어도 표트르 까라마조프보다는 한 등급 위의 인물이라는 사실을 알려준다. 그의 행위는 드미뜨리 까라마조프가 그에게 아버지가 횡령한 공금을 변상하기 위해 필요한 돈을 빌리기 위해 (모든 것을 각오하고) 찾아온 까쩨리나를 순순히 보내준 행위와도 비견될 수 있다. 드미뜨리의 이 신사적인 행위에 보답하기 위해 까쩨리나는 그와 사랑 없는 약혼에 이르게 되는데 이것이 나중의 비극을 잉태하게 된다. 그러나 드미뜨리는 스비드리가이로프처럼 강인한 인물은 못되므로 그것은 한때의 낭만적인 변덕에서 비롯된 것(물론 그가 근본적으로 순수하고 선량한 사람이라는 것과는 무관하다)이라고 보아야 하지만, 스비드리가이로프의 그것은 감정의 표변이 아니라 인격붕괴의 결과라고 할 수 있다. 그는 자신을 지탱해온 욕망이 근거를 상실하자 무너져 내린 것이다.

대체적으로 악인은 선인에 비해 집요하다. 착한 사람이 뚜렷한 목표와 목적을 가지고 선한 일을 하는 경우는 적지만 나쁜 놈은 명료한 의식 아래 고의로 악행을 저지르는 때가 많다. 선인이 보통 행위의 객관, 결과로만 선하다고 평가되는 경우가 많은 데 비해 악당은 행위의 동기 및 주관, 고의 여부에 의해 판단을 받게 되므로 행동의 결과에 상관없이 악당이 되는 것이다. 그러나 선한 의도가 바람직한 결실만을 낳는 것은 아니며 악한 의도가 볼썽사나운

열매만을 맺는 것도 아니다.

　스비드리가이로프가 두냐를 품에 넣기 위해 행한 모든 행동은 누가 봐도 의도나 결과가 모두 나쁘다고 평가받을 수밖에 없는 악당의 전형적인 그것이었다. 그는 여러 사람에게 두려움과 혐오를 불러일으켰고, 심지어 마르파 등에게는 생명박탈-죽음이라는 재앙을 가져다주었다. 그럼에도 불구하고 그가 우리의 주목을 끄는 이유는 적어도 그의 어떤 면모 때문이다. 그는 손댈 수 없을 정도의 무뢰배는 아니고 나름대로 매력이 없지 않은 인물이다. 그는 자신의 목표를 잘 알고 그를 숨기지 않으며, 그것을 추진할 행동력을 겸비하고 있고, 그 과정에서 접촉하는 인물들의 가치나 성격, 비중 등에 대해서도 정확히 판단하여 이를 적절히 활용하는 실천력도 가지고 있다. 무엇보다 그는 라스꼴리니꼬프가 말하는 비범인의 원형 - 원초적 생명덩어리와 같은 존재다. 이 강함이 없이는 어떤 위대한 일도 이루어지지 않았다. 책이나 공상 속에서는 마음대로 상상의 나래를 펴지만 라스꼴리니꼬프가 보여주었던 것처럼 아무나 살인을 하고도 태연할 수 있는 것은 아니다. 평범한 인간은 소소한 재판에 휘말리기만 해도 불면증이나 소화불량에 시달리게 마련이다. 그러나 강인한 이 인물은 자신에게 총을 겨눈 두냐의 전 존재 속에서 단순한 욕정의 눈으로는 절대 볼 수 없는 숭고한 아름다움을 발견하였고, 또한 그녀의 사랑을 얻을 수 없다는 사실에 절망할 줄 아는 순수함을 지녔다. 이는 강한 자만이 가질 수 있는 순수함이었지 약한 자는 절대로 알 수 없고 도달할 수 없는 경지였다. 절망할 사랑이 없다는 것은 사랑다운 사랑을 할 능력도 없다는 것이다. 나폴레옹이 될 수도 있었던 인물 스비드리가이로프는 그의 평범하고도 시시한 삶 속에서 우리에게 악함과 강함에 대한 생각과 반성을 필요하게 만든 긴 여운을 남기고 그렇게 떠나간 것이다.

제3장 그리스도 - 신의 의도

진리 혹은 그리스도

" 인간의 구원을 위해 인류의 죄악을 대속代贖하려고 사람의 모습으로 지상에 온 그리스도라는 신인이 기독교의 본질이다. "

"설령 누가 내게 그리스도는 진리 밖에 있다고 증명해 보인다 할지라도, 나는 진리보다는 그리스도와 남는 쪽을 택할 것입니다."

도스토예프스키가 시베리아로 유형 가던 도중 토볼스크에서 복음서를 그에게 건네주었던 N.D. 폰지비나에게 보낸 편지 중에서

이 말은 도스토예프스키의 기독교관을 압축하여 보여주는 것으로 간주되어 왔다. 도스토예프스키에 의하면 기독교의 핵심은 그리스도에 있다. 인간의 구원을 위해 인류의 죄악을 대속代贖하려고 사람의 모습으로 지상에 온 그리스도라는 신인이 기독교의 본질이다. 신의 말씀이 형상화되고, 그의 영원하고 비할 것 없는 사랑이 육신의 형태로 눈앞에 나타난 것에 기독교의 비밀과 모든 이성적 논증을 뛰어넘는 기독교 신앙의 힘이 있다는 것이다. 다시 말하면 기독교의 근본 종지는 저 하늘 위에 관념적으로 존재하는 신 그 자체보다도 인간에 대한 사랑을 보여주기 위해 고통받고 고뇌하는 인간의 모습으

로 지상에 온 실천과 행동에 있다. 그러므로 기독교의 가치는 성경의 말씀이나 교단의 위계적 조직, 장엄한 건물, 사제의 감동적인 설교에 있는 것이 아니라, 신이 우리에게 몸소 보여준 사랑, 그 자체에 있는 것이다. 인간은 교단이나 성직자들의 축복에 의지할 것이 아니라 그리스도의 사랑을 믿고, 그의 모범이 보여준 바와 같은 사랑을 행할 때 비로소 신에게 다가가고 구원을 얻을 수 있다. 그리스도는 사랑이요 사랑은 그리스도인 것이다. 사랑이야말로 그리스도를 정의하는 단 하나의 단어이자 개념이며, 그 사랑으로 말미암아 인류가 구원을 얻을 것이다. 이것이 그가 진리보다도 그리스도를 택한 이유다. 그러므로 그에게 그리스도 없는 기독교는 아무 의미 없는 것이며, 그리스도의 이상을 상실하였다면 더 이상 기독교가 아닌 것이다.

도스토예프스키는 악령의 '창작준비노트'에서 샤토프의 입을 빌려 다음과 같이 말한다.

"…하나님의 말씀이 육신이 되었다는 것, 즉 관념이 육체 속에 나타났다는 것을 믿는 것이 불가능한 일은 아니오. … 그리스도는 인간 영혼의 본성이 단지 꿈에서나 이상으로서가 아니라 천상의 광채 속에서, 실제로 육체의 형상으로 나타날 수 있으며, 이것이 자연스럽고 가능한 일이라는 것을 인류가 깨달을 수 있도록 하기 위해 우리 곁에 온 것이오. 이 빛나는 육체를 숭배한 그리스도의 추종자들은 너무나 끔찍한 고통을 겪으면서 이러한 육체를 지니고, 이러한 모습의 완성을 모방하고 살아 있는 몸으로 그것을 믿는 것이 얼마나 행복한가를 목격하기 시작했소. 이들을 통해 세상은 정당화되었소. 다른 사람들은 이 육체가 어떤 행복을 주는지를, 그리고 단지 이 인간을 보면서 스스로 놀라고 감탄했소. 그리고 그들 스스로 이 행복을 맛보고 싶어 했고, 그래서 그리스도 교도가 되어 고통을 기쁘게 감내하게 되었소. 이것이 바로 말씀이 실제로 육신이 되었다는 것의 본질이오. 바로 여기에 모든 신앙과 인류는 절대로 포기하지 않으려고 하지만, 당신은 빼앗고 싶어 하는 인류의 모든 위안이 있소. 그러나 당신은 그리스도보다 더 나은 인간을 보여줘야만 빼앗을 수 있을 것이오. 한번 보여주시오!"(콘스탄틴 모출스키『도스토예프스키 2』책세상 .616)

헤겔에 따르면 신이 추종자를 위해 육신의 형태로 지상에 왔다가 부활을 통해 다시 신으로 돌아가는 종교는 소위 계시종교로서, 자연종교, 예술종교에 이은 종교발달의 최고 단계를 이룬다.(정신현상학) 계시종교는 신이 그를 가능케 한 대상인 인간을 위해 자신을 희생하며, 그렇게 함으로써 신도 자신의 신성성을 온전히 할 수 있게 된다. 인간의 실존은 그 안의 신성을 파악함으로써 완전해지고, 신은 그 내부의 인간성을 포착함으로써 완벽해진다. 기독교는 그리스도의 탄생, 죽음과 부활을 통해 계시종교의 가장 발전적이고 전형적인 모습을 보여주고 있다고 한다.(정신현상학) 도스토예프스키가 헤겔과 같은 맥락으로 기독교를 평가한 것은 아니지만, 공히 그리스도라는 신인을 기독교의 핵심으로 보았다는 점에서는 상당한 시사점을 준다 하겠다. 그러나 헤겔이 신과 인간의 일체화, 신과 인간의 합일을 절대지絶對知로 간주한 것에 비하여, 도스토예프스키는 진리와 신이 같지 않을 수도 있다고 생각한 점에서 차이가 있다.

진리 밖에 있는 신, 진리가 아닌 신이라면 그 신은 과연 어떠한 신일까. 이 문제는 먼저 여기서 말하는 진리가 어떤 진리인지를 살펴보지 않으면 해결할 수 없다. 통상적으로 신은 진리이므로 진리가 아닌 신은 있을 수 없기 때문이다. 그리스도는 이미 "나는 길이요, 진리요, 생명이라(요한복음 14:6)"고

했다. 그를 통해서 생명-영생으로 나갈 수 있는 신은 생명 자체인 신이며, 따라서 "나는 진리"라 할 때의 진리는 생명을 부여하는 진리, 생명을 함유하는 진리로서, 신 내부에서 진리와 생명은 동일한 것이다. 그러나 진리가 신의 외부에 있다면 그것과 신의 진리와는 같지 않다는 것은 쉽게 알 수 있다. 진리이긴 하지만, 진리가 아닌 진리, 진리라고 불린 진리와는 다른 내용과 함의를 가지고 있는 진리, 그것은 곧 신의 진리가 아닌 인간의 진리를 지칭하는 것이다. 인간의 진리는 이성적인 논증으로 증명된 진리, 합리적, 수학적 진리로서 너무나 명백하여 추측과 논박을 허용하지 않는다.

이반은 알료샤를 앞에 두고 묻는다.

"신이 전지전능하다면 왜 세계에 악이 존재할까? 인간이 신의 닮은꼴로 창조되었다면 왜 악행을 저지르는 것일까? 이 부조리함 속에 뭔가 대단히 고매한 목적이라도 있는 것일까? 설령 그럴지라도 나의 '유클리드적', 즉 3차원적 지성으론 이해할 수도 없으며 또 그러고 싶지도 않다."

신이 정말 존재한다면 지상에 미만한 고통과 비루함은 무엇이며, 간교와 위선은 또 무엇인가. 하나님의 이름으로 전쟁을 벌이고 종교가 다르다는 이유만으로 살육하며, 단순히 재미로 인간사냥을 하는 것까지도 용인할 수 있다고 해도 아무것도 모르는 순진무구한 어린아이의 고통은 어떻게 설명할 것인가. 여기서 그의 유명한 테제가 나온다.

"신을 받아들이지 않는 것이 아니라 그가 창조한 세계를 받아들이지 않는다."

신이 의도한 '조화'의 왕국을 만들기 위해 어린아이마저 희생해야 한다면 그 비싼 입장료를 감당할 수 없다. 따라서 그 입장권을 양심에 따라 정중히 반납한다. 알료샤는 형에게 "그것은 반역이에요."라고 반박하지만, 누가 뭐라고 해도 이것은 명백한 수학적 논증이 아닌가. 이 강력하고 논리적인 증명 앞에 인간의 지성에서 나온 것으로 어떤 반론이 가능할 것인가. 천년왕국의 행복이 눈물과 한탄 위에서만 가능한 것이라면, 천상에서 지복을 누리는 자들의 양심이 고장 났거나, 멀쩡한 눈을 가졌다 해도 실은 아무것도 보지 못하는 청맹과니일 것이다. 그들이 거주할 건물이 무고하게 죽은 자, 억울한 자, 누명을 쓴 자, 비명횡사한 자, 학대당한 자, 조롱과 모멸을 당한 자, 까닭 없이 살해당한 자들의 뼈로 만들어져 있다는 것에 대해 연민과 죄책감을 갖지 못한다면 그들의 안락함은 무슨 의미를 갖는 것일까. 이반의 말대로 어디서 굴러먹던 개뼈다귀인지도 모를 놈들을 위해, 우주의 조화를 가꾸기 위해 자신을 기꺼이 희생할 사람은 없을 것이다. 그러므로 내가 그곳의 거주자가 될 경우면 몰라도 타인을 위한 불쏘시개로 끝나고 말 계획이라면 천년왕국이 아니라 만년왕국이라도 거부해야 하는 것은 당연한 일이다. 이반의 테제야말로 수학적 논증이고 절대 부정될 수 없는 진리다. 그러므로 인간의 시각에서 본다면 알료샤가 이것을 반역이라고 칭한 것은 어폐가 있다.

인간의 질서

" 신이 없다면 모든 것이 허용된다. "

그러나 신을 인정하면서도 신의 질서를 따르지 않는 것과 아예 신을 부정하는 것은 다르다. 신을 부정하는 자에게는 아무것도 없다. "신이 없다면 모든 것이 허용된다." 그러나 신을 인정하지만 그의 세계를 거부하는 대심문관은 신의 권위와 명의를 빌어 거짓된 신정체제를 완성한다. 모든 결정과 집행이 신의 이름으로 행해지는 것이다.

그러나 아예 신이 없다는 것은 어떤 상태일까. 신이 없다는 것은 단순히 믿음과 숭배의 대상이 없다는 것을 뜻하지 않는다. 신은 경배의 대상일 뿐만 아니라 인간의 심판자이자 구원자다. 신은 인간이 지상에서 행한 모든 행위, 모든 생각, 밥 먹고, 잠자고, 배설하고, 숨 쉬는 것까지 아우르는 전체를 선악의 관점에서 판정하는 판관인 동시에, 인간이 죄악에 빠져 지옥의 불구덩이에 던져지지 않도록 사랑의 손을 내밀어준 구원자다. 신이 없다면 피안이 없을 것은 당연하지만, 인간의 행위를 판정하고 심판할 자가 없게 된다. 여기 이 땅에서는 엄중한 법복을 입은 법관이 매양 무거운 목소리로 죄인에게 형벌을 선고하고 감옥에 보내지만, 그것은 하나의 죄인이 다른 죄인을 기만하는 소꿉놀이에 지나지 않는다. 어떤 자의 지상에서의 일생이 죄악이었는지 아닌지에 대해 인간의 몸에서 태어난 자들 중 누가 감히 판단할 자격이 있다는 말인가. 인간은 인간을 심판하지 못하는 법이다. 그러므로 인류는 이제껏 신 없이 살아본 적이 없다. 태곳적부터 현재에 이르기까지 인간은 온갖 종류의 신을 숭배하며 신에게 복속해왔다. 심지어 포이에르바흐는 '신은 인간의 창조물'이라고 주장하기도 했지만, 그렇게 창조된 신일지언정 오히려 거꾸로 인간의 일상을 지배하는 현실을 부인할 수는 없다. 인간은 신을 만들어서라도 찬양해 왔기 때문에 지금까지 신이 없는 상태를 경험하지 못했다. 한때 어떤 자가 "신은 죽었다."고 주장해서 잠시 관심을 끌긴 했지만 그것으로 그만이었으므로 신이 없다는 것, 신 없이 산다는 것이 어떤 상태일지 알지 못한다. 정말로 신이 없는 세상이 어떤 모습일지는 아무도 모른다.

하지만 "신이 없으면 모든 것이 허용된다."는 도스토예프스키의 명제는 심오한 통찰력의 산물이다. 그것은 신 없는 세상을 음울한 디스토피아로 보는 종말론적 세계관, 인간의 본성을 악으로 파악하는 홉스적인 인간관에서 나온 것이다. 신이 없다면 심판자가 없다. 각자의 인간은 뭐든 나름대로 이유와 근거를 가지고 행동하지만, 다른 사람들도 마찬가지다. 선과 악은 주장하는 사람마다 기준이 갈린다. 모두가 선의로 행동한다 하더라도 남는 것은 악으로 가득 찬 세상일 뿐이다. 각자의 선의가 만나면 일체가 악으로 전환된다. 나는 착한 의도, 순수성이 있다는 확신에 누가 감히 오히려 네 것이 틀리고 자기 것이 맞다고 제동할 수 있을까. 살인도 허용될 수 있는 소지가 열리는 것이다. 모든 것은 상대적이고 부분적 진리일 뿐이다. 하나의 주장에 다른 주장이 더해지고 하나의 진리에 다른 진리가 더하여져 남는 것은 혼돈뿐일 것이다. 절대적 도덕과 절대적 선이 아닌 이상 결국 남는 것은 카오스적인 세계일 것이다.

그러므로 신을 부정하는 자가 갈 수 있는 길은 신이 존재하지 않는다고 떠벌이는 것이 아니라 신을 인정하되 그가 창조한 세계를 받아들이지 않는 것, 다시 말하면, 인간의 체계를 신의 이름으로 선전하는 것 이외에는 없다. 신을 전면에 내걸지 않으면 언제든지 그의 권위와 정통성은 공격당할 것이기 때문이다. 신을 부정하는 것과 신을 인정하되 그의 세계에 복속하지 않는 것은 사실상 동일한 결과를 가져온다 할지라도 신의 뒤에 숨어 신의 명함을 내걸고 인간의 체제를 전개하는 편이 안전하다.

이반의 반역의 결과는 필연적으로 대심문관으로 귀결된다. 대심문관은 신이 존재한다는 사실을 알고 있지만 그 신의 일을 자신이 대신하고 있다고 생각한다. 신의 구상은 이 땅에서 실패로 돌아갔기 때문이다. 그러므로 그에게 더 이상 신은 필요 없다. 그의 체계에서는 신이 없는 게 더 나은 것이다. 그는 필요 없는 신과 존재하지 않는 신을 구별할 필요성을 느끼지 못한다. 그는 다만 신의 이름으로 그 자신의 계획을, 인간의 체계를 밀어붙이기만 하면 된다. 대심문관이 신의 세계를 받아들이지 않는 이유는 이미 이반이 설명한 그대로다. 신이 전능하다면 왜 이 세상에 악이 존재하는 것일까. 불가능이 없는 신이 왜 이런 실수를 한 것일까. 해결할 수 없는 모순에 대해 고민한 그는 자신이 나서서 신의 잘못을 교정하였다고 생각한다. 신이 하지 못한 일, 하지 않은 사업을 자기가 해냈다고 자부하는 것이다. 그러므로 그는 다시 지상을 방문한 신이 못마땅할 수밖에 없다. 실수를 저지른 신은 그의 사업에 간여할 권한이 없으며, 개입한들 그를 방해하기만 할 것이기 때문이다.

그는 신을 불러들여 조용히 말한다. 그의 말은 신에 대한 도전이자, 자신의 사업에 대한 자부와 항변이며, 신의 왕국과 인간의 왕국의 차이에 대한 해설이다. 그는 그리스도에게 광야에서의 시험에 대해 거론하며, 그때 그리스도가 악마의 유혹을 거부한 것은 기적에 의한 신앙, 노예적 믿음이 아닌 자유로운 의사에 따른 신앙을 원했기 때문이지만 애당초 인간을 너무 높게 평가한 치명적인 잘못을 저질렀다고 통박한다. 신앙과 불신 사이를 방황하는 인간들에게 기적을 보여주는 것보다 그들을 신앙으로 인도할 수 있는 더욱 좋은 방법이 있었을까. 눈앞에서 돌덩이를 빵이 되게 하고, 성벽 위에서 떨어져도 천사들이 날아와 받아주는 불가사의를 보여주었다면 어느 누가 그리스도야말로 그들이 찾고 있는 바로 그 신임을 인정하지 않았겠는가. 그러나 그리스도가 이렇게 쉬운 길을 택하지 않은 이유는 인간은 그런 즉물적인 수준보다는 높고 고상한 존재라는 잘못된 판단 때문이었다. 그리스도가 인간을 빵과 기적에 의존하는 나약하고 수동적인 노예가 아니라, 자기의지와 자발성을 갖춘 강인하고 자발적인 자유인이라고 보았기 때문에, 현재 인간세계의 불행과 슬픔과 고통, 종합적으로 말해 지금과 같은 악의 소굴이 만들어졌다. 인간은 자유보다는 빵이 급했다. 빵 없는 자유는 자유가 아니었으므로 떼 지어 빵을 구하러 몰려다녔으며, 기적을 행하고 빵을 준다는 자에게 기꺼이 그의 자유를 갖다 바쳤다. 인간은 자기의 자유를 자랑스러워하기보다는 부담스러워 했고, 빵을 자유로 치환하거나 아니면 아예 그것을 자유로 간주하는 자기기만을 서슴지 않았던 것이다. 기적을 쫓고 기적에 목이 멘 인간들에게 그리스도적 자유의 존엄이 어디에 있는가. 자유는 단지 허울에 불과하고 실상은 양 떼와 같은 짐승의 무리와 다를 바가 전혀 없는 것이다. 이러한 상태를 신이 예측했었을까. 예측했어도, 예측하지 못했어도 신의 과오는 변명의 여지가 없을 것이다. 대심문관은 말한다. 자신이 한 일은 버려진 인간을 돌보는 것이었다고. 신이 원하는 인간은 공중부양이나 빵에는 관심 없는 강한 자, 소위 선택된 자였지만, 그 범주에서 벗어난 무수한 나약한 인간에게는 기적이 신앙이요, 빵이 믿음이었다. 대심문관은 무리들에게 그리스도가 마다한 기적과 빵을 준 사람은 자신이었고 따라서 신앙과 믿음의 대상이 될 자격을 가진 자, 무리들의 경배를 받아야 하는 자는 자신이지 무리들을 방치한 그리스도가 아니라고 일갈한다.

긍정과 부정

" 그리스도의 키스는 대심문관의 작업에 대한 긍정이자 부정이고, 부정이자 긍정이다. "

　이에 대한 그리스도의 대답은 대심문관의 늙고 핏기 없는 입술에 입을 맞추고 조용히 사라진 것이었다. 이 의미심장한 키스는 어떠한 해석에도 열려 있는 결말이며, 어떤 방향으로도 발전해 나갈 수 있는 개방형 단초이자, 인류 역사상 가장 심오하고 무거운 키스다. 과연 신은 대심문관을 긍정한 것일까, 부정한 것일까. 흔히 우리는 대심문관의 체제는 세속적 권력에 눈이 먼, 부패한 로마 가톨릭이거나 인민을 현혹하며 혁명을 선동하는 사회주의를 지칭하는 것으로 이해하여 왔다. 그러나 인류에 대한 사랑에 사로잡혀 그리스도처럼 광야에서 풀뿌리로 연명하며 자신의 육욕을 제압해왔던 대심문관의 체제가 반유토피아의 모습을 띠게 된 것은 어떤 이유일까. 그것은 그가 바로 선택받지 못한 자들의 무덤 뒤엔 아무것도 없다는 것을 알았다는 사실에서 비롯된다. 천년왕국은 강한 자, 빵 대신 자유를 택한 자들의 몫이고, '조소의 대상으로 창조된 미완성적인 시험적인 생물들'-양 떼와는 무관한 것이다. 비루한 무리들의 죽음 너머에는 오로지 고요만이 있을 뿐이며, 구원은 애초부터 빈 말이었다. 대심문관의 체제는 소수의 초인들이 양 떼로 하여금 어디로 끌려가고 있는지 알아채지 못하도록 유의하면서, 지상에 있는 동안만이라도 그가련한 장님들이 얼마만큼의 행복을 느낄 수 있도록 하면 될 뿐이므로, 바로 지금 이 세상이 유토피아라면 유토피아일 뿐 지금 이곳을 넘어선 피안의 에덴동산은 없다. 이상향이 아닌 이상향. 이것이 신 없이, 또는 신의 이름을 걸고 구축된 이상향의 비밀이다.

인간이 인간다운 가치를 지니려면 신과 영혼의 불멸이 필요하다는 관념은 어디서 비롯된 것일까. 신이 없다면 모든 것이 허용되며, 결국에는 음울한 진창만 남을 것이라는 가정은 어떻게 생겨난 것일까. 그 배경에는 선택된 자들이 있다. 그것은 기적 없이도 신을 받아들인 초인들의 명제다. 피안의 세계를 위해 현세의 고통을 견디어낼 수 있는 선민들만이 지상의 빵과 권력에 초연할 수 있다. 그들은 아무런 미련 없이 가이사 것은 가이사에게 돌리고 하나님의 것만을 하나님에게 바칠 수 있다. 하나님의 나라에 들어갈 수 있는 자격은 영생과 불멸의 영혼, 고통과 괴로움으로 단련되고 욕정과 유혹을 이겨낸 순수한 영혼이 아니면 안 된다고 주장한다. 그러나 이런 요청이 저승을 포기한 양 떼에게도 해당된다는 것이 과연 합당하단 말인가. 신을 부정하는 자, 신을 인정하되 그의 설계를 거부한 자들에게 신의 기준에 맞춘 인간의 자격이 무슨 소용이 있을까. 대심문관의 논설에 맞선 그리스도의 딜레마는 여기에 있었다. 그리스도가 말없이 그의 늙은 입술에 키스를 하고 떠난 것은 어차피 신의 세계에 초대될 가망이 없는 자들을 방치하는 것이 어떤 이유로든지 용납될 수 없었기 때문이다. 양 떼를 천국으로 데려가기 위해서는 돌의 빵으로의 변환과 절벽에서 뛰어내려도 천사가 보호한다는 기적이 필요하나 이는 신이 가장 원치 않았던 바이고, 그렇다고 그들이 언젠가는 자기 의지에 따른 믿음을 가질 것을 기대하는 것은 불가능을 가능으로 포장한 위선에 지나지 않을 것이다. 그리스도는 대심문관을 그냥 그대로 둘 수밖에 없었다. 그가 신의 이름으로 지금까지 해온 사업을 계속하도록 할 수밖에 없었다. 그리스도가 대심문관을 긍정했건 부정했건 결과는 같다. 선택받지 못한 자들은 천국에 갈 수 없다는 것, 그래서 어떤 형태로든 그들은 보살핌을 받아야 한다는 것이다. 그리스도의 키스는 대심문관의 작업에 대한 긍정이자 부정이고, 부정이자 긍정이다.

신의 질서

" 신의 질서는 인간을 벼랑 끝으로 내몰 수밖에 없는 구조다. "

　우리는 신도, 불멸도, 피안도 없다면 결국 우매한 중생에게 필요한 것은 빵과 거짓 우상밖에 없다고 단정 짓는다. 그리고 그것이 허무주의의 극한이라고 말한다. 왜 허무주의가 되는 것일까. 죽음 너머에 아무것도 없어서? 신 없는 삶은 의미 없어서? 그러나 영생이라는 발상만큼 인간을 괴롭힌 관념도 없다. 인생이 아침이슬처럼 덧없다고 느껴질 때마다 인간은 지상의 사치와 유흥, 환락과 낭비에 탐닉하거나 천상의 지복과 평온, 안녕과 조화를 위해 모든 것을 내버리고 동굴 속에서 면벽하거나 광야를 헤매왔다. 탐닉하는 자는 사후를 불안해하고, 도를 닦는 자는 현세에서의 손실에 대해 애써 자신을 위로하지 않으면 안 되었다. 어느 위치에 서있거나 만족은 없고, 아쉬움과 후회뿐이다. 허전함과 쓸쓸함을 메꿔줄 어떤 대안도 없다. 인생은 패배가 예정되어 있는 게임인 것이다. 그러므로 인간은 필사적으로 영생이라는 관념에 매달려왔고, 그것만이 유일한 탈출구요 희망이라고 생각하게 되었다. 목표가 저 세상에 있으므로 이 세상의 모든 것은 가치 없는 것으로 귀결된다. 신의 질서는 인간을 벼랑 끝으로 내몰 수밖에 없는 구조다.
　애초에 신은 더 많은 인간이 구제되기를 바랐을지는 몰라도 모든 인간이 구원을 얻도록 기획하지 않았을지도 모른다. 악의 존재는 무신론의 유력한 근거이기도 하지만 유신론의 증거이기도 하다. 신이 있다면 이런 악을 방치하지 않았을 것이라는 이반의 논리는 신은 악 속에서도 올바른 선택을 하는 자율적인 인간만이 천상에 오르기를 원한 것이라는 반박을 격파하지 못한다. 대심문관은 그리스도에게 인간에게 너무 높은 기준의 자유를 부여하였다고 불평하였지만, 실제로 그것이 신의 의도였다면 그의 그리스도에 대한 비난은 초점이 잘못 맞추어진 것이 된다.

칸트는 인간이 추구할 수 있는 최고의 가치는 인간이 선택할 수 있는 영역 내에 있고, 윤리의 최종목표는 선택의 결과 도달할 가장 완전한 도덕적 행위에 있다는 명제를 제시하였다.(칸트:윤리형이상학 정초) 이것을 유신론을 옹호하는 입장에서 표현한다면, 인간의 조건, 그의 오류가능성, 그리고 부도덕과 부조리는 그 자체로 좋은 것이며, 신은 선만을 행하도록 제작된 자동인형에 의해 올바름과 정의가 기계적으로 행해치는 그런 세상보다는, 자기 의사와 자기 의지에 의해 도덕적 행위가 가능한 그런 세계를 창조하였다. 세상에 가장 가치 있는 선을 가져오는 자는 선택할 능력이 있는 자들이며, 신은 인간들이 더 좋은 세계를 만들어 가기를 원하였기 때문에, 선을 선택할 수 있는 자, 그러므로 역시 악을 선택할 수 있는 자를 창조하였다. 다시 말하자면 사전에 프로그램된 대로 바보들의 행복이 펼쳐지는 무미건조한 세상보다는, 택일 가능한 선과 악 사이에서, 가장 높은 기준의 자유를 가장 높은 수준의 도덕 달성에 사용하는 자가 만들어 낼 다이내믹하고 가치 있는 세상을 원하였다는 것이 된다. 그런 시각에서 본다면 악도 허용되어 있는 것이고, 양 떼의 수난도 당연한 것이다. 이반의 반역은 초점이 잘못 맞추어진 반역이라고밖에 할 수 없는 소이다.

지상의 혼돈과 비참이 원래부터 예정되어 있는 것이라면 양 떼가 서 있을 자리는 어디인가. 천국에 입장할 초인들을 단련시킬 용광로의 불쏘시개 역할로 끝나고 마는 것이 그들의 운명인가. 이반의 반역은 바로 이 지점에서 시작되었다. 신이 의도한 조화의 왕국이 무고한 어린아이의 희생 위에 세워질 것이라면 그런 세계로의 입장을 정중히 거절하겠노라, 신을 받아들이지 않는 게 아니라 그가 창조한 세계를 받아들이지 않겠다. 이렇게 보면 결국 돌고 돌아 원점으로 회귀한 것 같다. 그러나 같은 지점이 아니다. 이반은 악의 존재를 신을 부정하는 근거로 삼았지만, 신은 이미 악을 예상하고 허용하였다. 이반의 반역을 예견하고 있었다는 말이다. 신이 중생을 위해 준비한 선물은 사랑, 무한하고도 비할 것 없는 고귀한 사랑이었다. 신이면서도 굳이 인간의 육신으로 태어나 박해받고 십자가에 매달려 처형당하는 길을 택한 사랑이었다.

"네 이웃을 너 자신처럼 사랑하라. … 사랑은 이웃에게 악을 행하지 아니하나니 그러므로 사랑은 율법의 완성이니라." (로마서 13:9-10)

악마의 대변인인 이반이 논리적이라면, 신의 화신인 알료샤는 행동과 삶으로 그를 표현한다. 그는 세계의 부조리와 모순에 개의치 않고 세상을 있는 그대로 받아들인다. 이반 같은 자들이 입으로 인류애를 외치면서도 실제로는 곁에 있는 사람을 사랑하지 못해 괴로워하는 반면, 알료샤는 사상과 말 대신 발로 뛰어다니며 남을 돕는다. 물론 그에게도 위기가 찾아온다. 조시마 장로가 사망하자 모두가 기대했던 기적 대신 곧바로 시신 썩는 악취가 풍긴다. 그렇다면 그는 거짓 성자였다는 말인가? 그러나 알료샤는 잠시 흔들렸던 기적에의 유혹을 극복해낸다. 장로의 시신을 통해 신의 영광이 드러나지 않았을

지라도 그것이 장로의 위업이나 신의 전지전능함을 부정할 만한 근거는 되지 못한다. 그가 시체에서 풍기는 냄새에 실망하여 쓰러졌을 때는 연약한 어린 애에 지나지 않았지만, 신성의 본질을 인식하고 대지에 입 맞추고 일어섰을 때는 인류를 위한 불굴의 투사가 된 것이다.

대중의 반란

" 신은 우리를 위한 자리를 마련하지 않았다. 신이 있어도 우리에겐 없는 것과 마찬가지다. … 그의 세계는 우리의 세계가 아니다. "

그러나 여기에는 여전히 해결되지 않는 함정이 있다. 신의 진리는 이성과 논리로 접근되는 것이 아니라는 점을 알았다. 그렇지만 신은 알료샤와 같이 어떤 경우에도 사랑을 실천할 수 있는 강한 자, 선택된 자를 지렛대로 삼았다는 점은 불변이다. 알료샤들은 길 잃은 대중을 신의 품으로 인도할 의무를 지고 있지만, 그 알료샤 중에 한 사람이 대심문관이 되었다는 사실을 잊어서는 안 된다. 모든 사람이 구제될 수는 없다는 사실에 대해 누구도 기망하거나 기망 당해서는 안 된다. 종전에 신과 대심문관은 우매한 자들에게 말씀대로 살면 천국에 입장할 것이라는 헛된 희망, 그리고 너는 신의 선택을 받았다는 가짜 위안을 제시함으로써 그들을 규율하고 조정하였다. 그러나 이제 시대가 바뀌었다. 신도 대심문관도 예측하지 못한 일이었다. 이미 대중은 그들이 신의 왕국에서 멀어진 사실을 알아낸 것이다. 자신들이 신이 원하는 자격을 갖추고 있지 않으며, 초인의 자유의지가 결여되어 있어, 어떠한 경우에도 천국 입장이 불가할지도 모른다는 것을 알았다. 이제는 대중들은 어디로 가는지 모르는 채 이끌려가기만 하는 게 아니다. 그들은 자신들의 미래를 잘 알고 부끄러움 없이 지상의 빵과 안락을 추구한다. 갖가지 요구에 요구를 더하여 오히려 대심문관을 시달리게 하는 중이다. 양 떼는 말한다.

"신은 우리를 위한 자리를 마련하지 않았다. 신이 있어도 우리에겐 없는 것과 마찬가지다. 신은 우리들로 하여금 그의 눈높이에 맞출 것을 요구하지만, 어차피 아무런 관계가 없는 우리가 왜 그래야 하는가. 그의 세계는 우리의 세계가 아니다."

신은 빛과 어둠, 물과 불, 태양과 달, 식물과 동물을 만드셨지만, 특별히 인간을 창조한 것은 오히려 인간에게 의지하기 위해서가 아니었을까. 빛과 어둠과 물과 불과 해와 달, 식물과 동물이 지상과 하늘을 아무리 채우고 있어도 인간이 없다면, 다른 모든 경배와 찬양은 의미를 잃는다. 신의 뜻을 알고 거기에 부응하여, 자발적으로 신의 제단에 엎드려 제사 지내는 인간이 있기 때문에 신이 신인 것이다. 따라서 신은 인간이 없으면 신이 아니거나, 신답지 않은 신이 되는 것이다. 신이 인간의 구원을 위해 인간의 육신으로 지상에 내려오지 않으면 안 됐던 이유다. 그러나 인간에게 의존하는 신이라면 그것의 실체가 진짜 신이건, 대심문관이건, 대심문관이 명목으로 내건 신이건 아무런 상관이 없다. 봉사해야 할 것은 신이지 우리가 아니다. 대심문관은 자기가 우매한 백성을 속여 빵으로 달래고 있다고 생각하고 있지만, 실제로 속고 있는 사람은 대심문관이다. 속고 있는 것처럼 속이고 있는 자가 바로 그 우매한 백성이기 때문이다. 따라서 대심문관이 자신의 행동은 못난 자들에 대한 인류애에서 비롯된 것이고, 빵을 마련하기 위해 행하는 수고와 노력은 초인이 감당해야 하는 필요악이라고 확신하는 것이야말로 자기기만의 전형이다. 우매한 백성들은 이제 그들이 신에 기대는 것이 아니라, 신이 그들에게 의존하고 있다는 사실을 알고서, 전혀 신과 신의 징벌을 염두에 두지 않게 되었다. 그들을 속이고 있다고 착각하고 있는 대심문관에게는 그들의 욕망을 충족시켜주기 위해 더욱 더 분발할 것을 촉구하고 있다. 시대가 바뀌고 양 떼의 반란이 시작된 것이다. 신조차 이렇게 뻔뻔해진 대중을 감당할 수 없게 되었다. 그리스도의 말 없는 키스는 자기연민과 대심문관이 겪을 고난과 번민에 대한 공감의 표시였을 것이다.

신 또는 인간

" 그들은 신 없이 살면서도 신과 함께 하는 듯 신과 대심문관을 농락하고 있다. 이제는 누가 속고 누가 속이고 있는지 알 수 없게 되었다. "

    도스토예프스키는 인간이 기적을 마주 대할 때 느끼는 갈등에 관해 깊이 숙고하였다. 그러나 혼신의 힘을 다해 신은 기적 다음에 오는 것이 아니고 그보다 먼저 오는 것이라 믿었다. 기적이 신에 대한 신앙을 불러오는 것이 아니라, 신에 대한 신앙이 기적을 일으키는 것이다. 시체 냄새에 실망해서 수도원을 떠났던 알료샤가 다시 돌아와 조시마 장로의 관 옆에서 밤을 지새우면서 꾸는 꿈-갈릴리의 가나-은 진실한 믿음이 불러낸 기적의 표현으로서 이반의 분열, 악몽과 현격한 대조를 이룬다. 알료샤의 '영성'은 신의 존재를 보는 반면, 이반의 '이성'은 악마를 불러온 것이 그 증거다. 영성은 구원을 주는 반면에 이성은 어떤 문제도 해결하지 못한다. 인간의 머리에서 나온 어떤 체계도 인성을 억압하고 인간을 소모품으로 취급하는 것으로 귀결되리라는 것이 도스토예프스키의 확신이었다. 많은 사람이 대심문관의 체제가 대중적 독재를 합리화한 국가주의적 전체주의로서의 파시즘이나 나치즘의 전조를 예언한 것이라고 놀라워한 이유다. 또한 자본주의에서 공산주의로의 이행기의 과도적 형태로서 승인된 프롤레타리아 독재가 결국 소수 노멘클라투라-공산귀족의 권력독점으로 막을 내린 것도 전혀 무관한 현상은 아닐 것이다.

그러나 신은 인간에게 가장 높은 기준의 자유를 부여하였을 때 이미 모든 인간이 그의 모범을 따를 것으로 예상하지 않았다. 신이 생각한 가치 있고 구원이 예정된 인간은 선과 악이 요동치는 소용돌이 속에서 어떤 역경에도 불구하고 자기 의지의 힘으로 천국에 오를 것을 선택한 자들이었다. 양 떼는 영원히 양 떼로 남을 것이다. 그것이 신의 계획이었다고 한다면 그렇게 말해도 좋다. 그러므로 악의 존재가 신의 부존재를 증명하는 것은 아니다. 악은 신의 체제 안에서 필수적인 것이다. 초인은 악이 없으면 단련되지 않는다. 중요한 것은 이제 무언가 잘못되었다는 것을 눈치 챈 약삭빠른 무리는 신이 실재하건 말건, 잘난 인간들이 하나님의 곁으로 가건 말건, 현실을 인정하고 제 살 길을 찾게 되었다는 사실이다. 오직 바보들만이 주일이면 양복을 입고 성경을 옆구리에 끼고 교회에 나가 울고 기도하며 신실한 척하지만, 좋게 말하면 안쓰러운 몸부림이며, 솔직하게 말하면 쓸데없는 짓이다. 그들은 절대로 천국에 오를 수 없다. 그러므로 신이 인간을 너무 높이 평가한 실수를 하였고, 대심문관은 그를 만회하기 위해 낙오자들의 보호자를 자임하였다는 도스토예프스키의 진단도 이제는 효력을 상실하였다.

오늘날 벌어지고 있는 현상을 보라. 오히려 대중이 스스로 진화하지 않았는가. 입만 열면 누구나 신의 영광을 노래하고, 신의 권능을 찬양하는 듯하지만, 그건 남에게 보여주기 위한 것이다. 지금 이 시대만큼 불신의 시대는 없었다. 식사 때마다 성호를 긋고 휴일마다 성전에 나가 무릎 꿇고 앉았어도, 저 자신은 굶어 죽더라도 진실로 광야를 헤매며 진리를 찾는 자유를 원하기보다, 이 순간 위장을 찌르는 허기를 메울 한 조각 빵을 원하는 속물이란 사실을 똑똑히 알고 있기 때문이다. 가면 밖으로 힘들여 경건한 신앙의 표정을 짓지만, 속으로는 '이것은 오히려 신과 대심문관의 봉사를 받기 위한 제스처일 뿐이야.'라는 조소를 보내고 있는 것이다.

   신의 실패는 인간에게 가치기준이 너무 높게 설정된 자유를 부여한데 있는 것이 아니라, 대중의 성장, 대중의 변이가능성을 과소평가한 데 있다. 도스토예프스키는 신이 실패할 수도 있다는 사실을 꿈에도 생각할 수 없었기 때문에 신을 부인하지도 못하고, 인간의 고통에 대해 눈을 감지도 못하는 진퇴양난에 처해 있었다. 그럼에도 불구하고 그가 진리보다는 그리스도 곁에 있겠다고 한 것은, 극심한 정신적 갈등에도 불구하고, 신에 대한 무조건적 신뢰를 가졌기에 가능한 논리적 귀결이었다. 그러나 대중은 이미 상관하지 않는다. 그들은 신 없이 살면서도 신과 함께 하는 듯 신과 대심문관을 농락하고 있다. 이제는 누가 속고 누가 속이고 있는지 알 수 없게 되었다. 대중이 영악해진 것이다.

   대중이 자신이 처한 입장을 알고 이를 역이용하는 상황은 분명히 예정되어 있지 않던 광경이다. 대중은 언제나 피해자에 희생자이며, 물가로 인도되어야 할 양 떼였기 때문이다. 피지배자가 지배자와 대등한 위치에 자리 잡고 있는 것은 생소한 그림이다. 그러나 그들이 우쭐대는 것은 다수인 한에서만 그렇다. 다중이라는 힘이 없다면, 그들 하나하나는 유약하기 짝이 없다. 대중의 자능이 비상할 정도로 신장되는 것은 군중심리가 뒤를 받쳐주고, 개개인은 그 그림자 속에 익명으로 숨었을 때만 그렇다. 모두를 뒤로 하고 비장한 표정으로 홀로 전면에 나서는 모습은 평범한 양 떼로서는 상상도 못하는 일이다. 자기 이름을 내걸고 독자적으로 감당한다는 것은 있을 수 없다. 그러므로 그들에게 구원은 집단의 문제가 아니라 개인의 문제라는 사실만 깨우쳐주면 충분하다. 대중의 연대는 개인의 이익 앞에서 신기루에 불과하기 때문이다. 대중의 힘이 최고조에 이르러 신과 대심문관을 곤경에 빠뜨릴 정도에 이르렀어도 그들 각자는 여전히 신의 세계를 거부할 만큼 강하지 않다. 그들이 예배당에 나가 신을 경배하는 것은 신과 대심문관을 속이기 위한 것만이 아니다. 내심 신의 노여움을 두려워하고 있다. 그들이 신의 은총을 갈구하면서 혹시 자신도 신의 옆자리에 설 수 있는지를 희망하면 할수록, 자신은 양 떼에 불과하다는 인식과 실현될 수 없는 소망 간의 괴리만 크게 느끼게 될 뿐이다. 그러나 현실에 눈감아서 얻어낸 비겁한 안락과 평안을 통해서 진리에 도달할 길은 없다. 진리는 차가운 논증이나 수학적 증명 속에 있는 것이 아니라, 생의 목표를 자신의 의지와 노력으로 쟁취하겠다는 결단과 행동에 있다. 그런 점에서 이유를 불문하고 신과 함께 하겠다는 도스토예프스키의 직관은 옳았다. 대심문관은 지치지 않고 대중을 끌어 모으기 위해 양 떼의 약점을 이용할 것이지만, 그리스도는 반대로 말한다.

"광야로 나가라."

"너 자신을 버려라."

죽어야 사는 이치를 죽어 보지 않은 자가 어찌 알 수 있으랴. 신은 오늘도 진리에 대해 우리에게 부드럽지만 단호하게 가르치고 있다.

"내가 진실로 진실로 너희에게 이르노니 한 알의 밀이 땅에 떨어져 죽지 아니하면 한 알 그대로 있고 죽으면 많은 열매를 맺느니라."(요한복음 12:24)

지금 여기 이러한 복음의 말씀에 귀를 기울이는 자가 남아 있기나 한 것일까? 우리 중에 누가 죽기를 각오한 밀알일 수 있을까? 누가 자신의 강함을 스스로에게 증명해 보일 수 있을까?

제4장 호색 - 욕망의 파편

호색 - 삶의 목표?

" 불안한 인간의 욕망은 불안하다. 욕망 자체가 불안한 것이 아니라 욕망을 드러내는 것이 불안하고, 결국에는 욕망마저 불안해졌다. "

호색이 삶의 목표가 될 수 있을까? 말하자면 여자 꽁무니나 쫓아다니는 것이 필생의 과업이 될 수 있겠는가? 일단 대놓고 "그렇다."라고 대답할 사람은 많지 않을 것이다. 긍정하고 싶어도 눈치가 보이거니와 사는 동안의 부차적인 유희라면 몰라도 인생의 목표로 삼는 것은 어딘지 꺼림칙하기 때문이다. 그렇지만 이성에 이끌리는 것은 본능이다. 굳이 프로이트나 라깡을 들먹이지 않아도 우리 자신이 몸으로 안다. 아름다운 여인을 욕망의 대상으로 삼는 것은 머리가 시킨 일이 아니라 마음이 저절로 움직인 것이다.

"도대체 뭣 때문에 내가 자제해야 하는 겁니까? 여잘 좋아하는 내가 뭣 때문에 여자를 버려야 하는 겁니까? 이것도 하나의 일임에 틀림없지 않겠어요?" (스비드리가이로프가 라스꼴리니꼬프에게 한 말.)

이게 자연이라면 우리가 호색을 평생 추구할 대상으로 삼기를 주저하는 이유는 무엇일까. 그것은 스비드리가이로프의 말이 고상하고 품위 있게 들리는 대신 무례하고 천박하게 다가오는 것과 관계가 있을 것이다.

대체적으로 철학은 인간의 욕망을 인정하지 않거나, 마지못해 시인하더라도 제거하거나 교정하여야 할 것으로 보아왔다. 인간은 이성의 주체로 상정되어 일체의 욕망을 엄격한 도덕률에 종속시키도록 요구받고 교육받아 왔다. 칸트는 인간을 수단이 아니라 목적으로 대하며, 개인의 의지가 보편적 법칙이 되도록 행위하라고 했으며, 주자는 인간의 본성은 순수하고 선한 것이므로 탁한 기질을 갈고 닦아 본래의 청정한 모습을 찾을 것을 주문했다. 도덕과 윤리의 정초를 놓아야 할 의무가 있는 철학이 인간의 욕망을 부추길 수 없었던 사정은 충분히 이해할 만하다. 그러나 현실과 이상의 괴리는 인간의 위치를 어정쩡하게 만들었다. 인간은 절대로 완벽하게 도덕적 요구에 맞추어 살 수 없다. 그러나 그렇다고 욕망이 시키는 대로 마구잡이로 행동할 수도 없다. 욕망을 따르자니 도덕이 무섭고 도덕을 수호하자니 욕망의 유혹이 너무 강하다. 이런 분열적인 상황은 인간의 정신에 지속적인 영향을 미쳤으며, 인간은 언제나 패배할 수밖에 없는 싸움을 하도록 운명지어졌다. 도덕의 연원을 인간의 본성에서 유래한 것으로 보건, 사회의 보편적 금지가 내재화된 것으로 보건, 인간은 욕망을 억제하고 도덕과 윤리가 요구하는 높은 수준의 절제와 자기통제를 달성하는 것을 이상으로 삼았기 때문에, 욕망의 목소리에 귀를 기울이는 것은 항상 포기와 굴복으로 인식되었고 유혹에 지고 말았다는 좌절감에 사로잡혀야 했다. 욕망을 드러내놓고 추구하는 것은 점잖지 못한 일이요, 결국 음침하고 어두운 습지의 밀행密行에 지나지 않게 되었다. 프로이트는 불쾌를 피하고 쾌락만을 찾으려는 쾌락원칙과 이를 저지하여 사회생활에 부합되도록 제재하는 현실원칙 사이의 갈등을 정신질병의 원인으로 보았지만, 욕망추구의 대가로 원죄의식처럼 따라붙는 죄책감이야말로 지상에서의 인간의 위치를 불안정하게 만든 주범이라 할 수 있다.

자기행위의 근거가 윤리적으로 확실하게 정초된 것이 아니라는 자각은 인간을 불안하게 만들고 이렇게 자리 잡은 불안감은 점점 자라나 인간의 정신을 잠식해왔다. 애초 우리가 태어났을 때는 이런 불안감은 존재하지 않았다. 배고프면 먹고 졸리면 자면 되었다. 그러나 성장과 함께 금지가 늘어나고, 금기와 타부가 많아질수록 마음속에 자리 잡은 불안도 커졌다. 금기와 타부는 인간이 사회라는 집단을 이루어 살기 때문에 생겨난 것으로 그 연원은 사회에 있다. 로빈슨 크루소는 무엇을 어떻게 하건 누구의 눈치도 볼 필요가 없다. 그가 무엇을 하지 않는다면 단지 원하지 않았기 때문이고 누구의 통제나 명령에 따른 것이 아니다. 하지 않은 것은 하지 못한 것과 다르다. 불만을 가질 이유가 없다. 하지 못한 이유가 외부의 규제에 따른 것이건 양심 때문이건 원하는 것을 하지 못한 인간은 만족하지 못한다. 하고자 하는 욕망이 완전히 제거되지 않는 한 정신적으로는 아무리 충일하더라도 심정적으로는 부족함과 갈증을 느끼는 갈등상태에 놓이게 되고, 이것이 대립과 충돌의 원인이 되는 것이다. 인간의 불안은 인간이 사회라는 집단을 이루어 살기 때문에 발생한 것으로 사회와 집단이 존재하는 한 사라질 수 없는 숙명일 수 있다.

그러나 호색은 왜 인생의 공공연한 목표가 되는 데 실패하였을까. 불안한 인간의 욕망은 불안하다. 욕망 자체가 불안한 것이 아니라 욕망을 드러내는 것이 불안하고, 결국에는 욕망마저 불안해졌다. 프로이트에 의하면 인간의 최초의 성적 대상은 어머니라고 한다. 그러나 어머니에게는 이미 남편이 있어, 아들은 이 남편이자 아버지인 남자와 라이벌 관계를 형성하지만, 결국 아버지의 권위에 복종하여 어머니를 포기하게 되고 정신적 육체적 성장과 함께 성적 관심을 외부로 돌리면서 독자적인 인격으로 발전하게 된다-오이디푸스 콤플렉스. 그러므로 인간의 성적 욕구는 애초부터 일단 어머니를 향했던 원래의 성향을 죽여야만 하는 단념과 절단의 단계를 거쳐야 한다. 그러나 그렇게 한번 부인 당했다가 새롭게 모습을 갖춘 욕망이라도 곧 사회의 규범과 법칙이라는 벽에 부딪치게 된다. 인간에게 욕망은 이중적 가치를 지니고 있다. 욕망이 없다면 인간은 살아있는 시체에 지나지 않지만 절제되지 않은 욕망은 인간을 서로에 대한 흉기로 만든다. 사회는 그 속성상 개인의 욕망을 무한정 허용할 수 없다. 욕망의 충돌이 생기는 것이다. 억제되지 않은 욕망은 상처가 되고 갈등의 원인이 된다. 분쟁은 규제와 제한으로만 해결할 수 있다. 나의 욕망은 타인이 욕망충족에 방해가 되지 않는 한도에서만 용인되는 것이다. 철학은 나아가 하고 싶은 대로 해도 법도에 어긋나지 않는 종심소욕불유구從心所欲不踰矩의 경지를 이상으로 강요하나, 이는 무엇으로 포장해도 욕망 죽이기에 다름 아니다. 그러므로 호색을 공식적 목표로 삼는 것은 작게는 타인의 욕망과 충돌하겠다는 공적 의사표시요, 크게는 반사회적 인물이 되겠다는 선언이다. 이래저래 호색은 음지의 비밀로 남게 되었다.

욕망과 실천이성

" 한 걸음씩 도를 닦아 얻어진 종심소욕불유구從心所慾不踰矩의 경지는 지상에 있는 것이 아니다. 그것은 신의 경지다. "

그러나 스비드리가이로프는 "여자를 좋아하는 내가 왜 자제해야 하느냐?"라고 묻는다. 고대 그리스 등에서는 성적 욕구의 표현이 비교적 자유로웠지만 중세에 들어오면서 종교의 영향으로 억압되었으며, 공자왈 맹자왈을 금과옥조로 삼는 동양에서는 최근까지 아예 입에 담지도 못할 금기로 간주되었다. 누구나 거기에 관심이 있으며, 누구나 거기에서 자유롭지 않고, 누구나 많든 적든 거기에 빠져있다는 사실을 알고 있으면서도 짐짓 모른 척하였다. 위선의 카르텔이 형성된 것이다. 종교와 철학은 엄숙한 침묵의 결사를 단단히 결속시켜 절제와 금욕이 인간본성에서 비롯된 것이고, 자신을 버릴수록 성인이 되는 것처럼 착각하게 만들었다. 그러나 인간에게서 욕구를 제거하면 무엇이 남을까. 욕망이 없는 인간을 인간이라 부를 수 있을까. 그것은 마치 거세된 동물처럼 그저 살아있는 고깃덩어리에 지나지 않을 것이다. 그러므로 "내가 왜 자제해야 하느냐?"라는 반문은 단순히 욕정의 과잉에 따른 이상반응으로 치부할 것이 아니다. 이는 시대가 바뀌었다는 사실을 알리는 표징이다. 음지로 밀렸던 욕구가 전면에 나서는 계기로서 실로 대담한 자기주장이

요, 종교, 철학이 설정했던 관습적 묵시적 구속을 인정하지 않겠다는 인간성 회복 선언이다. 기존에 알고 있던 세계와 의도적으로 단절하겠다는 본성에 대한 자각의 발로인 것이다.

도스토예프스키 시대의 러시아에는 근대 계몽주의의 잔영 같은 것이 남아 있어 이성에 대한 믿음과 벤담류의 공리주의적인 신념이 풍미하고 있었다. 그에 따르면, 인간은 근본적으로 이성적인 존재로 이기심이 있다 해도 무엇이 사회에 좋을지, 어떤 것이 최대다수의 최대행복을 가져올지에 대해 충분히 사고하고 계산해 낼 수 있는 능력이 있다. 따라서 교육이든, 자기반성이든 적절한 기회만 주어진다면 이성적이고 이상적인 사회를 만드는 데 동참할 것이며, 그 결과 장래에는 그런 사회를 만들 수 있을 것이라고 믿었다.

당시 진보진영의 대표주자인 체르느이세프스키는 그의 대표작 『무엇을 할 것인가』에서 "만약 당신이 다른 환경에 놓인다면 당신은 즉시 해로운 짓을 멈출 것이고 유용하게 될 것이다. 왜냐하면 금전적인 이익 없이 당신이 악한 짓을 하지는 않을 것이기 때문이다. 그리고 만약 당신에게 이익이 된다면, 당신은 필요에 따라서 명예롭고 숭고하게 행동할 것이다."라고 하여 무엇이 이익인지에 대해 계산할 수 있는 능력, 즉 이성이 궁극적으로 지상에 참眞과 선, 행복을 가져올 것이라는 신념을 표현하였다. 이성중시사상은 근대 유럽에서 태어나 세기에 걸쳐 제정러시아에까지 도달하였다. 중세의 미몽에서 깨어난 근대는 이성에 대한 무한한 신뢰를 표명하였고 종래의 모든 질곡과 구태를 제거하고 평등과 자유에 기초한 새로운 사회를 구축함에 있어 이성을 신의 자리를 대신할 새로운 구세주로 인식하였다. 이성에 따라 조직되고 이성에 따라 움직이는 합리적인 사회에 대해서는 누구도 그 정당성을 공격하지 못할 것이었다. 이성에 대한 신뢰는 이성에 대한 신앙으로 고양되었다. 그런데 제정러시아에 유독 이런 현상이 두드러졌던 것은 정치, 경제, 사회의 낙후성에 대한 자각이자 반발이며, 억압적이고 후진적인 짜르체제에 대한 대안제시의 성격이 강했다고 할 수 있다.

그러나 이후 당연히 이성만능주의에 대해 회의가 생겼다. 우선 현실이 이론과 달랐다. 이성에 따라 사회를 조직했다면 그만큼 세상이 이성적으로 변화됐어야 하는 것 아닌가. 이성은 모두에게 동일한 기제와 원리에 따라 작용하여, 오차 없는 수학적 원칙 아래 제멋대로 날뛰는 이기심을 굴복시키는 힘이 있는 것으로 간주되었지만, 실제로 승리하는 것은 이기심이지 이성이 아니었다. 이성이 수학이라면 해답은 언제 어디서나 같아야 했다. 보편성과 일관성이 수학의 핵심이기 때문이다. 그러나 세상은 우리가 이성을 강조하기 전과 마찬가지로 여전히 전쟁과 살인과 불평등과 부조리로 가득 차 있다. 그리고 나아질 기미도 없다. 각자는 각자의 이기심을 정당화하고 합리화하기 위해서만 이성을 사용했을 뿐이고, 반대로 이기심을 모든 인간에게 공통적인 이성이라는 원칙 아래 복종시키는 데 실패했다. 주인이어야 할 이성이 이기심과 욕망의 노예로 봉사하며 그를 합리화하는 도구로 사용된 것이다. 당연히 이성의 본질에 대한 반성이 나올 수밖에 없는 계제였다. 아울러 '과연 인간에게 있어 욕망이란 그런 것일까? 무엇이 이익인지에 대해 알면 그 이익이라는 것에 따라 제어될 수 있는 것일까?' 하는 의문이 생기게 되었다. 우리는 현대에 이르러 합리적이기만 하면 행위나 결정의 타당성이나 전후 맥락의 정당성을 묻지 않는 이성의 도구화-호르크하이머-나 욕망에 대하여 배우고 있지만-라깡, 들뢰즈-, 그러나 도스토예프스키는 그러한 의문을 러시아에서뿐만 아니라 세계적으로도 최초로 그리고 체계적으로 제시하였다는 점에서 근대에 속하는 것이 아니라, 현대에 속하는 사상가라 할 수 있다. 소위 도스토예프스키의 현대성 문제다.

『지하실의 수기』의 나는 말한다.
"아아, 누가 처음에 그런 얘기를 꺼냈는가? … 만일 인간을 계몽하여 올바른 참다운 이익에 눈뜨게 하면 추잡한 행위 같은 것은 즉시 그만두고 선량하고 고결한 존재가 될 것이 틀림없다. 왜냐하면 계몽되어 자신의 진정한 이익을 깨달은 사람은 반드시 선善 속에서 자기의 이익을 찾을 것이고, 또 사람이면 누구나 뻔히 알면서 자기의 이익에 위배되는 행위를 할 리가 없으니까 당연한 귀결로서, 이른바 필연적으로 선을 행하게 되는 것이라고? 아아, 어리석은 거짓말을 그만두라…! 인간은 자기의 진정한 이익을 잘 알고 있으면서도 그것을 뒤로 돌리고 과감히 위험이 따르는 다른 길로 뛰어들어온 것이다."
그리고 누구나 알고 있는 저 '유명한 정식定式'을 덧붙인다. 인간 중에는 "2×2=4가 명백한 수학적 진리라 하더라도 단지 그 결론이 싫어 2×2=5임을 고집하는 존재가 있다."라고. 이는 모든 인간을 같은 틀에 묶어두고 재단할 수 없으며, 인간의 욕망은 누구도 어떤 방식으로도 제거하거나 억압할 수 없다는 실존선언인 것이다. 그러나 이런 점잖은 표현은 다 쓸모없다. 인간은 한마디로 남들 잘되는 것이 싫어 일부러 비꾸러지거나, 굳이 버리지 말라는 곳에 쓰레기를 버리는 자이자, 아무런 이익이 없음에도 단순히 재미로 살인하는 것은 고사하고라도 공자님 말씀을 아무리 귀에 못 박히듯 반복해도 끝내 바꿀 수 없는 부분은 바꾸지 못하는 본성을 가진 존재라는 것이다. 그러므로 도스토예프스키의 정식定式은 인간 내면의 욕망을 무시한다면 인간의 본질을 제대로 파악할 수 없다는 깨달음이자, 인간의 심연에 대해 종교의 가르침이나 도덕률의 중압감에 억눌리지 않고, 있는 그대로 정직하게 통찰할 수는 지성만이 쟁취할 수 있는 드높은 고지다. 이 선언으로 인하여, 인간은 교육되고 교화되고 처벌되어야 하는 하나의 객체에서 누구와도 겹치지 않는 개성과 누구에게도 양도할 수 없는 특성을 가진 주체가 되었으며, 그 특별한 지위와 위치는 누구에게도 침해당할 수 없는 존엄한 존재가 되었다.

그러나 이는 너무 거창한 말이 아닌가. 인간의 욕망이 다루기 힘든 속성을 지녔다는 발견은 사실 도스토예프스키가 처음 한 것도 아니고, 만일 그랬다 하더라도 거기에 과도한 의미를 부여하는 것은 전형적인 침소봉대 아닌가? 욕망이 인간의 존엄이나 개성과 어떠한 관계가 있다는 말인가? 그것은 도스토예프스키가 욕망이 자유와 직결되는 성질을 가졌다는 점을 발견하였기 때문이다. 그에게 있어 욕망은 자유의 모태이자, 기반이다. 욕망 없는 자유는 자유가 아니다. 일찍이 자유를 이성의 기초로 삼은 철학자가 있었다. 칸트는 욕구와 행동을 제어하고 규정하는 정신의 능력인 동시에 의지 자체인 실천이성을 통하여 최고 가치인 자유를 실현할 수 있다고 강조하였다. 원래 자유라면 내가 내 의지대로 할 수 있는 것을 의미하여야 할 것이나, 내가 선택하여 행위한 결과가 보편적 선에 합치하게 되었다면 이를 진정으로 자유로운 상태로 본 것이다. 그가 "너의 의지의 준칙이 항상 동시에 보편적인 입법의 원리로서 타당하도록 행위하라."고 했을 때 나의 의지, 나의 의욕의 결과, 행동이 누구나 수긍할 수 있는 타당성을 갖출 수 있도록 하라는 것이고, 그런 상태에 도달하였을 때 비로소 자유롭다고 할 수 있으며, 이때 성취된 자유는 신의 속성이자 징표인 자유와 그 본질에 있어 합치하고, 바로 이러한 자유가 인간을 도덕적 존재로 만든다고 주장한 것이다. 쉽게 말하면 종심소욕불유구從心所慾不踰矩의 상태만이 자유라고 할 수 있다는 것이다.

그러나 칸트라는 권위를 제거하고 본다면 이는 인간이 도달할 수 없는 피안의 이상향을 제시하고 명령한 것에 다름 아니다. 그런 경직되고 추상적이며 완벽하게 형식적인 상태는 자유라는 명칭에 걸맞은 자유가 아니다. 자유는 그저 남들과 다르게 가는 것, 모두 2×2=4라고 할 때 단지 그게 싫어서 2×2=5를 고집하는 것이 아니던가. 도대체 누구나 수긍할 수 있는 상태 혹은 칸트 용어로 말하자면 보편적인 입법원리가 될 수 있는 상태가 있기나 한 것일까. 살인은 죄악이라 하지만, 전쟁터에서는 살인을 많이 할수록 훈장을 받지 않는가. 엄숙한 의식 아래 행해지는 사형제도는 살인과 어떤 점에서 다른가. 후자의 살인은 단지 모두가 수긍하기 때문에? 보편법칙이기는커녕 여기에 이론異論을 가진 사람들이 많지 않은가? 인간적인 자유는 인간의 고급한 의지, 실천이성에서 비롯되는 것이 아니라 저급한 욕망에서 출발한다. 아니 애초부터 욕망이 없는 인간은 자유로워질 가능성이 없는 인간이다. 물론 칸트 진영에서는 의지는 욕망의 가장 높은 단계의 모습이므로 욕망을 다스리고 순화시켜 실천이성, 자유에 복속시켜야 된다는 말은 잘못된 것이 없다고 반박할 것이다.

그러나 과도하게 불순요소를 제거한 욕망은 이미 욕망이 아니다. 그것은 형해形骸만 남은 미라에 불과할 뿐 살아있는 사람의 것이 아니다. 양적 축적은 질적 변화를 가져오는 법이라고는 하나, 한 걸음씩 도를 닦아 얻어진 종심소욕불유구의 경지는 지상에 있는 것이 아니다. 그것은 신의 경지다.

호색 - 욕망의 사생아

" 호색의 본질은 이성異性을 단순히 소비의 객체로 보는 데 있다. 호색은 이성을 대등한 인격체가 아니라, 욕망충족의 대상으로, 물건으로만 취급하는 것이다. "

도스토예프스키가 자유를 신의 속성에서 인간의 속성으로 내려놓았을 때 욕망은 비로소 온전한 주목과 시선을 받게 되었다. 이전까지 욕망은 그저 악이거나-마르틴 루터, 이理에 합치되도록 갈고 닦아야 할 탁한 기氣로 취급받았다-주자. 그러나 욕망은 그런 것이 아니다. 욕망은 인간을 규정하는 필요조건이자, 인간의 개성을 구성하는 충분조건이다. 인간이 각자 개성 없이 모두 동일하다면 죽은 세상과 같을 것이다. 인간마다의 상이성과 개별성, 특이성을 가진 원초적인 욕망 때문에 삶이 전개되고 역사가 펼쳐지며, 세계의 조화와 부조화, 행과 불행, 선과 악, 희망과 절망이라는 이율배반과 자가당착이 실재하게 되는 것이다. 과도하게 말하면 욕망은 인간이라는 모순 그 자체인 것이다. 인간은 욕망 때문에 절망에 빠지지만 그 때문에 희망을 품게 되고, 욕망 때문에 불행하지만 그 때문에 행복하게 된다. 욕망 때문에 악을 저지르지만 그 때문에 선한 일을 한다. 욕망 없는 세상은 인간의 세상이 아니다. 아무런 욕구가 없는 천사들의 세계를 사실상의 지옥이나, 약물로 정신적 육체적 욕구를 제거한 정신병동에 비유한다고 해서 비난하기 힘든 것과 같다. 욕망의 본질과 그것이 가져오는 결과와 잠재태 상태의 그것이 만개되었을 때의 세상에 대해 관심을 가지지 않을 수 없는 이유다.

도스토예프스키와 비슷한 시기에 마르크스도 종래의 모든 철학이 인간의 정신성에만 관심을 두어왔던 것에서 완전히 방향을 전환하여 물질성에 주목하고, 물질을 소비하려는 욕구가 물질을 생산하도록 추동하고, 물질의 생산 관계에 따라 이에 상당하는 제도와 사상이 만들어지며, 이는 다시 새로운 욕구를 불러일으킨다고 주장하여, 다른 측면에서 욕구가 인간에게 중요함을 부각시킨 바 있다.

최근에는 욕망을 음지가 아닌 양지로 끌어내어 정면으로 바라보며 그것의 기원과 속성, 의미와 가능성을 다양한 각도에서 분석하고 평가하는 작업이 활발하다-들뢰즈, 라깡-. 욕망이 철학의 주제가 되는 시대가 열린 것이다.

일반적으로 욕망은 결핍에서 출발한 것으로 필요에 따라 대상을 소유하고 소비하는 과정에서 충족되는 것이다. 욕망의 충족이 없으면 유기체의 생존도 없다. 유기체로서의 우리는 무언가 소비하지 않으면 살아남을 수 없게 되어 있다. 유기체에게는 개체의 생존과 종의 지속이라는 의무가 주어져 있다. 개체의 생존을 위해 우리는 대상을 획득하고 분쇄하고 파괴하고, 종의 지속을 위해 자연적으로 이성異性에 이끌리도록 설계되었다. 이성에 대한 감정은 유기체에 당연히 내재되어 있는 것이다. 따라서 우리에게 주어진 업무는 대상을 소비하면서 생존을 도모하며, 개별자의 유한성을 극복하기 위해 번식하는 것이다. 그런 관계상 우리는 성욕이 번식을 위한 것일 경우 대체적으로 이를 긍정해 왔다. 간음을 금하며 이웃집 여자를 탐하지 말라고 강제하면서도 아내와의 동침은 합법적인 행위로 인정받았다. 그러나 아내와 이웃집 여자와의 잠자리는 사람만 다를 뿐 둘 다 여성이라는 점에 착안한다면 과연 어떠한 차이가 있는 것일까. 인간을 여느 동물과 똑같은 존재로 취급하는 진화심리학에 따르면, 남자와 여자의 상대방 선택은 모두 자신의 유전자를 후대에 남기려는 전략의 일환으로 남자는 되도록 많은 여자를 취하여 자신의 유전자를 널리 퍼뜨리려고 하고, 여자는 남자 중에서 가장 우세한 자의 유전자를 받아들여 우월한 자손을 남기려고 한다. 성적 행동에 있어 남녀의 지향점이 다르다는 얘기다. 그러므로 남성에 있어 여러 여성을 섭렵하려는 성향은 기본적으로 호색의 외양과 다르지 않기 때문에 정상과 병리의 구별이 어려울 수 있다. 정상과 호색의 경계는 어디이며 호색의 본질은 무엇일까. 기독교 및 유교 국가에서 일부일처제가 정상으로 받아들여지고 있지만 이슬람의 일부다처제도 정상의 범위에서 벗어나는 것은 아니다. 그곳에서 사회, 경제, 역사적 이유로 일부다처제가 정상으로 간주되고 있다는 것은 굳이 적시할 필요도 없다. 당연한 말이지만 정상은 해당 사회의 유지와 계속의 필요상 합법적이라고 인정되는 범위 내이고, 그를 벗어나는 성욕은 호색의 문턱에 들어서는 것이다. 호색을 단순히 여자를 밝히는 횟수나 밝히는 여자의 수로 판단하는 것은 핵심을 바로 보지 못하는 것이다. 호색의 본질은 이성異性을 단순히 소비의 객체로 보는 데 있다. 호색은 이성을 대등한 인격체가 아니라, 욕망충족의 대상으로, 물건으로만 취급하는 것이다.

『지하실의 수기』의 '나'는 친구들과 어울려 자의반 타의반으로 창녀 집에 들른다. 거기서 만난 '리이자'라는 젊은 처녀에게 순전히 그녀를 골려 주려는 의도에서 그녀를 걱정해주는 척 가장한다.

"당신은 애초부터 노예로 와있어.…당신은 모든 자유를 빼앗기고 있어. 그리고 뒤에 그 사슬을 끊으려고 해도 그때는 때가 늦어. 사슬은 점점 더 당신을 바짝 조일 거야.…절대로 발목을 놔주지 않지.…악마에게 영혼을 판 거나 마찬가지야….”

리이자는 '나'의 장광설에 감동을 받고, '나'의 암시대로 그 소굴에서 벗어나기 위해 '나'의 집으로 찾아올 것을 약속한다. 그러나 리이자가 막상 '나'의 집을 찾아왔을 때 '나'는 그녀를 범하고, 나아가 돈까지 집어준다. 모욕감을 느낀 리이자는 떠나가고, 방구석에서는 그녀가 던져놓고 간 돈이 발견된다. '나'는 원래 그의 설명대로 심술궂은 인간이었다고 쳐도, 여기의 학대와 멸시는 그야말로 치통 속에도 관능의 절정감이 있다는 식의 병적이고 왜곡된 것이다. 인격체에 대한 최소한의 존중은커녕 고의로 놀리고 절망감을 안겨주었다는 점에서 단지 욕구를 해소하기 위해 결행한 기계적이고 단순한 매춘보다도 훨씬 악질적인 것이다. '나'는 왜 그렇게 행동을 했을까. '나'는 원래 비호감인 인물로 친구들에게 따돌림을 당하고 모멸감에 떨면서 세상에 대해 분노하고 있었기 때문에 내가 당한 대로 더 힘없는 자에게 갚아준다는 것은 그럴듯해 보이긴 해도 옳은 답이 아니다. 원래 호색은 병리에 속하는 것이다. 병리 상태를 정상 상태의 양적 변화에 지나지 않는 것으로 파악한다면 우리는 많은 것을 놓치게 된다. 병리에는 정상과 질적으로 다른 것이 있는 법이다.

정상과 병리

" 주위의 혐오와 질색이 욕정을 불러일으킨다는 것은 아무래도 정상은 아니다. 호색의 근저에는 이와 같은 병리가 자리하고 있다. "

"로지온 로마노비치(라스꼴리니꼬프) 하다못해 평생에 한 번만이라도 누이동생의 눈이 이따금 얼마나 아름답게 빛나는가를 봐주셨으면 합니다…. 나는 그 눈길을 꿈에서도 봤답니다. 마침내는 그분의 옷자락을 끄는 소리만 들어도 도저히 참을 수 없게 되어 버렸답니다. 정말이지 나는 간질병의 발작이라도 일어나는 게 아닌가 하는 생각이 들었어요. 내 자신이 이토록 넋을 잃으리라고는 꿈에도 생각하지 못했답니다. 정말 인간이란 환장할 지경에 이르게 되면 어떤 바보 같은 짓을 하게 될지 모르겠더군요."

스비드리가이로프가 라스꼴리니코프에게 한 말이다. 그는 두냐를 보고 그야말로 온몸의 피가 끓어올라 자신의 아내 마르파를 살해한 뒤 두냐를 쫓아 뻬쩨르부르그로 올라온다. 두냐에 대한 연정, 욕정은 이해할 수 있으나, 그를 충족하는 데 방해가 된다는 이유로 부인을 죽이는 것은 쉽게 납득될 수 있는 것이 아니다. 이런 경향은 만약 그의 뜻대로 두냐를 차지하여 그의 소유물로 삼았다 하더라도 이제 새로운 두냐가 나타날 경우 재차 반복되지 않으리라는 보장이 없다. 제2의 두냐를 위해 제1의 두냐가 제거될 가능성은 언제나 열려있다. 그의 병든 욕정이 제1의 두뇌에게 머물러 있게 할 방법도 없거니와 정지해 있을 경우 그는 이미 살아있는 자라고 할 수 없기 때문이다. 방탕한 생활을 접고 신의 세계에 들어선 아우구스티누스 같은 강한 영혼이 아닌 이상 그가 스스로 자신의 비루한 욕정을 단죄하고 정화할 방법은 없다. 종래 윤리가 혐오심을 가지고 욕망을 억제해야 할 대상으로만 파악되어 왔던 이유다. 그러나 그게 인간이고, 인간의 욕망이며, 만족을 모르는 욕망의 맨 얼굴이다.

욕망은 결핍상태를 해소하고자 하는 본능이다. 우리가 분주히 사는 것은 모자란 것을 충족시켜 생존을 도모하기 위해서다. 여기에는 공인된 방식이 있다. 사회와 제도의 통제 아래 허용된 방법만이 규범 내에 있는 것으로 인정받는다. 그러나 병든 욕망은 병든 수단으로만 충족된다. 정상적 과정을 통해 소실되지 않는 욕망은 이미 병리의 상태에 들어선 것이다. 호색은 통상적으로 마련된 방도로 소멸되지 않는 욕정이라는 점에서 궤도를 이탈한 것이다. 지하실의 '나'에게는 반드시 리이자를 모욕할 이유가 없었지만 남이 뭐라 하든 $2 \times 2 = 5$를 정답으로 밀고 나가는 자유로운 인간이라는 것을 과시하기 위해 그녀에게 씻을 수 없는 굴욕을 안긴다. 그녀는 이미 벼랑 끝에 서 있어 더 이상 멸시를 받는 것이 불가능한 상태였다. 그에게는 자신이 흡족하다면 타인에게는 관심이 없다. 타인은 욕정을 채울 재료이자 도구일 뿐 자신과 동일한 욕망을 가진 인격체가 아니다. 따라서 그는 아무런 주저함과 머뭇거림 없이 그녀를 절벽 아래로 밀어 떨어뜨릴 수 있었다. '나'에 의해 저질러진 인격살인은 스비드리가이로프의 실제 살인으로 진행되지만, 그것들의 본질은 같은 뿌리에서 나온 것이라는 점에서 속성은 동일하다. 그들의 욕정은 쾌락추구를 목표로 하는 것이 아니라 채워지지 않는 갈증, 초조한 흥분의 왜곡된 발현일 뿐이다. 그들이 아무리 애를 써도 그들의 목마름은 해갈되지 않고 더 강한 자극, 더 비뚤어진 감각을 찾아 헤매게 된다.

호색한들이 여자를 보는 관점은 정상인의 그것과 다르다. 도스토예프스키의 인물 중 가장 하찮은 인물인 아버지 까라마조프는 아들들 앞에서 말한다.

"(나는) 평생을 살아오면서 못생긴 여자는 한 명도 못 봤지. 이게 바로 내 규칙이야. 내 말 알아듣겠니? 내 규칙에 의하면 모든 여자마다 다른 여자한테서는 발견할 수 없는 그 어떤 흥미로운 것이 있어. 그것을 찾아내는 방법을 난 알 수 있지. 하지만 사람들은 그것을 모르는 거지. 바로 그게 재주라니까. 내게 추한 여자는 없어. 그 사람이 여자라는 사실만으로 반은 이미 된 거지. 심지어는 노처녀들에게서도 어떻게 이 멍청이들이 그녀를 그냥 늙게 내버려두고 아직까지 그녀를 알아보지 못하는지 모르겠어. 놀라울 정도로 멋진 어떤 것을 찾을 수 있다구! 맨발로 걸어 다니는 소녀나 못생긴 여자아이는 처음부터 기습해야 돼. 그러면 틀림없거든."

어떤 여자에게도 매력이 있다. 표면적으로는 별다른 저항 없이 수긍될 수 있는 이 명제는 그러나 아버지 까라마조프의 입에서 나오면 다른 함의를 갖게 된다. 그의 젊은 시절 술주정뱅이 친구들이 난쟁이 백치인 거지처녀를 두고 "누가 이 짐승 같은 천치를 한 사람의 여자로 만들 수 있겠는가?"라고 물으며 내기를 했을 때, 모두 황당한 얘기라면서 웃고 끝냈지만, 그만은 이를 진지하게 받아들여 그녀를 범하고, 스메르자꼬프라는 사생아를 낳게 한다. 까라마조프의 욕정은 그녀 내부의 감성적인 어떤 면에 반응한 것이 아니라, 자기 내부의 병적인 기질의 발동, 즉 더럽고 추악해서 모든 사람이 기피하기 때문에 자극되었던 것이다. 당연히 그녀의 여성성은 문제도 아니었다. 대상이 가지고 있는 아름다움이 아니라 주위의 혐오와 질색이 욕정을 불러일으킨다는 것은 아무래도 정상은 아니다. 호색의 근저에는 이와 같은 병리가 자리하고 있다.

호색이 상대의 가치에는 관심이 없고 자기 내면의 병든 갈증을 해소하기 위한 강박행동이라면 변태성욕은 한 걸음 더 나아가 특정한 대상이나 대상의 특정한 면에 집착하는 경향이다. 그렇다고 이들이 정상의 범위에서 벗어난 것이라는 공통점이 달라지는 것은 아니다. 근래에 들어와 성도착이 여러 관점에서 정의되고 유형과 증세의 면모가 밝혀지고 있지만, 상대가 어린 소녀이면 특별한 함의를 띠게 된다. 도스토예프스키 본인이 소녀성애자라는 혐의를 받고 있기 때문이다. 이는 그의 평생 친구이자 전기작가였던 스뜨라호프가 퍼트린 모함인데 꽤나 신빙성 있는 것으로 회자되어 프로이트조차 "도스토예프스키와 친부살해"라는 논문에서 소설의 인물들과 작가 자신의 경험 사이에는 밀접한 관련이 있다면서 은근히 그것을 사실로 인정하는 데서도 심각성을 알 수 있다 [도스토예프스키의 처 안나는 스뜨라호프에게 극심한 배신감을 토로하며, "그(도스토예프스키)는 방탕한 생활을 할 만큼 부유했던 적이 한 번도 없다."는 인상적인 반론을 남겼다[1].]

스따브로긴은 그의 고백에서 미뜨료샤라는 12살짜리 소녀를 겁탈한 것과 절망에 빠진 그녀가 그를 비난하는 대신 자신을 자책하면서 자살하는 것을 알면서도 오히려 이를 방조한 사실을 밝힌다. 이 일이 진행될 당시 그는 완전한 감각과 의식상태에 있었으며, 이에 대해 죄의식을 느끼거나 후회한 적이 없었다. 그는 스스로 "나는 야수와 같은 정욕을 부여받았고, 그 정욕을 자극시켜 세게 일어나게 하였다."고 인정하지만, "그 일"은 특별히 정욕이 발로된 결과가 아니었다는 점에 심각성이 있다. 그것은 단순히 실험과 같은 것으로 주어진 여건에서 자신이 어디까지 갈 수 있고, 상황이 어디까지 허용될 것인가를 보기 위한 것이었다. 그가 이를 실토한 것도 죄책감에서 나온 것이 아니다. 이미 소

---

1 모출스키, 『도스토예프스키』, 책세상

녀를 능욕해 자살에 이르게 했다는 혐의를 받고 있는 스비드리가이로프는 그 자신의 자살 직전 밤새 추위와 오한에 떨다가 선잠이 들었을 때 5살짜리 소녀가 어린애답지 않은 음탕한 미소를 띠고 그에게 손을 내미는 것을 보고 소스라치게 놀라 잠이 깨, 곧바로 자살을 실행하게 된다. 강간당한 소녀들이나 그녀들을 욕보인 자들이 모두 자살에 이르렀다는 것은 우연의 일치가 아니므로, 추후 연구과제라 하겠지만, 그들은 소위 강한 인물유형으로 세간의 평가나 타인의 시선에 무감각했다는 면에서 볼 때 자살로 생을 마감한 것은 양심의 징벌이 아니라, 호색이라는 병리가 필연적으로 가져온 극도의 허무감과 허탈감에서 비롯된 것이라 할 수밖에 없을 것이다. 아무리 발버둥 쳐도 채워지지 않는 갈증은 인간을 지치게 하고 결국에 가서는 무너뜨리는 것이다.

　욕망은 지금까지 호색과 동일시되면서 금기로 취급되었지만, 병리는 정상과 완연히 다른 것이다. 위에서 말했듯이 정상의 양적 축적으로 병리가 생기는 것은 아니다. 병리의 부정적 측면 때문에 욕망에 누명과 낙인을 찍는 것은 어리석은 일이다. 호색은 병리이지, 정상이 아니다. 호색과 욕망은 모두 인간의 심연에 자리하고 있지만, 그 종착점은 정반대다. 병리가 자신과 대상을 죽이고 멸절시킨다면, 욕망이 없으면 삶은 진전되지 않는다. 그러므로 모든 욕망을 호색과 병리의 범주에 집어넣고 무작정 돌아서 있을 것은 아니다. 병리에서 벗어난 욕망, 정상의 카테고리에 속하는 욕망에 제자리를 찾아주어야 할 때가 온 것이다.

욕망 - 자유의 기초

" 도스토예프스키는 누구보다도 먼저 욕망의 중요성에 착안하여, 욕망이야말로 자유의 다른 표현이라는 것을 발견하였다. "

    이상주의자들은 모든 인간이 이성적이 되거나, 감성을 단련시켜 순수한 사랑 그 자체로 변화하면(너 자신을 사랑하듯 네 이웃을 사랑하라), 지상낙원이 펼쳐질 것으로 믿는다. 그들은 목표달성에 가장 방해가 되는 불규칙하고 문란한 욕망을 배제하여 되도록 인간을 무구하게 만들기를 원한다. 도덕과 종교, 철학은 엄숙한 태도로 욕망을 자제하라고 가르쳤으며, 사회적으로 허용되는 것과 아닌 것의 경계를 그어놓고 기준을 벗어난 행위에 대하여는 가차 없이 낙인을 찍어왔다. 성과가 없지는 않았다. 문명이 고도화되고 규제가 복잡 교묘해짐에 따라 욕망표출의 방식이나 모습도 세련되어지긴 했다. 그러나 욕망 그 자체는 한 뼘도 줄거나 사라지지 않았다. 현대인의 욕망이 원시인의 그것에 비해 순화되고 정화되었다고 믿는 사람이 있기나 있을까. 그렇다고 그것을 문명의 실패라고 볼 수는 없다. 욕망을 덜어낼 수 있는 것으로 보았다는 점에서 착오는 있었지만 결국 욕망은 인간에게서 없어서는 안 될 것이라는 인식이 제자리를 찾았기 때문이다. 욕망은 인간 그 자체다. 그것 없이 인간을 정의할 수 없다. 인간을 이성으로 규정하든 사랑으로 새기든 간에 욕망을 빼놓으면 우리는 일그러지고 왜곡된 그림밖에 얻을 수 없기 때문이다. 욕망은 개성의, 차이와 구별의, 분쟁과 갈등의, 모든 풀기 어려운 사회적 문제의, 그리하여 역사의, 인간드라마의 근원이자 출발점이다.

도스토예프스키는 누구보다도 먼저 욕망의 중요성에 착안하여, 욕망이야말로 자유의 다른 표현이라는 것을 발견하였다. 그가 "나는 누가 뭐래도 $2 \times 2=5$를 고집하겠다."라고 선언했을 때 인간 개성의 독자성과 존엄성이 정초되었으며, 누구도 이를 부인하거나 동일한 틀에 집어넣을 수 없다는 사실이 확실해졌다. 자유에는 저급한 것부터 고귀한 것까지 여러 단계와 종류가 있지만, 내 마음대로 하겠다는 내용이 빠지면 본질을 상실한 껍데기에 불과할 것이다. 자유는 일단 자신이 원하는 것을 하는 것이다. 그런 면에서 자유는 욕망의 다른 이름이라는 것이다. 그러나 욕망의 가치와 중요성에 눈을 뜨게 되었다고 해서 이를 무한히 방치해야 된다는 주장이 성립되는 것은 아니다. 통제되지 않는 욕망은 언제나 위험하기 때문이다. 그러므로 종래 도덕과 철학과 종교의 가르침은 관점을 달리해서 본다면 여전히 유효하다. 욕망은 언제나 경계선을 넘을 준비가 되어있다. 틈만 나면 제멋대로 날뛰고 가능성의 끝까지 가보려 한다. 우리가 그것의 고삐를 죄는 일을 방기해서는 안 되는 이유다. 그러나 이전처럼 무턱대고 누르거나 억압하기만 해서는 실패를 반복할 뿐이다. 욕망의 발현, 외침, 목소리를 들어주어야 한다. 그것이 사회와 제도, 도덕과 윤리, 철학과 사상 속에 제자리를 잡을 수 있도록 해야 한다. 욕망의 속살, 그 내면은 역설적으로 그것의 병리 가운데 가장 잘 드러난다. 병든 욕정은 나치처럼 동성애자를 잡아다 아우슈비츠로 데려가 처형한다고 없어지는 것이 아니다. 허용할 것은 허용하고 교정할 것은 교정해야 하는 것이 이 시대의 과제다. 인간은 이성적 존재이기에 앞서 욕망의 동물이다. 그러므로 이제까지 우리가 집착해왔던 대로 이러이러한 형태의 욕망만 용납된다는 열거식 규제에서 일정 범위 내의 것이라면 어떤 모습이건 모두 허용된다는 예시적 규제의 방임과 불간섭의 태도가 필요하다. 공동생활을 영위해야 하기 때문에 어쩔 수 없이 제한하지 않을 수 없다면, 기왕이면 새로이 알아낸 욕망의 본질과 특징에 맞는 제대로 된 방법이 요구되는 것이다. 종교와 철학이 이러한 변화에 눈을 감고 있다면, 그들의 가르침은 공허한 울림에 지나지 않을 것이다.

욕망 - 키메라의 제어

" 욕망은 키메라처럼 끊임없이 변신하는데, 죽어 있고 묶여 있는 줄로는 움직이는 욕망을 규정짓지 못한다. "

어느 날 갑자기 과학의 힘이건, 신의 은총이건, 인간의 모든 물질적 욕구가 충족되었다고 상상해보자. 마르크스의 꿈대로 각자는 능력만큼 일하고, 필요한 만큼 가져간다. 하얀 이밥과 고깃국이 넘치고, 이국적인 양식은 사방에 넘쳐난다. 원하는 시간에 일하러 나갔다가, 원하는 시간에 가방을 둘러메고 낚시든 골프든 취미생활을 즐긴다. 낙원이 펼쳐진 것이다. 그러나 이런 세상 뒤에 오는 것은 무엇일까. 물적 궁핍이 사라진 세상이 인간에게 티 없는 행복을 가져다줄 것이라고 확신한다면, 그는 순진한 사람이다. 우선 인간은 무한한 행복을 무궁토록 누리지 못할 유한한 삶에 대해 불만을 가질 것이다. 그러므로 생명의 연장을 위해서라면 물질적 충족을 기꺼이 포기할 지도 모를 일이다. 그러나 그에 앞서 욕망의 포만은 욕망의 결여와 다르지 않다는 것이 더 문제가 된다. 욕망이 없는 인간은 엔진이 없는 기계와 같아 추동력을 상실한다. 곧 지루함과 권태와 싫증과 따분함이 지배할 것이다. 욕구가 빈틈없이 채워진 인간은 자동인형이거나 무뇌아에 지나지 않는다. 목표의 상실 때문이다. 유토피아는 순식간에 디스토피아로 변하고 인간은 그곳을 벗어나기 위하여 무슨 일이든 할지도 모른다. 그리하여 결국 출발점으로 되돌아오고 말았다. 인간에게는 결국 일정 수준의 부족, 결핍이 필요하다. 밀이 배고픈 소크라테스가 되길 원하였고, 궁극적으로 그리스도가 사람은 빵만으로 살 수 없다고 한 이유다.(마태복음 4:4)

그러나 문명이 고도에 도달한 현대에 이르러 인간은 행복하기보다는 오히려 불만이 더 많아졌다. 욕망의 성장이 부의 증가를 앞섰기 때문이다. 욕망의 종류도 양도 예전과는 비교할 수 없을 정도가 되었다. 변형을 거듭하는 욕망은 해갈되지 않는 갈증처럼 우리를 갉아먹고 있다. 현대인이 불행을 말하는 이유다. 욕망을 따라갈 수가 없으므로 풍요 속에서도 비참이 부각되는 것이다. 그런데도 철학과 종교는 여전히 고색창연하다. 시대에 뒤떨어진 언어와 교리가 당장 질곡으로 느껴질 것은 당연하다. 철학이나 종교가 한 사회에 있어 일정一定 시대의 가치관, 이성과 진리, 도덕, 미의 총화가 투사된 하나의 가치체계라는 점에서 비로소 밤이 돼야 날기 시작하는 미네르바의 부엉이처럼 시대의 끝자락에 정립되는 정신현상이기 때문이라고 치부하고, 뒤로 숨어버리는 것은 비겁하다. 승인받지 못하고 허락받지 못한 욕망은 불안하다. 불안한 욕망은 파괴를 낳는다. 그리하여 불안은 멸망에 이르는 질병이 된다. 통제되지 않은 질병은 모태를 파고들어 고상한 논리와 설교를 비웃으면서, 자기를 파괴하고 타인을 아프게 하며 세상을 병들게 한다. 병든 세상은 병든 인간을 만들어 낼 뿐이다.

결국 욕망을 다루는 일은 외줄타기와 같다. 한쪽으로 치우치거나 균형을 잃으면 나락으로 떨어진다. 문제는 줄이다. 한 지점에 고정되어 있는 줄은 줄이 아니다. 욕망은 키메라처럼 끊임없이 변신하는데, 죽어 있고 묶여 있는 줄로는 움직이는 욕망을 규정짓지 못한다. 욕망은 없어져야 할 불순물에서 삶의 추동력으로 위치를 바꾸었다. 그렇게 해서 욕망은 자유를 상징하게 되었지만, 절제되지 않은 자유는 방종과 죽음을 가져왔을 뿐이다. 지하실의 '나'가 그 예다. 2×2=5를 되뇌며 의기양양해 하지만, 그가 가는 곳에는 어디나, 경멸과 멸시, 병든 호색, 인격살인만이 남았다. 줄의 역할이 정상과 병리를 경계 짓는 것이라면, 줄은 욕망의 위치변화, 운동성에 민감하게 대처해야 한다. 그러나 그것은 지금까지 그래왔던 것처럼 아마도 철학, 종교의 힘만으로는 역부족일지도 모른다. 그러기 위해서는 자유 개념의 발전, 진보가 필요하다고 본다. 자유는 욕망에 따라 하고 싶은 것을 하는 것이 아니다. 오히려 욕망을 따르지 않는 것이다. 욕망에의 굴복은 결국에는 노예의 길로 통할 수밖에 없다. 욕망에 끌려 다녀서는 진정한 인격의 독립, 자유를 얻을 수 없다. 할 수 있으면서도 하지 않는 것이야말로 진정한 자유, 독립적인 결단의 참모습이라 할 수 있다. 결국 문제는 자기 자신으로 되돌아 왔다. 병리에 떨어지지 않겠다는 내면적 자각만이 인격을 완성으로 이끈다. 온전히 제힘으로 설 수 있는 자만이 병리의 어두운 심연으로 떨어지지 않고 밝은 태양을 안고 살아갈 수 있는 자격을 얻게 된다. 자유는 그리하여 욕망에 휘둘리는 것에서 휘두르는 것으로, 욕망의 수행자에서 제어자로, 그 의미가 한 차원 성장하고 승화되는 것이다. 욕망에 굴복하는 약함으로는 변증법적 진화의 가능성이 없다. 욕망을 제어하고 통제하는 강함만이 시대요청에 부합하는 한 차원 높은 자유 개념을 꽃피워 낼 수 있는 것이다. 이제 자유는 새로운 국면으로 들어선다.

제5장 므이쉬낀과 알료샤 - 아름다운 영혼

같다 혹은 다르다

" 그러므로 각 인간이 같지 않음을 인정하는 것이 도리어 같음을 확보할 수 있는 길로 보인다. "

　모든 인간은 같다. 누구나 그렇게 알고 있다. 그러나 같다는 것은 무엇을 말하는 것일까. 유교적 전통에 따르면 인간의 성性, 본성에 내재된 천명天命 혹은 리理는 동일하다. 천명이란 우주 삼라만상의 기본 원리, 질서로서 이것이 온전한 형태로 인간에게도 당연히 갖추어져 있다는 것이다. 비록 둔하고, 총명하고, 밝고 어두운 기氣, 기질에 따라 발현의 정도와 수준에 차이가 있을 수 있지만, 리의 내용, 본질에는 아무런 차이가 없으므로, 기본적으로 모든 인간은 수양의 결과에 따라 같은 높이, 같은 위치에 도달 - 말하자면 세상의 이치에 통달한 상태에 이를 수 있는 것이다. 기독교의 시각에 의하더라도 모든 인간은 이미 아담과 이브라는 한 조상의 자녀이므로 인간인 이상 천성에 있어 서로 다를 이유가 없다. 인종, 성별, 신분의 차이는 신 앞에서는 중요한 것이 아니다. 모든 인간은 하나님의 자녀로서 똑같이 귀하다. 그러나 명제로서는 모든 인간이 동등하다고 전제한다 하더라도, 모든 인간이 실질적으로 동등해지는 데는 역사적으로 각고의 노력이 필요했으며, 여전히 그 여정이 끝난 것은 아니다. 예를 들어 "모든 인간은 법 앞에 평등하다."라는 관념만 해도, 거기에 들어있는 이상이 그야말로 문자 그대로 완벽하게 구현되고 있는 것은 아니다. 하지만 모든 사람들이 본성이나 바탕, 근본에 있어 같다는 생각이야말로 인본주의, 즉 휴머니즘의 출발점이다. 진정한 인류애는 다른 사람들도 인간으로서 나와 똑같다, 나는 그들에 비하여 우월하지 않고, 그들은 나보다 열등하지 않다는 믿음을 바탕으로만 성립되는 것이기 때문이다.

그러나 인간의 동질성은 모든 인간이 본질 및 속성에 있어 같고, 같은 내역의 이성 및 감성을 가지고 있으며, 따라서 모두는 동등하고 균질한 인간적 가치를 지니고 있다는 것, 또한 그렇기 때문에 가능한 한 대등하고 똑같이 취급되어야 한다는 원칙론적 요청을 말하는 것이지, 그것을 넘어서서 모든 면에서 빈틈없이 일치하고 한치의 차별도 없는 똑같은 대우를 받아야 한다는 것을 의미하는 것이 아니다. 환언하면 모든 인간은 같다고 할 때의 같음은 명제적이고 원론적인 등질성을 지칭하는 것이고, 내용적이고 구체적인 등질을 지칭하는 것이 아니다. 오히려 인간은 동질적이기보다는 이질적이다. 따라서 모든 인간을 어떠한 경우와 상황에서도 똑같이 다루고, 똑같이 대우한다면 이보다 더한 억압과 강제, 질곡은 없을 것이다. 인간은 그런 존재가 아니다. 성격도 욕구도 성향도 다르고, 그걸 이룰 수 있는 능력과 의지도 다르다. 보편적인 인간조건으로서의 대등과 개별적인 인격체로서의 대등은 구분되어야 한다. 개체로서의 인간에게 남과 똑같을 것을 강요하는 것은 오히려 불평등의 강요로 귀결될 수 있다. 그러므로 각 인간이 같지 않음을 인정하는 것이 도리어 같음을 확보할 수 있는 길로 보인다.

결국 인간은 동일하지 않다. 우선 인간은 각자 다르다는 말이고, 욕구와 성향, 정신적 성숙도, 인간적 무게, 그에 대한 타인의 평가도 상이하다. 쌀 한 톨로 만족하는 사람이 있는가 하면, 황금 1톤이 부족한 자도 있다. 바라는 바가 다르고, 만족의 정도가 다르다. 뚜르게네프는 인간을 돈키호테형과 햄릿형으로 나눈 바 있고, 소설가 이병주는 톨스토이형과 도스토예프스키형으로, 니체가 아폴로형과 디오니소스형으로 구분하였지만, 외향적, 내향적, 또는 직관형, 사고형 등으로 사람의 유형을 변별해내더라도 그것은 주로 인간의 성격과 심리에 관한 구별일 뿐 인격적 가치에 대한 것은 아니다. 철학은 보편적 일반적 인간상을 추구하는 공통개념에 치중해왔지만, 문학은 각각의 인간을 소우주로 보고 각자의 내면세계의 탐구에 천착해왔다. 철학이 인간의 공통성과 동일성을 전제로 일반 개념으로서의 인간이 무엇을 알 수 있고 무엇을 할 수 있는지를 탐구해 왔다면, 문학은 개개 인간의 상이성과 구별성을 전제로, 개체로서의 인간이 무엇을 알 수 있고, 무엇을 할 수 있는지에 관해 주목해왔다. 문학은, 철학이 인간은 이성적인 존재로서 진리나 선을 추구하는 존재로 간주해왔지만, 궁극적으로 세상에 악과 신산, 고통, 불행, 아픔, 괴로움, 고독이 횡행하는 원인에 대해서는 만족스런 설명을 하지 못하였다고 보았다. 문학은 세상의 악과 인간의 불행은 바로 각자 다른 인간성 간의 균열과 갈등에서 비롯된다고 본 것이다. 문학이 주목하는 것은 개성이다. 문학은 개별 인간을 주시함으로써 인간에 대한 통찰의 실마리를 찾으려고 한다. 결국 문학은 철학과는 다른 측면에서 인간이라는 주제를 다루는 것이고, 그 단초는 개성이다. 문학과 철학은 여정旅程의 끝에 가면, 인간성의 비밀의 해명이라는 동일한 지점에 다다를 것이긴 하지만, 문학이 그의 성과를 철학과 같은 방식으로 표현해내는 것은 물론 아니다.

인간은 일반적 보편적 존재로서의 가치를 가짐과 동시에 구체적인 개체로서의 가치도 지닌다. 전자가 류類 개념으로서의 인간이 공통적으로 가지는 자유, 평등, 인권 등 형식적 가치를 말한다면, 후자는 개체로서의 인간이 가진 실체적 품성, 성품의 가치를 지칭한다. 개체로서의 가치를 표상하는 인격은 성격을 포함하여 그 사람의 정신적, 심리적, 육체적 전체의 품격, 됨됨이, 가치를 말한다. 철학은 유덕자有德者가 되는 것을 인간의 가치를 표상하는 징표이자, 궁극적인 목표라고 보았다. 하지만 철학이 직설적으로 인격자가 될 것을 가르치는 동안, 문학은 위인전이나 영웅전을 통하여 성현의 모습을 우리 앞에 제시하는 데 그쳤을 뿐, 구체적인 작품 속에서 이상적 인간상을 제시하는 일은 드물었다. 왜 그랬을까. 먼저 철학이 제시하는 유덕자라는 개념은 머릿속에 있는 추상적 관념일 뿐 살아있는 구체적 실물이 아니었다. 그러므로 그 유덕자가 우리의 눈앞에 어떤 모습으로 나타날지에 관하여는 일치된 견해가 없었다. 따라서 실제의 일상에서 먹고, 자고, 배설하면서, 그리고 무엇보다도 죄 많고 하찮은 인간들과 부딪히고 부대끼며 살면서도, 모두의 인정을 받는 덕 있고 이상적인 인물을 형상화해내는 일은 쉬운 일이 아니었다. 따라서 그저 유덕자가 될 것을 주장하기만 하면 되는 철학자에 비해 유덕자의 구체적 외양과 내면을 그려내야 하는 작가의 작업은 훨씬 어려울 수밖에 없었다. 우선 현실에 그런 인물이 있는지 의문이고, 어떤 선지자도 자기 고향에서는 환영받지 못한다는 말씀(누가복음 4:24)처럼, 눈앞에 존재한다 해도 알아주지 않는다. 그러므로 이상적인 인간상에 대한 개념이 제각각일 수밖에 없고, 그나마 제시된 인물상도 타인의 동의와 공감을 얻지 못하는 경우가 오히려 많다. 체홉이 『귀여운 여인』을 통하여 어떠한 상황에서도 대상에 대한 믿음과 사랑을 잃지 않는 여인을, 톨스토이가 『안나 카레리나』에서 '레빈'이라는 건실하고 진중하며 듬직하면서도 겸손한 청년을, 니코스 카잔차기스가

『희랍인 조르바』에서 놀라운 생명력과 원기왕성, 자연스러움, 건강하면서도 야수적인 영혼을 가진 자유인을, 빅토르 위고가 『레 미제라블』에서 죄와 반성, 수난과 희생, 법과 인정人情 사이에서 원숙해지고 성자에 가까워진 노인을 그려본 적은 있지만, 그들은 우리 곁의 인물들처럼 그 위대성이 채 깨우쳐지기도 전에 우리의 관심에서 멀어져 갔다. 그러므로 작가라고 해서 이상적 인간상에 대한 관심이 적을 리는 없지만, 모든 사람의 공감을 얻을 만한 기억에 남는 전형典型으로서의 위대한 인물상이 그려진 적이 없는 이유이기도 하다. 하지만 도스토예프스키는 최고의 인간상으로 '예수를 닮은 인간'을 택하고 그리스도의 자연성과 완결성을 닮은 인물을 묘사할 목적으로 『백치』의 므이쉬킨, 『까라마조프』의 알료샤를 창조한 바 있다. 그러나 그의 의도가 성공했는지의 여부는 여전히 미정의 장으로 남아있다.

인격 - 덕의 가치

" 천재는 타고나는 것이기에 탄복의 대상이지만, 인격은 부단한 도야와 단련을 통해 완성되는 것이기에 존경의 대상이 된다. "

천재는 감탄을 자아내지만, 인격은 존중을 불러온다고 한다. 우리가 바란다고 천재가 되는 것이 아니지만, 인격은 모든 사람의 도덕적 수양의 목표다. 천재는 타고나는 것이기에 탄복의 대상이지만, 인격은 부단한 도야와 단련을 통해 완성되는 것이기에 존경의 대상이 된다. 세상의 모든 철학과 종교의 가르침은 사실상 "완성된 인간이 되라."는 것으로 요약할 수 있다. 완성된 인간이란 물론 인격적으로 성숙한 인간, 한마디로 덕이 있는 인간을 말한다. 어떤 인간이 덕 있는 사람일까. 먼저 덕이란 노력, 수양이나 단련으로 윤리적 이상이나 도덕을 닦고 성취한 결과 애쓰지 않아도 정의正義와 진선미眞善美를 저절로 행할 수 있게 된 사람, 또는 그 상태를 뜻한다. 따라서 덕 있는 사람의 성정과 행실은 올바르며, 인품은 남의 존경을 받게 마련이다. 덕 있는 사람이 된다는 것은 반성적 삶의 최고의 결과물이다. 자신에 대한 끊임없는 성찰과 비판적 사고, 깨달음을 실천에 옮기는 실행력과 결단력, 그리고 타인과 세상에 대한 관대한 이해와 사랑을 행할 수 있는 태도, 성품, 한마디로 통틀어 '완성된 인격'의 총화가 바로 덕이다. 덕은 그렇게 고단한 수고와 극기를 통하여만 습득할 수 있는 가치이기 때문에 존경과 존중의 대상이 되는 것이고, 종교와 철학이 인생의 목표로 삼도록 가르쳐 온 것이다.

유덕자에 관한 강박을 부추기는 데 있어 군자라는 말보다 더한 것은 없을 것이다. 서양철학은 인식론을 중요시하여 상대적으로 도덕철학에 대한 논의가 적었던 반면, 동양철학은 어떻게 정의하더라도 그 내용의 대부분이 도덕철학, 군자君子가 되기 위한 수신학修身學이었다고 말할 수 있을 것이다. 동양철학에 있어, 학문의 목적 자체가 군자가 되는 것이었으며, 국가를 다스리기에 앞서 먼저 마음을 갈고 닦으면 저절로 나라는 잘 통치될 수 있다고 보았다修己治人. 백 마디의 말과 행동도 먼저 몸과 마음을 가다듬은 다음의 일이다. 군자의 인품과 행동은 백성을 교화시키고 대동사회, 즉 유토피아를 가져올 것이었다. 이상사회를 가져올 키맨으로서의 군자에 대하여, 논어에는 군자는 의리에 밝고 소인은 이익에 밝다-君子喩於義, 小人喩於利; 논어 이인-. 군자는 화합하나 뇌동하지는 않고 소인은 뇌동하나 화합하지 않는다-君子和而不同, 小人同而不和; 논어 자로-. 군자는 자신의 무능을 괴롭게 여기고 남이 자신을 알아주지 않는 것을 괴롭게 여기지 않는다-君子病無能焉 不病人之不己知也; 논어 위령공- 등등 부지기수의 언급이 있고, 중용 14장은 군자의 행동가짐 전반에 대해, 주역 혁괘 상6은 군자의 변혁은 표범처럼 선명하고 소인은 변혁의 결과를 받아들여 얼굴만 고쳐 이에 따른다君子豹變 小人革面라고 하며, 심지어 장자莊子에도 군자의 교제는 맑은 물과 같이 담담하고 소인의 교제는 단 술과 같이 달콤하다-君子之交淡若水 小人之交甘如醴; 산수山水 6장-라는 귀절이 나오고 있다. 맹자, 순자, 한비자 등을 더 볼 것도 없이 중국 고전철학은 군자가 화두였으며, 군자야말로 완성된 인격의 상징이자, 이상으로 기려졌고, 이후의 철학-주자학, 양명학-은 이에 대한 우주론적 철학적 기초를 부여하기 위한 노력이었다고 해도 과언이 아니다.

인격자가 많으면 좋은 세상이 될 것이라는 가정에는 잘못이 없어 보인다 (군자가 가져온 사회의 실제 모습은 별론으로 한다). 서양에서도 일찍이 플라톤은 『국가』에서 철인왕哲人王이 통치하는 국가가 최선의 국가라고 주장하면서, 선의 이데아를 내재화한 철학자들이 왕이 되지 않는 한 이 세상에서 불행은 사라지지 않을 것이라고 한 바 있다. 그러나 서양에서는 동양과 달리 유덕자, 혹은 철인왕에 대한 논의가 덜 집요했는데, 그 이유는 기독교라는 절대적인 중단사유가 발생하였기 때문이었다. 동양의 군자는 인격자인 동시에 정치를 담당하여 현실세계를 이상사회로 만들 의무가 있는 정치가였지만, 기독교도에 있어서 현세의 왕은 사후의 왕-신神만큼 중요한 것이 아니었다. 생의 목표가 현세가 아닌 천국과 영생에 있고, 이생이 전부가 아니라 내생이 궁극의 종착점이라면, 아무래도 강조점이 달라지게 마련이다. 칼뱅의 예정설에 의하면, 인간이 구원받을 수 있는 것은 인간의 행위나 노력에 의해서 이루어지는 것이 아니라, 신이 창세 전에 이미 택하였기 때문이다. 그러므로 엄밀히 말해 인간이 아무리 노력해도 신의 선택을 받을 수 있는 것은 아니고, 인격이나 생전의 선행과는 아무런 관계가 없다. 비록 부의 축적과 직업적 성공은 신의 간택을 받았다는 징표이고, 그런 사람은 선정選定 받은 자답게 정직하고 이타적으로 살아야 할 것이지만, 어쨌거나 사회적으로 성공했다고 해서 꼭 군자와 같이 이 세상을 유토피아로 만들어야 하는 사회적 정치적 의무를 지고 있는 것은 아니었다. 젠틀맨이라는 개념도 재산이 있고, 지성과 교양이 풍부하며, 예절을 갖춘 신사를 말하긴 하지만, 이 또한 군자와 같은 책무를 지닌 계층이 아니었다. 말하자면 서양에서 '덕 있는 자'는 도덕철학의 목표이긴 했으되, 동양의 군자와 같이 지상에서 이상향을 구현해 내야만 한다는 강박 성향을 가진 개념은 아니었다. 그들도 덕과 관용, 자비와 근면, 이타적 태도를 높게 평가하긴 했다. 그러나 그런 자질만이 지상에 평화를 가져올 유일한 요소라고 믿지는 않았다. 기술적으로 말해 부덕한 자도 정치를 잘 할 수 있다고 생각했다.

마키아벨리는 『군주론』에서 정치가는 필요할 때는 주저 없이 사악해질 것, 배신할 것, 잔인해질 것을 주문하기도 했었다. 어차피 어떤 인간도 피조물인 한 창조주인 신의 완전함을 따를 수는 없다. 제아무리 유덕자라 해도 신의 형상의 일부만을 가지는 데 불과할 것이다. 그러므로 완전한 인격자는 신 밖에 없다는 결론에 이르게 되는 것은 당연한 일이다. 사람들은 유덕자를 따르는 대신 신을 그리워하고 신을 닮고자 하였다. 신의 전능, 신의 자비, 신의 사랑, 신의 모든 것을 우러르며 숭배하였다. 그러나 신을 원하면 원할수록 신은 멀리 있었다. 신은 바로 내 곁에서 내 기도를 듣고 응답하는 것 같아도, 언제나 나의 외부에 있었다. 높은 곳에서 나를 굽어보고 관찰하며, 나중에 용서해주기는 하지만, 나의 죄상을 일일이 목도하고 나중에 심판하기 위해 빠짐없이 기록하고 있다. 인간은 신의 뜻에 따라 움직이는 하찮은 존재이며, 신의 도움이나 용인이 없는 한 자기 힘으로는 지푸라기 하나 들 수 없는 존재에 불과하다. 이러한 상태에서 서양의 유덕자가 동양의 군자와 같이 인간세계를 완전히 개조할 수 있다는 믿음은 생겨나기 어려웠을 것이다.

그리스도 – 우리 속에 온 신

" 그리스도는 객관적인 신성과 주관적인 인성의 결합을 통해 … 나와 같은 인간, 나아가 나 자신인 인간, 결국 나의 내부에 있는 인간의 시선을 대변하고 있다. "

기독교의 본질은 그리스도 – 예수라는 인물에 구현되어 있다. 예수가 없으면 기독교도 없고, 예수가 없으면 기독교는 다른 종교, 특히 유대교와 같이 신에 복종하고, 신의 지배를 받을 뿐, 인간은 존재하지 않는, 인간이 소외된 종교에 지나지 않았을 것이다. 그러나 예수라는 신인神人은 인간으로 살았고, 인간으로 죽었으며, 고통과 원망, 화해와 용서, 열정과 사랑을 실천하였다. 생전의 고난은 제쳐놓더라도, 최후에는 제자에게 배신당하고, 지상의 죄인으로 재판받았으며, 로마병사에게 조롱을 당하였고, 가시면류관에 십자가를 메고 언덕을 오르는 수난을 당하였으며, 십자가에 달려서는 "엘리 엘리 라마 사박다니(나의 하나님 어찌하여 저를 버리시나이까)"라고 절망에 차서 외쳤다. 그리스도는 신이면서도 우리 곁의 어느 인간보다도 나을 것이 없는 신산과 고통 속에서 죽어갔다. 불사성을 가진 다른 신들은 인간 이전에도 있었고 인간 이후에도 그대로 있을 것이다. 영생불멸의 그들에게 하루살이 같이 스러져가는 인간들의 일은 관심이 없을 것이 당연하다. 그러나 그리스도는 오직 인간을 위해 이 세상에 왔고 오직 인간을 위해 죽어갔다. 그리스도는 객관적인 신성과 주관적인 인성의 결합을 통해 완전한 인간적 관점, 나의 외부에 있는 신이 아니라, 나와 같은 인간, 나아가 나 자신인 인간, 결국 나의 내부에 있는 인간의 시선을 대변하고 있다. 이것이 신인神人인 그리스도가 전적으로 신神이기만 한 다른 신들과 다른 점이다.

사람들은 신을 기리고 우러를 수는 있었지만, 신을 닮을 수는 없었다. 막상 신의 속성을 생각하면 막연하고 추상적일 뿐 어떤 면이 우리가 따르고 본받아야 할 점인지 알 수 없었다. 신은 가까이 있는 것 같지만 실은 멀고도 먼 곳에 있을 뿐이다. 그러나 그리스도는 다르다. 직접 인간의 모습으로 우리 곁에 왔으므로, 보고 만지고 배우고 따라 할 수 있었다. 그의 말씀을 학습하고, 그의 행동을 모방하며, 그의 사랑을 실천할 수 있다. 그는 신이므로 단순한 유덕자가 아니다. 그러므로 이상적인 인물상인지에 관해 의견불일치를 걱정할 필요도 없다. 단지 그가 행위한 대로 하기만 한다면, 저절로 신에 가까이 갈 수 있는 것이다. 신에 다가갈수록 덕은 자동적으로 높아질 것이다. 결국 덕이 있다는 것은 그리스도를 내재화했다는 말이 된다.

도스토예프스키가 이상적인 인물상을 구현해 내려는 목표를 가지고, 그리스도를 닮은 인물을 창조하려 한 것은 지극히 당연한 선택이라 하겠다. 도스토예프스키는 그의 조카딸 S.A.이바노바에게 보낸 편지에서 다음과 같이 말했다.

"소설의 주된 관념은 절대적으로 아름다운 인간을 묘사하는 것이란다. 세상에서, 특히 우리 시대에 이보다 더 어려운 일은 없을 거야. 러시아작가들뿐 아니라 유럽작가들까지 절대적으로 아름다운 인간을 묘사하려고 했지만 언제나 포기해야 했지. 끝이 없는 일이기 때문이지. 아름다움은 이상이지. 하지만 우리의 이상이건 유럽 문명국들의 이상이건 한 번도 완성된 적이 없어. 지상에서 절대적으로 아름다운 유일한 인간은 바로 그리스도란다. 이 상상할 수 없을 정도의 무한한 아름다움을 지닌 인간은 물론 그 자체로 무한한 기적이라 할 수 있지."[1]

그러나 "기적과도 같이 절대적으로 아름다운 인간"을 묘사하는 일은 따지고 보면 사실상 불가능한 작업이자, 애당초부터 절대적으로 성공이 보장되어 있지 않은 무모한 시도라 할 수 있겠다. 도스토예프스키가 이런 기획을 한 것 자체가 그와 같은 필력을 가진 사람만이 할 수 있는 실로 대담한 도전이라 하겠다.

---

1 'Dostoevsky' Konstantin Mochulsky 345쪽
   : Princeton university press

아름다운 인간

" 인간적 아름다움은 … 도덕적 선과 눈앞의 사람을 있는 그대로, 돈이나 야망에 일그러지고 왜곡되지 않은 모습으로 보고 사랑할 수 있는 능력을 말한다. "

　　도스토예프스키의 소설 『백치』의 주인공 므이쉬낀 공작은 순진무구한 인물이다. 공작은 정신장애와 간질병 때문에 스위스의 병원에서 오랫동안 치료를 받다가, 무일푼 신세로 뻬쩨르부르그로 돌아온다. 그가 그곳에서 만나는 인물들은 그의 천진함에 당황하여 그를 백치라고 부른다. 백치 앞에 두 여인이 나타난다. 절세미녀인 나스따샤 필리포브나는 불행한 여인이다. 박복한 그녀는 이미 소녀 시절에 토츠키라는 지주에게 처녀성을 능욕당한 후 그의 첩으로서 어둡고 그늘진 삶을 산다. 그녀는 토츠키가 자신을 남에게 돈 받고 팔려는 사건의 내막을 알게 된 것을 계기로 비열한 사내에게 몸을 더럽히고 말았다는 자각과 죄의식 때문에 세상의 위선과 폭압에 대한 분노와 더불어 급격한 성격 변화를 겪게 되고 걷잡을 수 없이 광포한 모습을 띠게 된다. 그러나 므이쉬낀 만은 그녀의 고결한 본성을 감지하고 자포자기적인 행실이 본심이 아니라 정신적 타격에 의한 것이라는 것을 알고 그녀를 구하기 위해 청혼하지만, 역시 므이쉬낀의 인간적 가치를 알아본 그녀는 오히려 그의 행복을 위해 예판친 장군의 딸 아글라야에게 가도록 종용한다. 몽상적인 개성과 높은 긍지를 지닌 아글라야는 귀족 출신이면서도 귀족사회에 비판적일 만큼 진취적인 면모도 지니고 있지만, 자만심 때문에 경쟁자인 나스따샤의 비극성을 알아보지도 못하고, 그녀의 불행에 연민이나 동정을 가질 여유도 없다. 이런 오만 때문에 오히려 그녀의 인생은 뒷날 사기꾼에게 속아서 불행하게 끝나게 된다. 모든 것을 소용돌이로 몰아가는 태풍의 눈과도 같은 나스따샤를 중심으로 므이쉬킨과 로고진이 연결된다. 로고진은 돈밖에 모르는 상인의 집에서 태어난 그는 어쩌면 자기 부친처럼 누렇게 빛이 바랜 수전노로 일생을 마쳤을지도 모르나, 나스따샤를 만나면서 내면에 숨겨져 있던 난폭하고 걷잡을 수 없는 야수적인 열정이 깨어나게 된다. 그는 돈과 힘과 억지와 폭력을 모두 동원하여 그녀를 차지하려고 애를 쓰지만, 그녀의 마음은 므이쉬킨에게 가 있다는 것을 알고, 결국 아글라야에게 므이쉬킨을 양보하고 정신이 아닌 몸만 돌아온 그녀를 무참하게 살해하고, 살인현장을 목격한 므이쉬킨은 그 충격으로 다시 정신적 백치 상태로 돌아가고 만다.

사람들은 므이쉬킨을 우습게 보면서도 이 소박하고 순수한 인물을 사랑하지 않을 수 없게 된다. 모자란 것 같지만 현명한 그는 다른 사람들이 가지고 있는 생활력이 결여된 대신 그들이 갖지 못한 신비로운 정신적 힘을 소유하고 있다. 그의 백치와 같은 선량함은 주위로부터 멸시와 조롱을 받으며 이용되지만, 그 과정에서 오히려 그들은 그의 소박함에 대비되는 자신들의 자만과 탐욕과 허영의 적나라한 실상을 목도하게 된다. 작가가 『백치』에서 말하고자 하는 인간적 아름다움은 잘 생긴 용모나 육체적인 균형이 아닌 도덕적 선과 눈앞의 사람을 있는 그대로, 돈이나 야망에 일그러지고 왜곡되지 않은 모습으로 보고 사랑할 수 있는 능력을 말하고, 악은 선과 비교되면서 권력과 돈만을 추구하는 추악한 인간군들의 더럽고 흉악한 모습이 백일하에 드러나

게 된다. 얼핏 보기에는 비루하지만 그의 내부에 감추어진 힘은 점차로 빛을 발휘하여 밝디 밝은 아름다움으로 빛나고, 주위의 모든 인물은 자신도 몰랐던 자기의 치부를 알게 되어 한편으론 그를 미워하면서도 다른 편으로는 그를 인정하지 않을 수 없게 되는 것이다.

『까라마조프 형제들』의 알료샤는 아직 어리다. 육체적으로도 정신적으로도 미숙한 청소년에 불과하다. 그럼에도 불구하고 식구들 중 유일하게 온전하고 충일한 인격을 가졌다. 아버지 표도르와 큰형 드미뜨리가 한 여인(그루센카)을 두고 벌이는 이전투구泥田鬪狗나, 드미뜨리와 작은 형 이반, 그리고 다른 여인(카쩨리나) 간의 감춰진 애증관계에 있어, 그들 모두의 메신저로서 그들을 연결해주는가 하면, 속마음을 믿고 털어놓을 수 있는 단 한 사람으로서 그들의 계획과 독백과 탄식을 들어주는 역할을 한다. 까라마조프라는 이름은 인간의 욕망, 그중에서도 육욕을 상징한다. 탐욕, 폭식, 허영심, 분노, 질투, 정욕, 나태 등 인간이 맞서 싸워야 하는 일곱 가지 죄악 중 어느 것도 가벼운 것은 없지만, 육욕은 무엇보다도 본인의 정신을 타락시키며, 상대를 황폐하게 만든다. 므이쉬킨이 돈과 권력의 노예가 된 자들과 대결했다면, 알료샤는 육욕의 포로가 된 자들에 둘러 쌓여있다. 물론 알료샤 자신도 까라마조프 일족으로서 육체적 욕망이 없는 것은 아니었다. 그러나 그는 거기에 굴복하지 않는다. 그에겐 더 중요한 것이 있기 때문이다. 그에게는 오로지 육신의 목소리만을 좇는 아버지와 형제들과는 달리 자비나 연민, 사랑과 같이 지상과 천상을 연결하는 가치들에 관해 설교하는 조시마 장로가 있다. 그러나 조시마 장로는 사실 말씀으로가 아니라 행동으로 가르치는 스승이다. 그는 타고난 성자도 아니고, 준비된 교사도 아니다. 그의 동작은 굼뜨고 그의 언어는 어눌하지만 그에게는 진실의 힘이 있다. 그는 방탕과 악행의 밑바닥까지 떨어졌다가 돌아온 탕자이기 때문이다. 그의 한마디 한 동작은 직접경험과 고통스러운 반성에서 나온 것으로 천금보다 더 무겁다. 알료샤는 노쇠한 장로의 죽음에 임하여, 그가 기적을 보여줄 것으로 기대하였으나, 그의 시신에서는 다른 사람보다 더 빨리 썩는 냄새가 났을 뿐이다. 알료샤는 한순간 믿음을 잃을 뻔하였으나, 그리스도의 뜻은 인간을 성자로 만드는 기적에 있는 것이 아니라는 것을 깨닫고는 누구보다도 강인한 전사로 거듭나게 된다.

아버지와 아들들은 반목하고, 형제들은 서로 싸우며, 모두 각자의 갈등을 겪고 있지만, 알료샤는 가장 조화로운 정신세계를 가진 사람이다. 아버지는 인생 자체를 부정하고, 이반은 신을 부정하며, 드미뜨리는 인간의 운명을 대변한다. 드미뜨리는 "신과 악마가 싸우고 있으며, 그 전쟁터는 인간의 마음이다."라는 사실을 알지만, 어느 쪽도 선택할 만한 힘이 없으며, 자신의 무력감만을 확인할 뿐이다. 그는 선량한 본성을 가졌지만, 제어할 수 없는 욕망과 약한 의지 때문에 인생의 소용돌이에서 빠져나올 수 없다. 그러나 냉소적인 이반은 스스로의 이성의 무게를 견디지 못하고 정신이상이 되지만, 드미뜨리는 질풍노도와 같은 고난을 거친 뒤에, 그러한 신산을 이겨낸 인간들이 그러하듯, 오히려 평안을 얻게 된다. 알료샤는 등장인물 모두에게 어느 정도 의지가 되고 위로를 준다. 아버지는 드미뜨리와 이반을 혐오하고 무서워하지만, 막내에게만은 그답지 않은 순수한 애정을 느끼고, 이반이 그의 유명한 반역과 대심문관의 사상을 이야기하는 상대도 알료샤이며, 드미뜨리는 그의 걷잡을 수 없는 격정과 인간적 과오, 사람들의 오해와 착각 때문에 부친살해범이라는 누명을 쓰지만 자신의 무죄를 믿어주는 알료샤의 굳건한 믿음에 무한한 위안을 받는다. 말하자면 알료샤와 접촉하는 모든 사람은 그가 자신을 사랑한다는 사실을 조금도 의심하지 않는다. 조시마 장로는 알료샤의 인간적 가치를 알아보고, 그로 하여금 수도원에 머물지 말고, 세상에 나가 세파를 겪으라고 충고한다. 모든 귀중한 것들은 단련돼야 하기 때문이다. 조시마를 맹목적으로 따르던 알료샤는 착하기만 한 순둥이에 지나지 않았으나, 격랑을 통과한 그는 진정한 빛과 소금으로 거듭날 것이었다. 그런 면에서 보면 소설 속의 알료샤는 그 특질이 아직 충분히 표출되지 못하였다고 볼 수 있다. 비록 소설 후반부에서 그가 일루쉬까 라는 소년의 장례식을 계기로 니꼴라이 등 미래의 주역이 될 다른 소년들과 주도적인 관계를 맺기는 하지만, 여전히 사건이 발생하고, 수렴되는 중심인물의 위치에 이르지는 못하였다고 보이는 것이다. 하지만 소설 속의 모든 인물이 때때로 라도 그에게 와서 위로를 받고, 그에게 마음의 짐을 털어놓아 가볍게 하지 않고는 사건들의 진행이 안 된다는 점에서는 틀림없이 핵심 마디라 할 수 있고, 소설의 통일성과 정합성을 확보하는 데 빼놓을 수 없는 중심고리라 할 수 있다.

자연스러움과 아름다움

" 사람은 남을 사랑할 줄 알기 때문에 아름답다. "

　　므이쉬킨과 알료샤는 어떤 점에서 아름다울까. 눈앞에 현실로 보인 인간은 모자란 듯하거나(므이쉬킨), 아직 어릴 뿐(알료샤)이다. 사람들은 그를 무시한다. 자신이 그보다 우월하다고 생각하기 때문이다. 그러나 어떤 면에서 보면 아름다운 인간은 사람들의 자신감을 북돋아주고 온전하게 만들어준다. 사람들은 그 앞에서 주눅 들거나 움츠릴 필요가 없다. 그는 사람들을 편안하게 하여, 있는 그대로의 모습을 띠게 만드는 것이다. 이것은 단순한 겸손과는 다르다. 겸손이 드러내지 않는 발톱, 억제된 우월감이라면, 아름다운 인간에게는 숨겨진 가시나 맛깔스럽게 위장한 독이 없다. 말 그대로의 진정한 휴식과 평안, 위로가 있는 것이다. 천지개벽하는 일이 생기더라도 그가 나를 사랑할 것이라는 믿음이 있으므로 결국 사람들도 그를 사랑하지 않을 수 없게 된다. 미물인 강아지도 식구들 중 누가 더 저를 사랑하는지 느낌으로 안다. 하물며 만물의 영장인 인간에 이르러서는 굳이 말할 나위도 없다. 대교약졸大巧若拙의 경지와도 같이 그의 겉모습은 평범해 보여도, 그의 내면을 알아갈수록 채워지고 충만해지는 것을 경험하는 것이다. 이것은 자기를 죽여 타인을 살리는 것과도 다르다. 그는 타인들로 하여금 교감하고, 소통하며, 상처를 치유하고, 열등감을 만회하며, 교만과 나태의 독소를 제거하는 등 부족한 부분을 채우도록 하기 때문이다. 그의 존재는 타인들에게 필수적이다. 누군가 그의 존재가 절대로 필요함을 알게 되었다는 것은, 그를 진심으로 아끼고 귀하게 여기게 되었다는 말이다. 경멸과 업신여김까지는 아니더라도 미미하게 시작된 관계가 안도와 사랑이라는 창대한 결론을 맺게 되는 비밀은 물론 아름다운 사람의 내부에 있다. 타인들은 그와 접촉하면서, 그가 자기에게 해가 되지 않고 위협요소가 전혀 없다는 점을 감지하고, 마음을 놓으며, 경계심을 풀게 된다. 그러나 그것으론 부족하다. 타인들은 상처를 치유받아야 하기 때문이다. 상처를 치유하는 힘은 상대방을 깊이 이해하고 용서하는 데서 나온다. 그러기 위해서는 내면을 꿰뚫는 직관과 조건 없는 애정, 한마디로 순수한 사랑이 있어야 한다. 편견과 미움을 가진 자는 온전한 시선으로 남을 응시할 수 없다.

아름다운 사람들이 편견에서 해방된 것은 욕심이 없기 때문이고, 욕심이 없기 때문에 남을 미워하지 않는다. 욕심은 욕망과 다르다. 욕망은 삶의 추진력이요, 엔진이지만, 욕심은 그것이 지나친 것을 말한다. 욕심은 판단력을 흐리게 하고, 자신은 물론 주위의 모든 것을 위험에 몰아넣는다. 욕심은 잉태하여 죄를 낳고, 죄가 다 자라면 죽음을 낳는 법이다(야고보서 1:15). 본래 욕심은 자연스러움의 경계 밖에 있어야 하지만, 오히려 자연스러움을 몰아내고 주인의 위치를 차지하고 있다. 동서양 모든 성인의 노력은 쫓겨나고 소외된 자연스러움을 되찾으려는 노력 이외에 다른 것이 아니었다. 그리하여 모든 아름다운 사람은 자연스럽고, 자연스러운 사람은 아름답다. 노자가 "낳되 소유하지 않고 기르되 의지하지 않으며 이끌되 지배하지 않는다. 이것이 덕이다."-生而不有 爲而不恃 長而不宰 是謂玄德: 도덕경 10장-라고 하여, 무위자연의 정수를 설파한 이래, 불교에서는 득도와 해탈을 목표로, 유학에서는 활연관통豁然貫通을 최종 단계로 삼아 수양해왔다. 각기 목적지에 도달하는 수단과 방법에 관하여는 이설異說이 있지만, 오랜 시간의 격물궁리를 거친 후에 마침내 도가 통하는 순간이 되면, 내가 곧 우주宇宙요, 우주가 곧 나라는 것을 알게 된다는 것이다. 다시 말해 개체로서의 나는 우주라는 본체本體의 특정한 현현태顯現態에 불과하지만, 일순간 우주와 내 마음을 관통하는 이치가 한가지임을 깨달아 내 안에서 본체를 체득하게 되는 것이다. 시각은 조금 다르지만, 기독교에서도 그리스도를 마음으로 영접하는 순간, 즉 내가 그리스도요, 그리스도가 나인 사실을 인지하여 신과 일체가 된 사람은 자연스럽게 율법과 선행을 하게 되는 경지에 이른다고 한다. 인간으로 다녀간 신이 내 안에 있고, 내가 그 신과 조금도 다름이 없다는 자각은 최소한 인간적인 이기심과 욕심을 억제하는 효력이 있을 것이라는 점은 충분히 이해가 간다.

어쨌거나 사람이 득도하거나 신의 내재를 경험하게 되면 어떻게 될까? 우선 도통한 후에도 인간으로 남아있다는 점은 변하지 않는다. 인간인 이상 먹고 자고 배설해야 한다. 그리고 여전히 죄 많고 찌질한 인간들에게 둘러싸여 있다는 점도 여일하다. 그렇다고 그들 이마에 광채 나는 낙인이 찍히거나 후광이 신체를 감싸는 것도 아니다. 외견상 달라질 것은 아무것도 없다. 그 사람이 득도하였는지 신을 영접하였는지를 알아볼 외적 표지는 전혀 없다는 말이다. 어쩌면 그는 전보다도 더 후줄근한 모습일지도 모른다. 마치 므이쉬낀이나 알료샤처럼 바보스러울 정도로 솔직하거나 어리고 유약해 보일 수도 있다. 그러나 외관과 행동이 중요한 것이 아니다. 그의 용모, 외양을 구성해내는 내면의 바탕이 핵심이다. 그것이 바로 자연스러움이다. 흔히 무애无涯 천의무봉을 얘기하나 그것은 자연스러움의 다른 표현일 뿐이다. 인간으로서 자연스럽다는 것은 욕심이 없다는 것이요, 욕심이 없다는 것은 지나침이 없다는 것이다. 죽림칠현竹林七賢처럼 술에 취해 벌거벗고 춤을 추는 것은 지나친 것이지 자연스러운 것이 아니다. 지나치지 않은 자연스러움이란 욕심부리지 않는 소박한 생활태도를 지칭하는 말이다. 그러므로 득도라 함은 노자의 말 그대로 낳되 소유하지 않고 기르되 의지하지 않으며 이끌되 지배하지 않는 경지의 다른 표현일 뿐이다. 자연스러움의 배후에는 조건을 따지지 않는 사랑이 있다. 계산과 타산이 들어간 인간관계나 냉정과 다를 것 없는 무관심으로부터는 자연스러움이 생겨나지 않는다. 자연스러움은 바로 상대방을 있는 그대로 인정하는 마음, 사랑받을 가치가 있는 존재로 대하는 데서 부차적으로 생겨나는 것이다. 사람은 남을 사랑할 줄 알기 때문에 아름답다.

성인聖人 - 영원한 꿈

" 인간의 아름다움을 제시하려던 도스토예프스키의 목표가 성공했는지의 여부를 떠나, 그의 꿈은 오늘날 우리에게도 여전히 유의미하다. "

    도스토예프스키는 연민, 보편적 용서, 사랑, 겸손, 지혜 이런 것들을 그리스도의 특질로 생각하였으므로, 아름다운 인간을 통하여 모든 것을 이해하고 용서하며 화해와 치유의 힘을 보여주는 그리스도적 사랑을 묘사하려고 했다. 말하자면 그것이 창작의도였다. 그러나 현실로 나타난 인물은 바보이거나 미숙한 청년에 지나지 않았기 때문에 독자에 따라서는 당해 인물이 아름다움과는 거리가 있다고 생각할 수도 있다. 왜 이런 괴리가 생겼을까. 그것은 아름다움과 사랑에 대한 시각에 차이가 있기 때문이다. 므이쉬낀이 사랑한 나스따샤는 무시무시한 미모를 가졌지만, 스스로의 힘으로는 조화와 평정에 이를 수 없는 정신세계를 가졌기 때문에 결국 남과 자신의 파멸을 불러오고야 말았다. 그러므로 그리스도적 아름다움이란 눈부신 미모와는 다른 어떤 것이다. 그것은 그리스도 자신의 모습만 보아도 알 수 있다. 그리스도는 그를 알아본 몇 명 이외의 다른 이들에게는 그저 이단의 사술을 외치는 미치광이이거나 부랑자, 무뢰한, 심지어 죽을 때는 일개 범죄자의 신분이었을 뿐이다. 그의 신성, 그의 아름다움은 누구의 눈에도 띄지 않았었다. 그의 덕, 그의 무한한 사랑은 그가 죽고, 그가 부활하여 다시 신으로 돌아간 뒤에나 느껴졌고 지금 우리에 이르러는 그야말로 신격화되어 포장된 형태로 전해오고 있을 뿐이다. 살아있는 자의 덕, 살아있는 자의 아름다움은 어쩌면 우리에게는 꿈에 지나지 않을지 모른다. 지상에 존재하지 않기 때문이 아니라, 곁에 있어도 알아보지 못하기 때문이다.

이것이 우리의 딜레마다. 아름다움과 덕, 사랑을 갖춘 인물이 될 것을 추구하지만, 정작 아름다움은 오히려 비루함과 누추함으로 보이고, 유덕은 끝내 악덕으로 귀결되는 경우가 허다했으며, 사랑은 아무런 보답을 받지 못했다. 아름다움과 덕, 사랑이 세상을 구원하지 못했다면, 도대체 우리는 무엇에 기대어 살아온 것일까. 이상사회를 만들기 위해, 아니 단지 지금보다 조금이나마 더 나은 삶을 위해, 이 땅에 왔던 모든 선지자는 네 이웃을 사랑할 것, 자립적이고도 독립적인 사람이 될 것, 주위를 교화시킬 수 있을 만큼 죽도록 수양할 것을 외쳐왔지만, 그들의 가르침은 가르침으로만 남았을 뿐이다. 그것은 변함없이 혼탁한 사바세계가 그 증거니 달리 증명할 필요가 없다. 그렇다고 그들의 말씀이 헛되이 끝난 것은 아니다. 세상은 그럭저럭 굴러가고 있지 않은가. 그 말씀이 완전히 잊힌 것은 아니라는 얘기다. 그렇다면? 아름답고 덕이 있는 인간이 되라는 말은 쓸모가 있다는 말인가 없다는 말인가. 맥 빠질지 모르지만 쓸모가 있기도 하고 없기도 하다. 이렇게 된 이유는 세상에 아름다움과 덕 그리고 사랑이 없었기 때문이 아니다. 다만 알아보지 못하였기 때문이다. 느끼고 감지할 수 있는 자에게는 쓸모가 있고, 이기심에 눈이 닫힌 자에게는 아무런 소용이 없다. 그런 자들은 우리 곁에 왔던 그리스도조차 알아보지 못하였는데, 소소한 덕 따위를 어떻게 구별해 낼 수 있을 것인가. 베

풀어진 시어머니의 눈에는 며느리의 덕이 안 보이는 법이다. 악독한 계모마저 감동시킨 순舜임금 같은 비상한 효심이 아니라고 효심이 없다고 할 수 없는 것과 같은 이치다. 철인들은 무엇보다 우리에게 도덕적으로 특출날 것을 요구하지만, 보통의 인간에게는 보통의 노력만으로도 족하다. 다만 아예 얼굴을 돌리고 있는 것보다 낫지 않은가. 일찍이 "사람의 욕정에서 나온 마음은 항시 위태롭고, 도를 지키려는 마음은 극히 희미하기만 하니, 정신 차리고 오직 하나로 모아, 가장 중심의 진실을 잡으려 노력하라人心惟危 道心惟微 惟精惟一 允執厥中; 서경 우서 대우모; 書經 虞書 大禹謨"라고 했거니와 적어도 내 곁의 아름다움을 추함으로, 덕을 악으로 여기고 판단하는 우를 저지르지 않겠다는 자세만 견지한다면 인간의 기본은 하는 것이다. 그러므로 개체로서의 우리에게는 적어도 최소한의 의무가 있다. 득도 해탈하거나 도덕적 영웅이 되지는 못하더라도 나의 덕행은 주목하고 평가하면서도 주변 타인의 덕과 아름다움에 대해서는 눈을 감고 외면하고, 남의 호의와 사랑을 평가절하하는 어리석음은 범하지 말아야 한다. 내 욕심에 가리면 남의 미덕이 안 보이는 법이다. 삭막한 세상이지만 어찌 정 붙일 구석이 없으랴. 남이 손을 내밀 때를 기다릴 것이 아니라, 내가 먼저 다가가야 남도 마음을 연다. 저마다 받은 은사에 따라, 하느님의 다양한 은총의 훌륭한 관리자로서 서로를 위하여 봉사할 때(베드로전서 4:7), 비로소 지상의 비밀은 열린다. 아름다움, 그것도 인간의 아름다움을 제시하려던 도스토예프스키의 목표가 성공했는지의 여부를 떠나, 그의 꿈은 오늘날 우리에게도 여전히 유의미하다. 아름다움만이 인생을 구원할 수 있다는 그의 신념이 정당한 것인지의 여부는 별론으로 하고 아름다운 인간이 없는 인생은 너무 삭막하지 않을까.

지상의 낙원

" 인간이 영혼의 불멸을 믿고 싶어 하는 것은 영혼 그 자체에 어떤 가치가 있어서가 아니다. 육체를 가지고는 영원한 기쁨을 누릴 수 없기 때문이다. "

종교는 내세를 약속함으로써 존재한다. 피안의 행복이 없는 종교는 단지 기만에 불과할 뿐이다. 노동의 수고로움 없이 진수성찬이 차려지고, 이별의 슬픔 없이 사랑하는 사람들과 영생을 누리며, 물리지도 않고, 하고 싶은 대로 할 수 있는 세상이야말로 죄 많은 중생들의 꿈이다. 인간이 영혼의 불멸을 믿고 싶어 하는 것은 영혼 그 자체에 어떤 가치가 있어서가 아니다. 육체를 가지고는 영원한 기쁨을 누릴 수 없기 때문이다. 인간에게 육신은 언제나 속박이자 덫이었다. 육신으로 있는 한 어떤 방법으로도 고통과 갈등, 비탄과 아픔에서 벗어날 길은 없었다. 솔로몬의 찬란한 영화로도 입은 은혜가 들꽃 하나만 같지 못하고, 헛되고 헛되며 모든 것이 헛되거늘, 어리석은 백성에 이르러서는 무슨 말을 덧붙일 수 있을 것인가. 영혼의 불멸은 천국이 존재하지 않는다면 의미를 잃는다. 어디에서 쉴 곳을 찾을 것인가.

그러나 한편 생각해보자. 영원한 행복이란 무엇인가. 사람들은 너무나도 땅 위의 고통에 익숙해 있어 지옥의 불벼락에 대해서는 생생하게 묘사하였어도 천상의 지복至福에 대해서는 빛, 흰색, 젖과 꿀 등 막연한 추측 이외에는 제대로 눈앞에 제시한 바 없다. 지옥의 현실감에 비하여 천국은 여전히 비현실적인 몽상일 뿐이다.

파스칼의 내기라는 것이 있다.

"신이 없다면, 내가 죽으면 그냥 끝이다. 그러나 신이 있다면, 생전에 신을 부정한 나에게는 벌이 내린다. 그러므로 신의 존재를 증명하지 못한다 해도, 만약에 신이 존재할 경우를 가상해보면, 신을 믿는 것이 이득이다."

천국의 일상과 정경은 너무나 모호해서 상상조차 안 되지만 무조건 믿는 게 남는 것이라는 말이다. 위 논리를 반대방향으로 볼 수 있다. 피안의 행복을 위해 차안此岸의 불행을 방치하는 것이 이득인지의 여부를 따지는 것이다. 만약 천국이 존재하지 않는다면 거기에 입장하기 위해 현세의 모든 것을 희생하는 것만큼 허망한 일은 없다. 그러므로 일단 여기, 이승에서의 기쁨을 위해 헌신하는 것이 이득이다. 더욱이 지상에서 정신적 평화를 느낀 바 있는 영혼이라고 천국에 들어가지 못할 바는 아니므로 어느 모로 보나 손해 볼 것 없는 장사다.

요컨대 인간은 지상에서의 낙원을 추구할 의무도 있고, 실익도 있다. 그런 점에서 대동사회를 꿈꾼 군자들의 이상은 완전히 부정될 것은 아니다. 세계의 비참이 곧바로 지옥의 도래到來로 보일 만큼 크고 감당할 수 없어 보여도 삶은 이어져 왔다. 알아보지 못하였어도 우리를 위해 그리스도가 다녀갔으며, 도덕적 탁월함으로 등대와 같은 역할을 하는 위인들도 즐비하다. 그러나 굳이 뛰어남을 추구할 이유가 있겠는가. 자연스러움은 그런 것이 아니다. 낳되 소유하지 않기 위해서는 이름에 대한 집착을 버려야 한다. 여기에 미묘한

도가 있다. 인위적으로 찾아진 자연은 잘못 이해된 노장이나 불교와 같이 단절과 고립 속의 자유, 이기적인 개인의 삐뚤어진 만족에 불과하고, 이상사회를 위한 헌신과 희생의 강박은 곡해되고, 천박해진 유학과 같이 뒤틀린 위군자僞君子만을 생산한다. 고매한 인격은 욕심을 버린 곳에서 자란다. 그렇다고 욕심을 버리기 위해, 팔, 다리를 도려내는 치열한 수양을 해야 한다는 것도 아니다. 그것도 자연스러움과는 거리가 멀기 때문이다. 그저 우리의 알료샤나 므이쉬낀처럼, 주위의 누구라도 답답한 마음을 하소연하고 싶을 때 찾고 싶은 생각이 드는 사람, 말없이 그렇게 들어주는 것만으로도 마음의 걱정을 덜게 만드는 사람이 된다면, 이미 자연의 경지에 들어선 것이다. 인간의 자연은 인간세계에서 구해지는 것이지, 산속이나 수도원에서 발견되는 것이 아니다. 먹고 자고 배설하며, 너절한 인간들 사이에서, 욕하고 싸우고 지지고 볶으면서도, 상대방에게 온전한 평온과 위안, 사랑받고 있다는 느낌을 갖게 해주는 사람은 누구라도 이미 아름다운 인간이며, 사랑을 일신에 구현한 아름다운 영혼이다.

제6장 키릴로프 - 자살과 자유의 증명

죽는다는 것

" 우리가 사는 이유는 죽음이 아직 다가오지 않았기 때문이고, 사는 동안 죽음에 대해 의식하는 것을 의식적으로 피하고 있기 때문이다. "

"나는 조금도 걱정되거나 겁나지 않는다. 마치 잠자기 위해 준비하고 있는 것 같다. 그리고 실제 졸린 것 같기도 하다. 그러나 왜 이렇게 떨리는지 모르겠다. 지난 한 달간 계속 오한이 있었다. 몸을 덥히기 위해 럼주 몇 잔을 마셨다. 럼주가 피를 더 많이 흘리게 하기 때문에 마신 것이지 술기운에 방아쇠를 쉽게 당기기 위해 마신 것은 아니다. 나는 지금 수십 정의 총구에서 쏟아지는 총탄을 눈 하나 깜짝하지 않고 정면으로 받아낼 굳은 의지를 느끼고 있다. 그러나 나는 실제 사람들이 나를 어떻게 생각하든지 전혀 관심이 없다. 내 결심이 더 강해질수록 나 자신에 대한 존경심이 더 커지는 걸 느낀다. 나는 지금 그리스도가 십자가 위에서 어떤 마음이었나 이해가 된다. … 03시가 다가오고 있다. (내 피와 자살로 인해) 이 집의 평화를 어지럽힐 것에 대해 집주인에게 용서를 빌고 싶다."[1]

한 자살자가 남긴 메모다. 그는 조금도 마음의 흔들림과 동요 없이 모든 것을 계획대로 실행에 옮겼다.

---

1 Irina Paperno, Suicide, Cornell University Press, p.137

자기가 죽는 순간을 아는 사람은 얼마나 될까. 더구나 어떻게 죽을 것인지도 아는 사람은? 삶의 모습은 어떻게 설명하더라도 자신의 선택에 따른 것이지만, 죽음의 형상은 자기의 의지대로 다가오는 것이 아니다. 오직 자살하는 자만이 자기가 어떻게 어떤 모습으로 죽을지 알게 된다. 그러나 어떻게 죽는지를 아는 것이 그에게 조금이나마 위안이 될까. 인생에는 몇 가지 근본적인 질문들이 있다. '나는 누구인가.' '나는 어떻게 살 것인가.' 등의 물음은 그 중심에 있는 것이고, '정의란 무엇인가.' '진리란 무엇인가.' 등에 대한 탐구와 모색은 중심을 뒷받침하기 위한 기둥 같은 것이라 할 수 있다. 그러나 이 모든 본질적인 질문들도 '죽음이란 무엇인가.'라는 문제 앞에 서면 그 위상을 잃게 마련이다. 죽음에 견주어 더 중요한 문제가 있을까.

죽음은 단애이자, 절벽이다. 죽은 자는 내가 누구인지, 인생의 의미가 무엇인지 생각할 수 없다. 진리나 정의에 대해 머리를 썩일 필요도 없다. 죽음은 삶의 연속성을 파괴하고, 지상에 어떠한 연결고리도 남겨 놓지 않기 때문에, 언제나 두렵고 절망적으로 다가온다. 자기의 죽음을 직접 설계하고 실행했다고 죽음을 극복할 수 있는 것이 아니므로, 자살자의 죽음 너머가 더 명확해지는 것도 아니다. 결국 우리가 사는 이유는 죽음이 아직 다가오지 않았기 때문이고, 사는 동안 죽음에 대해 의식하는 것을 의식적으로 피하고 있기 때문이다. 죽음을 염두에 둔다면, 인생의 모든 노력, 모든 발버둥이 의미를 잃게 된다.

옛날 로마에서는 원정에서 승리를 거두고 개선하는 장군이 시가행진을 할 때, 노예로 하여금 행렬 뒤에서 큰소리로 "메멘토 모리!"Memento Mori!라는 말을 외치게 했다고 한다. "죽음을 기억하라." "전쟁에서 승리했다고 너무 우쭐대지 말라. 오늘은 개선장군이지만, 너도 언젠가는 죽는다. 그러니 겸손하게 행동하라."라는 점을 상기시켰다. 오늘의 교만도, 거들먹거림도 죽으면 끝. 해골이 되어 길가에 나뒹굴 때 오늘의 영광을 내일의 누가 기억하리. 메멘토 모리. 실로 모골이 송연한 말이다.

죽음이란 무엇인가. 가장 즉물적인 해석은 중단이자 단절이라는 것이다. 죽음은 죽는 당사자에게나 남는 자에게나 절대적인 결별이다. 죽은 자는 만질 수도 없고 느낄 수도 없으며, 이는 남아있는 자도 마찬가지다. 어제까지 의지하고 사랑하던 자가 더 이상 지상에 존재하지 않는다는 것은 견딜 수 없는 슬픔이다. 죽음은 어떤 방법으로도 회복될 수 없는 최종적 사건이다. 인간은 태어나면서부터 죽음을 향해 달려가는 존재이며, 타인의 죽음을 통해 자기 죽음의 필연성을 절감하게 된다. 마침내 죽고야 만다는 자각은 인간의 가장 깊은 곳에 내재하는 불안의 원천이며, 절망의 모태다. 죽음을 상기하면서도 허무에 빠지지 않는 자는 영혼이 없거나, 달관에 이른 자뿐이다. 살아있음은 영원히 계속되는 죽음 속에서 일정한 시간 동안만 주어진 틈새와 같은 것으로 불이 꺼지면 다시 어둠으로 돌아가고야 만다. 영원히 지속될 죽음을 잊지 않는다면, 인간의 모든 모순이나 당착, 갈등과 반목은 전혀 다른 차원에서 다가올 것이다. 그러므로 고대의 현인은 말했다.

　　메멘토 모리!

자살 - 내재된 모순

" 키릴로프는 자신의 존재를 증명하기 위해 그 존재를 제거하려 한다는 점에서 그의 자살이 여타의 자살과 다르다고 생각하였다. "

    어떤 자살자는 유서에서 자신을 매장하기 전에 먼저 숨이 확실히 끊어졌는지를 확인해 달라고 부탁하였다고 한다. 무덤 속에서 눈을 뜨게 되는 상황을 피하고 싶다는 이유에서였다. 세상에서 가장 공포스러운 경험은 산채로 매장된 사실을 아는 것이라는데, 어쨌거나 자살을 택한 자가 그것을 두려워한다는 것은 이해가 되기도, 안 되기도 한다. 인간은 누구나 자신이 죽을 것을 알기 때문에 죽음을 무서워하고 피하려 한다. 어떻게 해서든지 생명을 연장하고, 불꽃을 피워 죽음의 어두운 그림자를 멀리하고 싶어 한다. 생生에의 애착은 당연한 것으로 거기에는 비난을 받거나 부끄러워해야 할 요소가 전혀 없다. 사람이 살고자 하는 것은 근본적으로 죽은 다음을 모르기 때문이다. 삶은 그럭저럭 알지만, 죽음 이후는 알 수 없다. 죽음과 동시에 육신이 썩고 백골이 흩어지는 것은 보고 들었지만, 그것이 끝인지 다른 무엇이 있는지 지식의 촉수가 미칠 도리가 없다. 미지未知는 항시 두려움으로 다가온다. 죽음을 피하려는 것이 자연적 본능이라면, 일부러 죽음을 택하는 자살이야말로 미스터리가 아닐 수 없다. 무엇이 인간의 내면에 각인된 두려움을 이겨내고 본능과 반대되는 선택을 하도록 만들었을까. 그것이 무엇이건, 죽음의 공포보다 더 큰 삶의 공포이며, 죽음의 절망보다 더 큰 삶의 절망일 텐데, 이에 대해 여전히 살아있는 것에 가치를 두는 자로서는 그들의 입장에 대해 막연한 공감과 연민을 가지지 않을 수 없다.

사람들을 자살로 몰고 가는 것은 죽음의 두려움도 두렵지 않게 만든 삶의 공포와 절망이지만, 표면적인 동기는 가지가지다. 뒤르켐은 『자살론』에서 자살을 사회현상으로 보고 자연과학과 같은 방법론을 적용하여 자살은 동기를 불문하고 일정 사회에서 일정 빈도수로 발생하게 되어있다고 보았다. 그는 비록 자살을 몇 가지 유형으로 분류하기는 했지만, 어쨌든 간에 자살은 인간 사회라는 집단에 내재한 자연적 성향으로서 마치 교통사고율이나 병원의 오진율과 다름없이 전 연령별, 성별, 종교, 교육, 문화적 배경, 혼인 및 자녀의 유무, 재산 등의 요인에 따라 반드시 정해진 양만큼 일어나게 되어 있다고 한다. 그에게는 일종의 법칙으로 나타난 자살률과 자살을 불러오는 요인이 중요했지, 자살자 개개인의 사연은 관심 밖의 사안이었다. 그가 자살을 사회적 현상으로, 과학의 대상으로 삼은 공로는 무시할 수 없는 것이지만, 그럼에도 나는 그의 냉철한 분석을 통해 얻어낸 것이 그다지 많다고 생각하지 않는다. 자살이라는 개인적 선택을 사회현상으로 자리매김하고, 현미경을 통해 바이러스를 관찰하듯 조사하여, 객관화, 유형화, 체계화할 수 있다는 점을 상기시킨 이외에 자살자의 내면, 정신세계의 비밀을 해명하는 데 거대한 일보전진을 이루어 낸 것이 아니기 때문이다. 베르테르 효과라는 말이 보여주듯이, 자살은 사회적 현상임에는 틀림없으나, 여전히 개인적이고도 주관적 선택이며, 고독하고도 고뇌에 찬 선택이다. 자살은 자살자에게 사회적 과학적 현상이 아니라, 전 존재가 걸린 결단이다. 자살자에게 세계는 더 이상 존재하지 않는다.

그러나 자살자가 극도의 좌절에 빠져 극단적인 선택을 한 것이라는 주장은 실은 우리의 추정일 뿐이다. 우리는 실제로 그들을 자살로 이끄는 힘, 동기, 원인이 무엇인지 아직 모른다. 뒤르켕은 개인에 대한 사회적 통제력이 약해지거나, 개인의 자기의식이 사회적 통제력 이상으로 발달했을 때 자살이 발생한다고 했으나, 그렇다고 그 조건에 들어간 사람이 모두 자살을 실행하는 것은 아니라는 점에서 여전히 주관적 개인적 요소가 강한 문제이고, 바로 그 점을 소설가들이 주목해 온 것이다. 자살은 예전부터 문학의 주요 모티브였다. 자살을 소재 또는 장치로 사용한 소설은 부지기수로 많다. 기차역에서의 안나 카레니나의 자살이나 젊은 베르테르의 자살은 초등생도 알고 있고, 『광장』의 이명준이 배에서 뛰어내릴 수밖에 없었던 것도 오늘까지도 우리에게 많은 시사점과 아픔을 주고 있다. 소설 속의 자살은 주인공의 좌절과 절망, 갈등해결의 도구, 사회의 불법과 타락에 대한 고발과 저항, 질병과 무기력을 반영하기 위한 방법으로 이루어졌다. 그러나 자살이 단순히 흥미유발 차원의 도구로만 사용되었다고 할 수는 없다. 작가들은 인간 내면의 비밀을 풀 수 있는 열쇠로 자살을 주목하고, 그에 이르는 논리적 과정을 묘사함으로써 인간 이해에 한걸음 더 다가가고자 하였다.

도스토예프스키는 누구보다도 자살을 스토리 전개의 주요 재료로 사용한 작가라 할 수 있다. 『미성년』의 이뽈리트, 『죄와 벌』의 스비드리가이로프, 『악령』의 키릴로프와 스따브로긴, 『까라마조프 형제들』의 스메르쟈꼬프 등등 많은 주인공이 자살했다. 그는 자살에 대해 다른 작가와 달리 심리적 정신적으로 접근하였는데, 그것은 인물들이 단순한 실연이나 생활고, 절망, 좌절, 분노, 반항이나 우울, 무기력과는 거리가 먼 이유로 자살하였으며, 사상적 철학적으로 현재까지도 많은 숙제와 시사점을 던지고 있는 문제적 자살이었기 때문에 우리의 관심을 끌고 있다. 도스토예프스키는 자살을 단지 이야기 전개의 수단으로 삼지 않았다. 작중 인물들의 행보의 필연적 경과로서, 그의 사회적 생물학적 역할이 막다른 골목에 이르렀을 때, 말하자면 그가 그 시점 이후 살아있더라도 인간으로서의 존엄을 유지한다고 볼 수 없을 때 실행되었다. 스비드리가이로프나 스따브로긴의 자살은 그들의 삶과 현실, 궤적과 여건 및 환경에 비추어 보았을 때 그런대로 논리적 귀결이라고 보이는 면이 있지만, 그중에서도 키릴로프의 자살은 다르다. 키릴로프는 궁지에 몰려 벼랑 끝에서 행한 생의 불가피한 선택이 아니라, 사상적인 자살, 인간이 신을 대체할 수 있는지의 여부를 고민한 끝에 행한 사색과 의지의 산물로, 철학의 실천이자 증명의 수단으로 결행된 것이라는 점에서 논란의 중심에 있으며, 수많은 작가, 비평가들에게 영감의 원천이 되어왔다. 키릴로프의 말대로 자살하는 사람들은 제각각의 이유가 있지만, 그러나 아무런 이유도 없이 단지 자신의 자아의지 때문에 자살하는 것은 그 혼자뿐이었다. 그러나 도대체 자아의지란 무엇인가. 자살하는 모든 사람은 자신의 의지로 자살하는 것이 아니었던가. 어떤 점에서 키릴로프의 자살이 특별하다는 말인가. 키릴로프는 자신의 존재를 증명하기 위해 그 존재를 제거하려 한다는 점에서 그의 자살이 여타의 자살과 다르다고 생각하였다. 그는 생의 마감이 아니라 새로운 생의 시작을 선포하려는 목적을 가지고 있다. 그러나 키릴로프라는 인물을 알기 위해서는 먼저 스따브로긴이라는 연옥을 통과하지 않으면 안 된다.

스따브로긴 - 무기력한 황제

" 스따브로긴은 죽기도 전에 이미 죽어 있었다. 그가 목을 맨 것은 하나의 부수적 절차에 지나지 않았다. "

    도스토예프스키의 『악령』은 1860년대 러시아 사회를 풍미하였던 사회주의 혁명가들의 실상, 그중에서도 조직의 밀고자로 지목된 인물을 집단으로 살해했던 네차예프 사건을 모델로 한 소설이다. 소설의 주인공인 베르호벤스키는 다른 조직원들을 구속하고 옭아맬 목적으로 과거 조직원이었던 샤또프라는 인물이 관계당국에 그들의 혁명음모를 밀고할 것이라고 거짓으로 무고하고, 그를 살해할 계획을 꾸민다. 베르호벤스키는 조직원 대부분에게 강한 정신적 영향을 끼친 스따브로긴을 대표로 내세우고, 다른 조직원인 키릴로프가 순전히 자신의 사상 때문에 자살하려는 것을 알고 샤또프 살해의 죄책을 키릴로프에게 뒤집어씌우려고 한다. 그가 주모한 폭동이 일어나고 사주한 대로 샤또프에 대한 살인이 시행되고, 키릴로프도 자신이 샤또프를 죽였다는 유서를 작성해 주지만, 결국 우연과 변심, 살인자들의 인간적 연약함과 약점, 실수 등이 복합되어 사건은 들통나고, 다른 조직원들은 체포되며, 그는 해외로 도주한다.
    스따브로긴은 도스토예프스키의 인물들 가운데 가장 강력하면서도 동시에 가장 무력한 인물이다. 그는 강한 의지력을 가진 사람으로 하고자 하는 결심이

섰다면 그것을 실행하는 데 어떠한 장애도 느끼지 않는 인물이다. 그는 어떤 면에서는 선악을 넘어선, 아니 선악의 구분을 알지 못하는 인물이다. 그의 뛰어난 지성은 욕구에 속절없이 종속된 노예로서 욕망과 욕정을 실현해낼 수단을 강구하는 데는 유용하나, 도덕과 영웅적 행위에는 관심이 없다. 목적을 달성하는 데 도움이 되기만 한다면 그 방법이 선인지 악인지를 판단할 능력이 없는 것이다. 정확히 말하면, 그는 선과 악, 또는 그 경계에 대해 무관심하고 아무런 마음의 거리낌이나 가책을 느끼지 않고 어떤 일이든 저지를 수 있다. 그는 『죄와 벌』의 스비드리가이로프와 같은 종류의 인물이다. 강한 성격은 두뇌의 산물이 아니다. 노력으로 만들어지는 것도 아니다. 음악이나 미술적 재능처럼 그저 타고 나야 하는 것으로, 나폴레옹을 꿈꾼 라스꼴리니코프가 살인 뒤에 제풀에 무너진 것과는 반대되는 것이다. 스따브로긴은 샤또프의 아내를 농단하고, 리자베따와 다리야를 유혹하면서도, 단순한 변덕으로 절름발이에 치매인 여자와 법적으로 결혼한다. 도박, 폭행, 결투, 폭음, 난잡과 음란을 자행하고, 생각할 수 있는 모든 악행의 밑바닥까지 내려간다. 뛰어난 두뇌로 최고의 학자가 될 수도 있었지만 삶에 애착을 잃어버려 자신을 사랑할 줄 모른다. 그의 각종 죄업은 귀족이란 신분과 부, 권력의 덕으로 단지 일시적인 정신착란으로 진단되어 넘어가게 된다.

소설 속의 젊은이들은 거의 직·간접적으로 정신적으로 그의 영향을 받는다. 그는 베르호벤스키에게 혁명의 꿈, 샤또프에게 러시아 국수주의, 키릴로프에게 무신론의 씨앗을 파종하고 각기 열매를 맺는 것을 보면서도 정작 그것들의 과실果實에는 무관심하다. 그의 이성은 목표가 없기 때문이다. 지향할 곳 없는 지성, 목표를 잃은 힘은 무력하다. 아니 차라리 없는 것보다 못하다. 그 힘이 그대로 분출되는 동안, 갖가지 악업이 저질러졌기 때문이다. 그러나 그도 인간인 이상 힘이 제한 없이 방출될 수는 없다. 휴지기가 찾아온 것이다. 소설 속의 현재로 설정된 휴지기는 이전 것들과는 달리 허무의 모습을 띠고 있다. 이제 어느 것도 불 꺼진 심지를 재점화할 수 없기 때문이다. 그는 자신을 벌주기 위해 어느 소녀를 능욕한 행위를 고백하려고 수기를 작성한다. 죄의식에서 나온 것이 아니다. 자신의 방전과 한계를 인지했기 때문이다. 어쩌면 외부의 타격을 이용하여 소진된 힘을 보충하려는 교활한 수작인지도 모른다. 스따브로긴의 고백은 도스토예프스키 문학의 백미다. 읽으면 읽을수록 가슴이 조이는 느낌이 들어 책을 놓고 한참을 쉬었다가 읽을 수밖에 없다. 그는 그의 악행을 기술한다. 모세혈관을 들여다보는 것 같은 치밀함과 눈꺼풀의 떨림까지 기억하는 듯한 완벽함을 가지고 소녀를 겁탈하고, 심적 고통을 가하며, 절망감 때문에 자살하도록 만든 과정을 묘사한다. 글로 그려진 극사실화나 세밀화라 할 수 있을 것이다.

스따브로긴이 키릴로프에게 뿌린 무신론이란 어떤 것이었던가. 사실 그는 신이 존재하건 하지 않건 상관없었다. 신을 선악이라 할 수 있다면, 그는 보다 비루한 형태이긴 하지만 어떤 면에서는 선악을 넘어섰기 때문이다. 선악을 구분하지 않으려는 인간에게 신이 어떤 의미가 있을까. 신은 선이다. 신이 있기에 선과 악의 구별이 있다. 신이 있기에 선에 대한 보상이 있고, 신이 있기에 악에 대한 심판이 있다. 오직 신만이 선과 악의 최종적 최후적 판관이다. 신이 있음으로 천국과 지옥이 있는 것이다. 다만 신은 인간에게 사랑을 주었다. 신은 선을 고양시키기 위해 도덕을 제시하고, 악인을 처벌하지만, 사랑을 강조함으로써 인간으로 하여금 신에게 다가갈 기회를 주었다. 그러므로 신은 사랑이다. 사랑은 신이 인간에게 내려준 동아줄이다. 그러나 선악의 의미를 잃은 자에게 선악의 경계나 사랑은 어떤 의미도 없다. 스따브로긴은 인간에 대한 연민이 없다. 사랑이란 것을 모른다. 그가 의식하는 것은 다만 그의 힘, 히드라의 머리와 같이 방향 없이 마음대로 촉수를 뻗는 맹목적인 힘뿐이다. 그는 그의 힘을 과시하기 위해 눈 하나 깜빡이지 않고 아무나 죽일 수 있다. 그런 그가 신에 대한 불신을 몸으로 보여주는 것은 어쩌면 당연한 일이다. 어떤 비행을 저질러도 죽으면 끝이고, 깨끗하게 종료되며, 사람들이 천년만년 침을 뱉든 말든 상관없는 일이라고 믿고 있는 한, 세상에 경건하고 신적인 것은 하나도 없다. 신은 그에 대해서는 아무런 제지력도 없다. 신이 있건 없건 모든 것이 허용되는 것이다.

소설상 스따브로긴이 키릴로프에게 어떤 말로 무신론을 촉발했는지는 분명치 않다. 다만 키릴로프가 본 것은 신이 없다면 신을 대신할 수 있는 인물은 인신人神이었다. 이제까지의 왜소하고 곰팡내 나는 선악관념에 찌든 너절한 인간이 아니라, 새로운 원칙과 기준에 따라 구상된 신개념新概念의 선악이념을 창제하고 반포하여 실행하고 강제할 수 있는 인물, 후회도 망설임도, 주저와 동요도 없이 죄업과 고통, 눈물과 비통으로 가득 찬 구세계를 말소하고 죽음도 부패도 없이 만물의 조화와 만인의 어울림 속에 영원토록 계속될 새로운 세상을 가져올 인물을 목도하였던 것이다. 그러나 안타깝게도 정작 인신일 수도 있었던 인물은 본인의 가치를 몰랐다. 스따브로긴은 신세계의 황제가 될 수도 있었지만, 자기 안에 무엇이 있는지도 몰랐고, 자기가 무엇이 될 수 있는지도 몰랐다. 단지 재능이 시키는 대로 아무런 의도와 목적 없이 말하고 행동한 것이 주위의 인물들에게 어떤 영향을 미쳤고, 그들을 어떻게 변화시켰는지에 관해서도 아는 바가 없었다. 목표 없는 힘, 힘없는 목표는 힘도 아니고 목표도 아니다. 그는 그저 무중력 상태의 공허와 바닥을 모르는 허무만을 감지하고 있을 뿐이다. 그가 느낀 절망감은 방향을 상실한 생명, 본능조차 잃어버린 삶에 대한 애착의 논리적 귀결이다. 스따브로긴은 죽기도 전에 이미 죽어 있었다. 그가 목을 맨 것은 하나의 부수적 절차에 지나지 않았다.

키릴로프 - 인신人神의 꿈

" 키릴로프는 … 삶을 지극히 사랑하면서도 신의 부존재 및 그 자신의 존재를 증명하기 위해서는 자살하지 않으면 안 된다고 믿는 사람이다. "

키릴로프도 베르호벤스키 조직과 연관이 있지만, 그는 혁명에 관심이 없다. 그는 자신의 특별한 사상을 증명하기 위해 자살하기로 예정되어 있고, 그 행동이 조직의 음모에 이용될 수 있는 시기가 오면 결행하기로 동의한 상태였다. 조직에서 밀고자로 지목한 샤또프를 살해하면, 그를 죽인 것은 자신이라는 유서를 써주고 자살하기로 한 것이다. 그러나 그런 것은 아무래도 좋다. 키릴로프는 세상을 개벽시킬 만한 사상을 품고 키워왔기 때문이다. 키릴로프와 스따르보긴의 대화다.

"모든 사람이 좋은 사람이라는 것을 가르치는 사람이 이 세계를 완성시킬 것입니다."

"그것을 가르쳤던 분은 십자가에 못 박히지 않았소?"

"그 사람은 반드시 옵니다. 그 이름은 인신이에요."

"신인神人?"

"인신人神, 그 둘은 다릅니다."

도스토예프스키는 키릴로프의 빈약한 섭생, 불규칙한 수면, 세속에 대한 무관심 등을 그의 별난 사상의 토양으로 암시하면서도, 옆집의 갓난애나 햇빛에 반짝이는 파랗고 싱싱한 나뭇잎을 사랑한다는 점도 빼놓지 않음으로써, 정상적인 범주 내에 있는 사람임을 강조한다.

"신은 존재하지 않는다. 또한 존재할 수도 없다. 이것 하나만 가지고도 충분히 자살할 이유가 된다. 만일 신이 있다면 모든 것이 신의 의지다. 따라서 나도 신의 뜻으로부터 한 걸음도 벗어날 수가 없다. 그러나 신이 없다고 한다면 그땐 내 의지가 모든 것이다. 따라서 나는 자아의 의지를 주장할 수 있는 의무를 지니게 된다. 내 자신의 자아 의지의 가장 완전한 증명은 자신을 죽이는 데 있다. 신이 없다고 자각하면서 동시에 자기가 신이 되었다는 것을 자각하지 못하는 것은 정말 부조리 자체다. 만일 그것을 자각하면 벌써 그 사람은 제왕이다. 그땐 자살 같은 것은 하지 않고 최고의 영예 속에서 살아갈 수 있을 것이다. 그러나 단 한 사람만은, 즉 그것을 최초로 자각한 사람은 꼭 자살하지 않으면 안 된다. 그렇지 않으면 인간이 신이 된 사실을 누가 증명하겠는가. 이것이야말로 인간이 최고의 의미로서 인간의 불복종과 새롭고 놀라운 자유를 나타낼 수 있는 유일한 방법이다."

대체로 이와 같은 것이 그의 사상의 요체인데, 말하자면 신이 없다는 사실을 최초로 인지한 자, 그리하여 신인神人 대신에 인신人神의 시대가 도래할 것임을 최초로 파악한 자는 필연적으로 자살해야 할 것이고, 자살의 목적은 역설적으로 고통과 죽음에 대한 인류의 공포를 몰아내려는 것이고, 이 행위가 신이 없는 새 시대를 알리는 신호탄으로 작동할 것이라고 믿었던 것이다.

키릴로프의 인신人神사상은 그동안 인류의 목을 죄여왔던 신의 시대의 종말을 예고하고 있다는 점에서 의의가 있다. 물론 그보다 조금 앞서서 포이에르바하가 『기독교의 본질』에서 신은 인간의 모든 열망, 소원, 희망이 완전하고 완벽하게 구현된 존재이며, 따라서 신은 인간들이 지상에서 바라는 행복을 피안에 높이 세워놓은, 인간의 창조물이라고 선포한 바 있지만, 여전히 인간이 신을 대신할 엄두는 내지 못하고 있었다. 또한 인신은 그것보다 약간 뒤에 니체에 의해 초인이라는 거창한 형태로 다가올 거인들의 시대를 예비하는 것이었다. 인신은 인간의 자기의식이 고도로 발전하여 역사와 세계에 있어서 주도적인 위치를 점하고 있으며, 신이 없어도 살 수 있다는 자각과 자신감의 표현이자 결과물이다. 인간이 신의 종, 어린 양으로 남아있는 한, 인간은 신의 뜻에서 한발도 나갈 수가 없었다. 먹고 자고 숨 쉬는 것조차 신의 의지에서 비롯된 것이라면 결국 인간은 신의 노예요, 손발에 지나지 않는다. 인간의 자유를 운운하는 것은 그저 자기기만에 지나지 않을 것이다. 그러나 인간은 마침내 신이 없는 세상을 꿈꿀 수 있을 만큼 성장하여, 신의 부재를 공포로 받아들이지 않고, 해방이요 축복으로 간주하기에 이른 것이다. 신 대신에 이성을 인생의 깃대로 삼고, 어떻게 살지를 일일이 간섭해오던 사제들 대신에 자신의 판단과 결정을 근거로 하여, 나의 행동은 내가 책임진다는 주체의식이 생겨난 것이다.

신이 죽음의 고통이 두려워서 만들어진 존재라면, 신이 없는 세상에 남을 것은 무엇인가. 신의 자리를 대신한 인간이 제왕이 된 세계는 어떤 모습, 어떤 형태를 취할 것인가. 유일신을 부정하고 인간마다 각각의 왕권을 주장하는 사회는 어떻게 구성되고 조직될 것인가. 그러나 키릴로프의 생각은 아직 구체적으로 거기에까지 미친 것은 아니다. 그가 영원한 삶, 미래의 영원한 삶이 아니라, 이 세상에서의 영원한 삶을 말한 적은 있다. 그 순간이 오면 돌연히 시간이 멈춰버리고 완전히 구현된 영구조화가 찾아온 것을 실감하는바, 그것은 천상의 것도, 지상의 것도 아닌 희열이고, 사랑이며, 표현하기 힘든 기쁜 감정이어서 인간의 육신 그대로는 견디기 힘들 정도라고 한 적은 있지만, 그러나 지상의 인간이 그 순간만을 위해 목숨을 이어 나갈 수는 없는 것이고, 설사 그 순간을 견디어냈다 하더라도 땅 위의 변변치 않고 구차한 삶은 계속되는 것이다. 다만 그는 신의 부존재를 최초로 자각한 사람으로서, 신에 대한 불복종을 과시하고, "진리가 너희를 자유케 하리라." 따위의 자유와는 완전히 다른 새로운 의미의 자유를 획득하였다는 사실을 증명하기 위해 그 자신을 죽이려는 것이다. 죽음의 공포를 넘어서, 자신을 죽이는 것보다 어떤 것이 더 신에 대한 저항을 효과적으로 표현하는 방법일 수 있겠는가.

키릴로프는 아기를 좋아하고 나뭇잎에 희열을 느끼며 근육을 단련하기 위해 열심히 운동하는 등 삶을 지극히 사랑하면서도 신의 부존재 및 그 자신의 존재를 증명하기 위해서는 자살하지 않으면 안 된다고 믿는 사람이다. 이러한 부조리는 신이 없는 세상에서의 인간의 운명을 정확히 대변하고 있다. 절대적인 죽음과 그 이후의 어떤 것에 대한 약속도 없는 궁극적인 공허를 향해가는 인간에게 어떤 것도 의미가 있을 수 없다. 마치 거대한 암흑의 소용돌이에 빨려 들어가는 동안 열심히 유영하는 개구리의 불쌍한 모습만 오버랩 될 뿐이다. 카뮈가 『시지프스의 신화』에서 부조리의 키워드인 반항을 구현한 인물로 키릴로프를 높이 평가한 적이 있으나, 그렇다 해도 정작 키릴로프가 이러한 부조리에 대해 충분히 생각하고 대책을 마련한 것은 아니다. 그는 깃발을 든 자로서 인간들에게 새 시대가 시작되었다는 것, 이제부터 신에게 기대지 않고 각자의 힘으로 살아가야 한다는 것, 신과의 연관성을 끊어버린 독립적인 자유를 이용하여 신의 위치(인신)에까지 갈 수 있다는 것을 알려주기 위해, 하나의 신호탄, 표식으로서 자살을 택하였다. 그러나 아무리 자세한 설명을 붙이더라도 자살은 여전히 낯설고 납득하기 어렵다. 죽음은 어떤 시각에서 보더라도 거북한 것이기 때문이다. 더구나 그것이 신에 대한 반항의 수단으로 행해진 것이라면 미숙한 점이 있다. 그것은 '신이 없다면'이라는 소극적 가정 아래 이루어진 것이고, 뒤에 남은 인간이 자살이라는 행위 속에 숨어 있는 상징을 발견하지 못한다면 무위로 돌아가고 말 것이기 때문이다. 더욱 대담하고 조직적인 반역은 『까라마조프 형제들』의 이반의 몫으로 넘어간다.

이반 - 반역의 책사

" 신을 인정하지 않는다는 것이 아니라, 신의 세계, 조화와 영생의 천년왕국에의 입장권을 정중히 사절하는 것이다. "

키릴로프는 "신이 없다는 것 이상으로 고매한 사상은 없다."면서 자기만족적인 선언을 하지만, 그러나 그의 전제는 아직도 '신이 없다면'이라는 유보적 형태를 띠고 있는바, 이점이 바로 그의 내면의 불확실, 동요, 의심을 그대로 드러내고 있다. 그는 여전히 신이 존재하지 않는다는 사실을 확신하지 못하고 있다. 이 사실을 간파한 스따브로긴은 "내가 다시 이곳에 들를 때, 당신은 이미 신을 믿고 있을 것이오."라고 장담한다. 왜 그렇게 생각하느냐는 질문에는 "당신 스스로가 신을 믿고 있다는 것을 깨닫게 되면 당신은 실제로 믿음을 갖게 될 거요. 그러나 당신은 신을 믿고 있다는 걸 깨닫지 못하고 있으니까 믿음도 가질 수 없는 겁니다."라는 답이 돌아온다. 키릴로프의 사상은 굳건한 반석 위에 세워진 것이 아니다. 그는 만약 찰나에 지나지 않더라도 어린애의 미소나 햇빛에 반짝이는 나뭇잎에서 신의 계시를, 신의 사랑을, 신의 흔적이나마 발견할 수 있다면 그의 사상 전체, 그의 의심을 바로 던져버리고 신 앞에 무릎을 꿇고 말 것이었다. 그에게 신은 아직도 압도적인 존재이기 때문이다.

그러나 이반은 키릴로프와 같이 소심하고 유약하지 않다. 그는 주저나 망설임이 없이 당당하다. 신의 존재를 부정하는 따위의 일은 하지 않는다. 키릴로프처럼 '신이 존재하지 않는다면'이라는 가정법을 쓰지 않는다. 그 대신 신이 주재하는 세상에 반기를 든다. 신을 인정하면서도, 신의 세계는 인정하지 않는다. 그의 말을 그대로 옮기자면 "신을 인정하지 않는다는 것이 아니라, 신의 세계, 조화와 영생의 천년왕국에의 입장권을 정중히 사절하는 것이다." 이반은 흔히 라스꼴리니코프와 유사한 인물로 여겨져 왔지만, 나는 그가 오히려 사상적으로 키릴로프의 한 단계 진화한 차세대 모델이자, 이념적 진보형라고 본다. 그는 젊고 두뇌가 비상하며 이지적이다. 무엇보다도 합리적이다. 이성의 절대성을 신뢰하며, 불합리와 부조리를 거부한다. 라스꼴리니코프의 합리가 나폴레옹과 고리대금업자 노파의 사회적 유용성을 비교하는 평면적 수학방정식을 통해 세상의 이虱에 불과한 노파 살해의 정당성을 추론해내는 작업, 지상의 죄업을 확장하는 데 그쳤지만, 이반의 시선은 키릴로프와 마찬가지로 보다 근본적이고 추상적인 문제, 즉 신이 창조한 이 세상의 정당성 여부에 향해 있었다. 그는 세상의 비명과 울부짖음을 외면할 수 없었다. 그리하여 신이 이 세상을 창조하였다면, 과연 이런 부조리와 불합리의 목적은 무엇이었는지 묻는다. 자기 자신에만 매몰된 이기적이고 자폐적인 사람이 아닌 이상 그런 질문을 해야만 하는 순간은 필연적으로 다가오게 마련이다.

그는 아이들로부터 시작한다. 아이들은 어른들과는 다르기 때문이다. 어른들의 고초와 쓰라림은 자신의 죄업의 결과라 할 수 있지만, 매일같이 발생하는 무구한 아이들의 고통은 무엇인지, 혀도 제대로 못 떼는 어린애가 대소변을 못 가린다고 매 맞고, 배고파 보챘다며 내쫓기고, 아파서 칭얼댄다는 이유로 골방에 갇혀 자기가 짓지도 않은 죄에 대한 용서를 빌어야 하는지 설명해달라고 요구한다. 이런 불합리가 가령 선악의 인식을 위해 필요한 것이라고 해도 이런 대가를 치러가면서까지 선악의 인식 따위를 해야 할 필요가 있는지, 혹은 이런 신산과 간난이 먼 훗날 펼쳐질 천년왕국의 초석을 까는 일이라 해도 무엇 때문에 어린애들까지 고뇌를 겪어야 하는 건지, 어째서 어린애들까지 그런 재료 속에 함께 끼어들어 어디서 굴러먹던 개뼈다귀인지도 모르는 자들을 위해 영원한 조화를 꾀줘야 한다는 것인지를 정중하게 묻는다. 학대자들이 지옥에 가 있다고 해도 이미 죄 없는 자가 가혹한 일을 당하고 난 다음에 지옥 같은 게 무슨 소용이 있는 것인지를 알고 싶어 하는 것이다. 신은 학대한 자와 학대당한 자, 죽인 자와 죽임을 당한 자가 먼 훗날 모두 함께 일어나서 평화롭게 포옹하며 공존하는 영원조화의 장면을 약속하지만, 이는 거짓이요 기만일 뿐이라고 일축한다. 그리하여 인간이 고뇌를 겪어야 하는 이유는 그 고뇌로써 지상에 왔던 모든 존재의 영생과 행복을 위해서라고 할지라도, 당장 아무런 이유 없이 지상에서의 죄 없는 자들의 눈물이 흐르고, 어느 누구로부터도 그 이유에 대한 납득할 만한 해명을 듣지 못하는 이상, 그 세계에의 입장을 거부하는 것이다. 눈물과 한숨과 죄 없는 자들의 뼈 위에 세워진 천년왕국은 허구와 거짓의 왕국일 뿐이다.

신의 사제를 자처하는 자들은 이런 질문이 제기될 때마다 엄숙한 얼굴로 "신의 뜻은 인간의 머리로는 알 수가 없다." "불합리하므로 믿으라."라는 말만을 반복할 뿐이다. 신이 숨은 뜻을 그들에게만은 밝힌 듯이 행동하지만, 그러나 심신의 아픔과 괴로움에 비밀이 어디에 있겠는가. 아픈 것은 아픈 것이고, 괴로운 것은 괴로운 것이다. 사람들이 겪는 고통은 실제고 현실이며, 여기에 신과 그의 사자 사이에 맺어진 밀약 따위는 없다. 인간의 지성은 합리적인 설명을 요구한다. 신이 창조한 세상에서 벌어지는 전쟁과 살육, 학살과 참혹에 대한 변명이라도 듣고 싶어 하는 것이다. 이러한 세계의 비참은 신이 원한 것인지, 그 이유는 무엇인지, 모든 것을 계획한 신이 이처럼 실패한 듯 보이는 세상을 방치하는 원인은 어디에 있는지 정말 궁금하다. 과연 신은 존재하는 것일까. 신이 있다면, 어떻게 이런 세상이 가능한 것일까. 신이 외면하는 동안 일어난 참상은 깨어있는 자들의 궁금증을 자아내기 충분했다. 키릴로프는 신이 없을 지도 모른다고 생각했다. 그러나 이반은 개의치 않는다. 신이 있어도, 자신이 죽은 다음에 언제 올지도 모를 조화의 왕국이 약속되어 있다 하더라도 상관없다. 그는 천국이 이런 모습으로 가꾸어질 수밖에 없다면, 이런 불완전하고 부조리한 세계를 만든 신에 대해서는 단호히 거부하는 것이다. 알료샤는 이반에게 "그건 반역이에요."라고 말하지만, 이 얼마나 당당한가. 인간은 드디어 신에게 반역의 깃발을 들만큼 성숙한 것이다. 반란자들의 세상이 어떨 지는 쉬갈료프의 초안에 이어 대심문관에서 구체화되어 있지만 그것은 별도로 다루어야 할 문제다.

신의 위기, 위기의 신

" 인간의 세계는 신의 세계와 다르고, 그 세계에 종속되는 것도 아니므로, 신으로 하여금 저 멀리 비켜나 있으라고 요구하기 시작한 것이다. "

도스토예프스키는 신 없는 세상을 상상할 수 없었다. 아니 상상하기 싫었다. 그렇기 때문에 그는 "설령 누가 내게 그리스도는 진리 밖에 있다고 증명해 보인다 할지라도, 나는 진리보다는 그리스도와 남는 쪽을 택할 것입니다."라고 말했던 것이다. 신은 지상의 진리로 그의 진리를 설파하는 것도 아니고, 지상의 논리로 역사하지도 않는다. 그러나 찌혼이나 조시마 장로를 통해, 열려 있는 가슴과 마음에는 그의 손길과 숨결이 구석구석 펼쳐져 있음이 감지된다는 것을 보여주려고 노력했다. 신의 공평은 인간의 공평과는 다르며, 인간의 잣대로 신의 뜻을 평가할 수는 없다. 신은 인간을 팽개쳐둔 것이 아니다. 신은 인간을 사랑하고 있다. 신의 약속은 무효거나 공허한 것이 아니라, 우리가 알지 못하는 방식으로 실현되고 있으며, 미래에는 더욱 확실해질 것이다. 그것이 도스토예프스키의 간절한 소망이었다. 그러나 그의 지성은 믿음과 달랐다. 그의 회의는 누구보다 예민하고 민감했다. 아무도 신의 편재를 의심하지 못하던 시대에 그는 신의 부재를 화두로 삼은 것이다. 인간의 반란이 시작되었음을 알리고, 선두에 선 자들의 모습과 논리, 주장과 행태를 묘사하였다. 그들은 종전의 불신자들과는 달랐다. 그들은 신이 세상을 창조한 적이 없거나, 만약 세상을 만드는 데 신의 뜻이 조금이라도 개진된 적이 있었다 하더라도 지금은 아무런 권리나 연고가 없다고 강변하고 있다. 인간의 세계는 신의 세계와 다르고, 그 세계에 종속되는 것도 아니므로, 신으로 하여금 저 멀리 비켜나 있으라고 요구하기 시작한 것이다.

도스토예프스키는 본인이 인정하든 인정하지 않든 기독교적 전통의 산물이었다. 기독교 교리에 따르면 아무리 자기 것이고, 자신의 의지라 해도 신이 준 생명을 임의로 빼앗는 것은 불법이었다. 성 아우구스티누스는 "자살은 십계명 중 살인을 하지 말라는 계율을 어기는 것과 같은 행위로 범죄다."라고 정의하였다. 자살자는 정당한 절차에 따라 매장될 수도 없었다. 그렇게 자살은 창조주에 대한 불경이었던 것이다. 키릴로프의 자살이 신에 대한 반항의 의미를 갖는 것은 그러한 맥락에서였다. 신이 생명을 부여한 것이라면, 그것을 그의 면전에서 의도적으로 보란 듯이 강탈하는 것이야말로 창조주를 부정하는 가장 좋은 방법이 아니고 무엇이겠는가. 신에게 반역이 시작되었음을 알리는 강력하고 효과적인 수단은 자살이었다. 신이 존재하지 않는다는 사실, 아니 신이 존재하더라도 이제 인간계와는 아무런 관계가 없다는 사실을 깨달은 사람은 그러한 사실을 사람들에게 알리기 위해서 자살을 해야만 한다는 키릴로프의 주장은 충분히 논거가 있는 것으로 보이기도 한다. 모든 혁명은 하나의 불꽃으로부터 시작되기 때문이다. 그러나 아무리 그렇다 해도 자살로 새 시대의 도래를 선포하는 방법은 여전히 낯설고 불편하다. 그것은 기독교적 맥락이 아니었다면 특별한 의미도 가지지 못하고, 오히려 납득하기 어려운 행위였을 것이다. 죽음은 어떻게 포장해도 친해지기 어려운 사건이기 때문이다.

신이 세상을 창조했든 안 했든, 죽음이 없었다면, 인간은 신에게 지금보다 훨씬 더 교만한 태도를 취했을지도 모른다. 불사의 인간에게 신이 왜 필요했을 것인가. 그러나 죽음은 극복할 수 없었고, 죽음의 두려움을 이겨내기 위해서 신은 없어서 안 되는 존재였다. 인간은 죽음을 회피하기 위해 신에게 매달려왔다. 그러므로 신에게 저항한다는 것은 죽음에 저항한다는 것, 즉 죽음에 대한 관념이 바뀌었다는 말과 같다. 영혼과 천국은 사후에 있어 신과의 연결고리지만, 신의 세계로의 입장을 거부한다는 것은 더 이상 그것들에 가치를 두지 않겠다는 표현에 다름 아니다. 영생에 관심 없는 인간에게 신이 예전과 같은 중요성이 있을 수 없다. 신이 없었다면 죽음도 두려울 것이 없거나, 그냥 두려움으로 있을 뿐 그 이상 과도한 의미를 부여할 사안은 아니다. 그러나 사정이 이렇게까지 된 데는 인간보다 신의 책임이 크다. 신은 인간의 슬픔을 방치하고 외면한 것도 모자라 심지어 장기판의 장기알로 삼아 게임을 즐기기도 하였다. 신은 세계대전 중 전쟁터에서 서로 적국으로 갈라져 상대편을 많이 죽이게 해달라는 신자들의 기도를 침묵으로 들어주기도 하였고, 그를 절대적 구원자로 알고 있는 6백만이나 되는 사람들이 가스실에서 올리는 절명기도도 그냥 한 귀로 흘려보내기도 했다. 인간은 신의 위악에 눈을 뜨게 된 것이다.

그리하여 인간은 신의 죄업과 만행은 누가 책임질 것인지를 묻고 있다. 신이 위기를 자초한 것이다. 신은 더욱 화려한 외양과 현란한 언변으로 일부 사람들의 눈을 현혹시키고 있지만, 인간들은 전과 같이 맹목적인 종속상태에 머물러 있지 않다.

죽음으로 모든 것이 끝난다고 생각하면 인생은 무의미하다. 그러나 삶의 가치는 살아있는 데 있지, 전전긍긍 죽음 이후를 대비하는 데 있지 않다. 결국 인생에 의미를 부여하는 것은 본인이지 신이 아니다. 자유는 신이 인간에 부여한 가장 소중한 선물이다. 신은 기적에 짓눌린 노예의 신앙이 아니라 누구의 간섭도 받지 않고 자립적이고 독자적인 선택에 따라 그를 영접한 모든 면에서 자유로운 성숙한 주체의 자발적 믿음을 원한다. 세상이 부조리하게 보이는 것은 신이 진정으로 자유로운 신앙, 완전한 자유에서 출발한 신앙을 고집하고 있기 때문인지도 모른다. 신과의 연계를 이어갈지 말지는 신의 의사에 있는 것이 아니라 본인의 의지, 그가 획득한 자유의 질과 완성 정도에 달려있다. 그러므로 죽음을 가치 있게 만들기 위해서는 현재의 삶에 충실해야 한다. 만일 자살에 어떤 의미가 있을 수 있다면, 그것은 거기에 의미를 부여하기 위한 본인의 의사가 반영되어 있기 때문이다. 키릴로프의 자살은 그의 사상과 숙고의 결과이므로 삶을 표현하기 위한 수단으로 보아야지, 모든 것을 끝내버리려는 병적인 왜곡의 산물로 보아서는 안 된다. 자유가 있는 한 삶에 충실할 것인지는 자신의 책임이다. 죽음만이 확실한 세상에서 자기의 삶에 의미를 부여하는 것은 자기 자신이기 때문이다. 본인의 선택이 인생의 의미와 무의미의 경계를 가르는 것이다. 인간이 믿을 것은 인간 자신이다. 인간이 신에 의지하던 시대는 저 멀리 과거의 것이 되었다. 그러므로 자유의 무거움을 받아들이는 순간, 인간은 비로소 인간에의 여정에 들어선다. 인간은 스스로를 만들어나가는 것이며 최후에야 인간이 되는 것이다.

제7장 대심문관 - 자유와 강자強者

머리말로서의 자유

" 자유는 인간을 인간으로 정립시키는 본질로서, 달리 말해 인간은 자유이자, 자유는 인간이라 할 수 있다. "

    오늘을 사는 사람들에게 자유라는 말이 어떤 울림으로 다가오지는 않을 것이다. 자유는 이미 소당연所當然하여 새삼스럽게 의미를 환기할 일이 없기 때문이다. 넘쳐나는 풍요 속에서 결핍을 상상하기는 어려운 일이다. 그러나 인간의 자유가 어떠한 여정을 걸어왔는가를 상기한다면, 자유는 그렇게 마땅한 것도 아니고, 그저 주어진 것도 아니며, 앞으로 영원히 변치 않을 것도 아니다. 헤겔이 동양의 전제국가에서는 절대군주 한 사람만이, 그리스 로마의 노예제 사회에서는 자유인만이 자유를 누렸다고 지적한 바 있듯이, 애초 미약하고 가물가물하게 시작된 자유는 수많은 피와 투쟁을 대가로 오늘의 모습에 이르렀지만, 방심하고 한눈을 팔면 한 순간에 사라질 수 있는 것이다. 그러므로 자유라는 말에 어떤 반향도, 공명도 느껴지지 않는다면 별로 환영할만한 징조는 아니라 할 수 있다. 그러나 하필 왜 이 시점에 자유인가. 자유가 공기나 물처럼 범람한다 해도, 우리의 삶은 이미 그것 없이 상정할 수 없기 때문에, 만일 박탈되는 상황이 온다면 깨어나 저항할 수밖에 없는 필수조건이 된 게 아닌가. 그러므로 자유를 누리고 만끽하면 되지 굳이 발전의 역사와 의의를 되새겨야 하는가. 왜 귀찮게 자유를 항시 의식하고 살아야 하는가.

자유는 인간이 지향하는 목표 중에서 가장 특이한 성격을 지닌 가치다. 자유는 그 자신이 수단이자 목표다. 자유가 없다면 자유를 비롯한 어떤 목표도 추구할 수 없다는 점에서 자유는 수단이며, 그 결과 얻어지는 것이 어떤 무엇보다도 자유라는 최고의 상태라는 점에서 목적이 된다. 다른 가치들은 자기 자신을 수단으로 삼을 수 없다. (내면의) 평화 또는 행복, 사랑, 천국 등등 어떤 것을 목표로 삼아 노력하더라도 그것은 최후에 도달하는 상황일 뿐 그 자체가 수단이 되는 것은 아니다. 우리는 평화를 수단으로 평화를 얻을 수 없으며, 행복을 재료로 써서 행복을 쟁취할 수 없다. 그러나 자유는 자유가 없다면 달성될 수 없다. 목표로서의 자유는 모든 속박과 굴레로부터 해방된 상태, 욕망과 무지로부터 벗어난 득도, 도통의 상황, 즉 깨달음Enlightment, 활연관통의 세계를 뜻한다. 이는 공자가 "마음먹은 대로 행동하여도 절대로 거스르는 법이 없다從心所慾不踰矩"라고 한 상태, 다시 말해 욕심이 양심을 벗어나지 않는 순리의 경지에 대해 말한 바와 같다. 우리가 힘들게 사색하고 수양한 일이 있다면, 그것은 자유롭기 위해 그렇게 한 것이며, 고행 끝에 얻은 자유의 대가는 일체의 구속과 장애가 없는 정신적 평화와 행복, 사랑, 그리고 눈앞에 펼쳐진 천국일 것이다. 참으로 자유는 우리 인생의 목표라 할 만하다. 그러나 이런 최고 목표도 자유가 없다면 꿈도 꿀 수 없다는 점에서 자유는 인간의 모든 노력에 있어 가장 중요한 수단이 된다. 수단으로서의 자유는 인간을 인간답게 만드는 기본조건이자 필수요소이기 때문에 목적으로서의 자유보다 결코 그 중요성이 덜하지 않다. 자유가 없는 인간은 바로 노예다. 노예는 주인의 의지를 실행하고 주인의 욕망에 봉사하는 기계에 지나지 않는다. 그러므로 자유가 있다고 하는 것은 독립적인 개체로서, 완전한 인간으로서 자립할 수 있는 기본을 갖추었다는 말과 같다. 자유를 가진 사람은 자신의 의지와 욕망의 실현에 나설 수 있다. 모든 인간은 본능적으로 자유를 갈망하지만, 그가 어떤 내용의 자유를 소망하는지는 그 자신에게 달려있는 문제다. 자유는 그가 만들어가는 대로 만들어지는 것이다. 그것은 그의 인간으로서의 종류 및 수준과 관련이 있다.

자유는 직접적으로는 '마음 내키는 대로 할 수 있는 권리'를 뜻한다. 먹고 싶으면 먹고, 자고 싶으면 자며, 쉬고 싶을 때 쉴 수 있는 것을 자유라 하는 것이다. 그런 자유는 도스토예프스키가 『지하실의 수기』에서 다른 모든 사람이 $2 \times 2 = 4$라고 주장할 때, 나만은 $2 \times 2 = 5$라고 고집할 수 있는 권능과 상황을 자유라 했을 때의 자유를 뜻한다. 이런 자유는 욕망과 밀접한 관련이 있다. 욕망은 생명의 징표이자, 개개의 인간에게 개성을 부여해주는 근원이다. 욕망이 없다면 인간은 무력한 피조물에 지나지 않았을 것이고, 다채로운 인간드라마는 펼쳐지지 않았을 것이다. 욕망은 삶을 이끌어가는 추동력이자 우리에게 기쁨과 탄식을 함께 주는 야누스와 같은 존재다. 인간에게 욕망이 시키는 대로 할 수 있는 자유를 제한하면 그는 즉각 질곡과 압박을 느끼면서 반발할 것이다. 욕망의 구속만큼 강한 결박은 없다. 득도하지 못한 인간은 살 수 있어도 욕망을 강압당한 인간은 견딜 수 없는 법이다. 자유를 위한 인간의 투쟁은 허용되는 욕망의 범위와 폭을 넓히려는 발버둥에 지나지 않았다. 도를 얻기 위해 목숨을 건 자는 많지 않아도 욕망충족을 위해 죽음도 불사한 사람은 셀 수 없이 많았다. 전제정이나 폭군에 맞서 "자유가 아니면 죽음을 달라."라고 외칠 때 내가 내 마음대로 할 수 있는 권리를 인정해 달라는 것 이외에 다른 주장이 아니었다. 지금까지의 역사는 욕망의 자유를 확대하기 위한 역사였다. 그 결과 자유의 외연이 많이 넓어진 것은 사실이다. 그러나 그런 자유가 늘어난 만큼 사람들이 스스로 자유롭다고 생각하게 된 건 아니었다. 어떤 면에서 인간은 자유로워진 정도에 비례하여 다른 의미의 부자유도 늘어났다. 점차 경제적 자유를 포함하지 않는 자유는 자유가 아니라는 생각이 늘었다. 단순히 정치적 법적으로만 확보된 자유는 무자비한 자본의 논리에 질식되어 심각한 불평등을 낳았을 뿐이다. 가난하고 궁핍한 자의 자유는 빛 좋은 개살구, 그림의 떡에 지나지 않는다는 것이다. 그래서 사람들에게 그 명칭에 합당한 자유를 누리게 하려면 경제적 자유, 말하자면 질적 평등과 복지가 확보되어야만 한다는 주장이 힘을 얻었다. 그러나 힘들게 달성된 보편적 복지는 상대적 박탈감을 치유하지 못했다. 욕망을 달래면 달랠수록 허기가 늘었을 뿐이다. 자유로워질수록 자유롭지 않게 되는 모순은 일거에 해결할 수 있는 문제가 아니다. 욕망은 채워지지 않는 주머니와 같아서 만족을 모른다.

그러므로 다른 측면에서 자유에 접근하는 시도가 있게 마련이었다. 자유를 욕망의 실현으로 보는 것이 아니라, 욕망의 단절, 욕망으로부터의 해방으로 생각하는 것이다. 진정한 자유는 욕망이 시키는 대로 하는 것이 아니라, 욕망의 횡포에서 벗어나는 데 있다고 보는 견해의 뿌리는 오래된 것이다. 노장이나 스토아학파는 일체의 물질적 행복을 부질없는 것으로 보고, 내면으로 후퇴해 들어가 정신적 자유를 획득하는 것을 이상으로 삼았고, 불교나 기독교 등의 종교적 고행도 다른 의미가 있는 것이 아니었다. "너 자신을 알라."는 명제는 고래로 현인들의 화두였으며, 그들은 일체를 배제하고 곧바로 목표로서의 자유를 획득하기 위해 고통스러운 수행과 수련을 마다하지 않았다. 7년에 걸쳐 면벽 수도하거나, 메뚜기를 먹으며 40일을 광야에서 헤매는 것은 욕망의 충족과는 거리가 멀다. 자유에 도달하겠다는 비상한 의지가 없으면 불가능한 일이다. 그러나 욕망을 억제한다고 바로 자유가 얻어지는 것은 아니다. 평범한 인간들에게 욕망의 포기는 잔인한 고통일 뿐이다. 억압된 욕망은 불만의 원천이며, 불행의 모태다. 그러므로 '욕망 죽이기'는 자발적 계기가 필요하다. 적어도 욕망 충족만이 자유가 아니라는 자각과 욕망에 맞서 싸우려는 의지의 확립이 그것이다. 여기에는 자유가 필요하다. 누구의 강요나 지시에 의한 것이 아니라, 누구의 간섭도 받지 않은 자유로운 상태에서의 자기 선택이 요청되는 것이다. 자유가 선택이라는 단어와 동의어 관계라는 것은 자유에 대해 생각해 본 사람이라면 공감할 수 있을 것이다. 선택에는 책임이 따른다. 그러므로 자유는 책임이라는 말도 된다. 이 지점에 이르면 자유는 마음대로 할 수 있는 권리라는 직접적인 모습을 벗어나 변증법적인 발전을 이루게 된다. 오히려 자유는 무엇을 결정하든 그 결과에 대해 책임을 지겠다는 결의로 변한다. 자유가 고삐 풀린 방종에서 엄중한 도덕적 결단으로 승화되는 것이다. 자각에 자유가 필요한 이유는 강요된 각성, 노예의 깨달음은 그 이름에 걸맞은 자각이 아니기 때문이다. 자기 결단이야말로 인간을 존엄으로 이끄는 유일한 동력이다. 타인의 간섭이나 상황논리의 개입 없이 자유롭게 이루어진 결정은 인격 전체의 반영이다. 그러므로 자유는 인간을 인간으로 정립시키는 본질로서, 달리 말해 인간은 자유이자, 자유는 인간이라 할 수 있다.

결정론과 자유

" 우연은 철학적 차원으로 옮기면 자유로 치환될 수 있으며, 이는 결정론의 허점 위에 자리 잡은 반박될 수 없는 중요 원칙이다. "

신이 세상을 창조하고, 모든 것을 예정하였다면 인간에게 숨 쉴 수 있는 공간은 허용되지 않을 것이다. 만일 신이 그 개념 자체가 내포하고 있듯이 모든 것을 알고, 모든 것을 할 수 있는 능력이 있으며, 모든 곳에 현전하면서, 과거와 미래의 모든 것을 규정하는 현실이라면, "신에 의해 규정되는 현재 속에서 인간의 자유에 대해 말할 수 있는가."라는 문제가 발생한다. 신을 세계의 근원으로 파악한다면, 인간의 자유가 설 자리는 어디인지, 긍정한다면 어디에 어떻게 위치 지울 것인지가 쟁점이다. 인간의 자유는 완벽하게 전지전능한 신과 양립이 가능할 것인가. 그러나 신의 전지전능과 인간의 자유는 그 자체로 모순되는 개념이다. 인간이 무엇을 의도하고, 욕망하던 신의 손바닥에서 벗어날 수 없다. 거기에 자유가 들어설 곳은 없기 때문이다. 그러나 이러한 결론은 절대적으로 신에게 복종하는 자라 해도 받아들이기 힘든 것이었다. 인간의 위엄은 찾을 길이 없었다. 인간은 신의 노예나 다름없었고, 선과 악, 죄와 벌을 운위할 여지가 없었다. 지상의 간난과 신산은 모두 신의 귀책으로 돌아갔고, 이는 오히려 신의 영광에도 훼손이 가는 일이었다. 신이 모든 비난을 뒤집어쓰지 않는 한편, 인간에게도 책임을 지우려면 자유를 인정하지 않을 수 없는 이유였다. 이에 대한 신학자와 철학자의 반응은 다양했다. 자유와 전능을 병존시키기 위한 각종 묘안이 속출했지만, 이는 어떤 형태로든 인간에게 신의 감독이 미치지 않는 빈틈을 부여하기 위한 것이라고 보면 된다. 예정론과 자유의지론의 대립으로 알려진 신학상의 다툼은 앞으로도 계속될 것이지만, 대체적으로 철학자들은 인간에게 자유를 부여하는 데 별다른 이견이 없었다. 그것은 인간에게 책임능력이 없다면 무로 돌아가고 말 것이고, 인간이 무엇을 알 수 있고, 무엇을 할 수 있는지를 묻는 철학 자체도 폐기되어야 할 것이기 때문이었다.

결정론의 반격은 신학 쪽에서보다는 과학에서 거세고 강력했다. 흔히 뉴턴역학으로 대변되는 고전역학상의 인과법칙을 인간이라는 물질에 적용하면 인간의 행동은 곧 물질들 상호 간 운동의 결과, 즉 아무리 복잡하더라도 원인에 따른 결과가 되겠고, 어떤 생각과 동작을 하든 그것은 물리법칙상 그렇게 될 수밖에 없었다고 간주된다. 인간이 성령이나 영혼이 아니고 물질로 구성된 이상 인과법칙에서 벗어날 방법이 없다. 인간이 일종의 기계와 같이 해석되는 것이다. 도로를 운전하던 내가 졸음에 갓길의 방호벽을 들이받았다 치자. 가깝게는 어젯밤에 잠을 못 잔 탓이고, 실은 TV에서 방영된 외화가 재미있었기 때문이며, 멀게는 영화나 얘깃거리라면 사족을 못 쓰는 조상으로부터 유전자를 물려받은 탓이다. 이렇게 인과관계를 무한히 확장해 나가면 횡적으로는 미국에서 어떤 나비가 종전과 다른 방식으로 날개짓을 했기 때문이며, 종적으로는 시간을 거슬러 중생대, 고생대를 거쳐 140억 년 전의 빅뱅 때문일 수 있다. 이런 인과관계의 씨줄과 날줄을 모두 고려하면 과연 오늘 거기에 있던 방호벽이나 나의 졸음 그리고 충격은 140억 년 전부터 한 치의 빈틈도 없이 완벽하게 연결된 인과의 누적과 밀집 덕분일 수 있겠다. 일찍이 라플라스는 우주를 구성하는 모든 물체 간의 상호작용을 알고 이들의 현재 위치와 속도를 관측, 처리할 능력이 있으면, 우주의 미래 상태를 정확하게 산출해 낼 수 있다고 호언장담한 바 있다.

인과법칙의 엄밀성과 무자비성은 인간으로 하여금 정해진 운명의 수레바퀴를 벗어날 길이 없는 것처럼 보이게 했다. 모든 것이 착오 없이 진행되는 완전한 인과론 속에서는 인간은 사라지고 자동인형처럼 움직이는 기계만 남으며 결과적으로 전지전능한 신의 세계에서와 같이 선과 악, 죄와 벌의 구별은 무의미해지고 만다. 악도 죄도 피할 수 없었다면 선이나 벌이 특별하게 취급될 이유도 없는 것이다. 과학은 인간의 지성으로는 반격이 불가능한 철옹성을 구축하였다. 우리는 인공지능을 이용하여 체스나 바둑의 고수도 이겨내고, 로켓을 쏘아 화성에 있는 골프공 크기의 물체를 맞출 수 있는 시대에 살고 있다. 그러므로 과학이 곧 진리라는 사실에는 조금도 이의를 달지 않고, 기꺼이 과학자들을 진리의 사제로 받들고 있다. 과학의 이름으로는 무엇이든 가능할 것으로 생각하고 있으며, 어떠한 논증도 과학의 산물이라면 반격의 의사를 포기할 정도가 되었다. 과학이 이룬 눈부신 성과에 주눅이 들어 있는 것이다.

그러나 과연 그럴까. 화려한 외관에 맹목적으로 현혹되어서는 안 된다. 과학이 갈 길은 아직 멀다. 따지고 보면 과학은 미시계(양자론), 현상계(뉴턴역학), 거대계(상대성이론)나 강력, 약력, 전자기력 등 자연의 기본적인 힘들을 통일적으로 설명해 낼 이론도 아직 개발하지 못하였고, 더구나 정작 인간자체에 관한 지식에 대해서는 소크라테스나 공자 시대보다 일보라도 전진하였다고 자신 있게 말할 수 없을 것이다. 인간이 자연에서 비롯됐다는 것은 밝혀냈으나(진화론), 여전히 창조설과 다투고 있고 심지어 유수한 과학자들조차 창조설에 가담하는 실정이다.

인간의 본성이 선한지 악한지 과학이 알아낸 것은 무엇일까. 사회와 역사로 시야를 넓혀 보자. 프로이트는 인간이 유년기에 받은 영향이 성인이 된 뒤 병적으로 나타날 수 있고, 이는 사회에도 확대 적용될 수 있다고 본다-『문명 속의 불안』. 마르크스는 물적 조건, 곧 생산력이 사회와 역사의 발전단계 나아가 사상과 문화도 결정한다고 했다. 그러나 이런 결정론적 성격의 이론들의 공과는 역사가 보여주는 대로다. 일부는 타당하지만 전부는 아니다. 자본주의의 기원에 관해 베버가 마르크스와 전혀 다른 맥락에서 접근하는 바와 같이 아직까지 인간과 사회, 역사를 일의적으로 평가할 잣대는 없었고, 더구나 그 진행방향을 정밀하게 예측할 기준도 없을 것이다. 이런 예는 무수히 많다. 결국 세상이 어디로 흘러갈지 알 수 없다는 말이다. 심지어 다윈도 진화가 어느 방향으로 진행될지 아무도 모른다고 하지 않았던가.

쿤Thomas khun은 과학혁명은 한 패러다임이 다른 패러다임을 대체하는 구조에 따른다고 한다. 지금 정상과학으로 자리 잡은 이론도 발전에 따라 언젠가는 다른 이론에 그 지위를 내줄 수밖에 없다는 것이다. 지동설이 확고하게 자리 잡은 지금 천동설이 어떻게 수천 년간이나 진리로 통용되었을지 이해할 수 없겠지만, 당시의 지적 수준에는 완벽하게 부합하는 진리였다. 현재의 과학이 차후 다른 패러다임으로 대체될 수 없는 불변의 것이라고 누가 확언할 수 있을까. 오늘날까지 발견된 모든 법칙이 전혀 다른 시각과 맥락에서 해석될 날이 도래할 가능성은 언제든지 있다. 그럼에도 일부 과학자들은 인간의 행동이 물리적 인과관계의 예정된 결과일 뿐 독자적인 의지, 자유를 인정할 수 없다고 강조한다.

그러나 인과관계라는 용어에는 함정이 있다. 일종의 블랙홀이다. 인과관계는 엄격하게 통제된 상황에만 발생하는 특이한 현상이지 모든 변수와 함수가 개방되어 있는 상태에서는 나타나지 않는다. 다시 말해 인과관계는 오히려 예외이지 보편이 아니라는 얘기다. 나는 라플라스가 우주의 미래에 대한 정확한 측정이 가능하다고 장담했을 때, 정말 그가 그것을 사실로 믿었다고는 생각하지 않는다. 그것은 일종의 사고실험 속에서만 존재할 뿐, 우주 전체를 통제된 실험공간으로 본다 하더라도, 우주 밖에서 불의의 어떤 요소가 절대로 잠입해 오지 않는다는 증명이 없는 이상, 무슨 일이 일어날지 아무도 모르고, 알아낼 능력도 없는 것이다. 결국 미래는 알 수 없다.

맥락은 다르지만 칸트는 소위 순수이성의 이율배반에 관한 4가지의 고찰 중에서 인과성에 대해 논한 바 있다. 그중 정립명제는 "자연법칙에 따르는 원인성은 그것으로부터 세계의 모든 현상들이 나올 수 있는 유일한 원인성은 아니다. 현상의 설명을 위해서는 그 외에 자유에 의한 원인성을 상정함이 필요하다."이고, 반정립명제는 "자유라는 것은 없다. 세계의 모든 것은 자연법칙에 따라서만 생긴다"이다. 간단히 말하자면, 위 명제들은 모든 현상이 인과관계에 의해서만 발생되고 전개되는지(반정립명제), 아니면 인과관계에서 벗어난 자유의 계기를 인정할 수 있느냐(정립명제) 하는 문제인데, 칸트는 서로 절대적으로 반대되는 이 명제들의 각각의 정당성을 완벽하게 증명한다[1]. 자연법칙에 있어 인과율만 인정된다면 시초로 거슬러 올라가더라도 항시 원인의 원인이 되는 원인이 있어야 되므로 세계는 역시간적으로 무한으로 열려있고 이는 원인과 결과라는 인과법칙 스스로에 모순되는 결과가 되므로 자연법칙으

---

1 Kant, Critique of Pure Reason, penguin classics, p.405

로서의 인과법칙이 아닌 다른 원인(예를 들어 신의 창조 또는 일반적으로 자유)을 상정하지 않을 수 없다는 것이 정립명제에 대한 증명의 요지다. 만약 자연법칙인 인과법칙 이외에 다른 원인(자유)을 상정한다면, 인과관계의 어떤 계열에 개입된 자유는 원인에서 비롯된 결과를 낳지 않는 사태를 가져오므로 인과법칙의 정의에 모순된다는 것이 반정립명제에 대한 증명의 대강이다. 칸트의 의도는 뉴턴 물리학이나 우리의 직감에서 비롯된 인과법칙 자체를 부정하려는 것이 아니라, 우리가 자랑하는 이성이라는 것이 경험적 사상事象이 아닌 초월적 사상事象을 다룰 경우 빠질 수밖에 없는 오류를 보여주려는 것이었으나, 여기서는 인간의 두뇌만으로는 인과법칙의 옳고 그름을 증명할 수 없다는 점을 예시하기 위해 제시하였다.

여기서 우연chance의 개념이 싹터온다. 우연은 필연에 대비되는 개념이다. 라플라스의 공언은 인과관계를 기초로 한 논리구조 속에서만 존재할 뿐 엄격히 통제된 상황이 아닌 이상 과학에서조차 어떤 일이 일어날지 아무도 모른다고 했다. 신과 같은 초절지성이 아닌 한 이 모든 변수를 전부 고려할 수 없기 때문이다. 그럼에도 여전히 일부 논자는 세계는 인과법칙에 따라 필연적으로 진행되고 있으며, 다만 우리가 이를 측정할 방법을 찾지 못하고 있을 뿐이라고 강변한다. 그러나 필연은 머릿속에서만 존재할 뿐 증명된 것이 아니고 증명할 방법도 없다. 한마디로 현재까지 필연을 증명한 사람이 아무도 없다는 말이다. 모든 변수와 상수를 알 수 있는 조건만 갖추어지면 미래를 예측할 수 있다고 하나 사실 그 조건이 달성될 가능성은 확실하게 없다. 따라서 이는 결과적으로 미래에 대해 알 수 없다는 말과 같다. 미시계에서 물질은 입자인 동시에 파동인 성질을 갖는데, 이 미시물질은 특성상 운동량을 측정하려면 측정행위 자체가 위치에 영향을 미치고, 위치를 측정하려면 측정행위 자체가 운동량에 영향을 미치게 되어, 결과적으로 위치와 운동량을 동시에 정확하게 측정할 수 없다. 하이젠베르그의 '불확정성 원리Uncertainty Principle'로 알려진 이 발견은 그동안 금과옥조로 여겨져 왔던 인과율의 보편성, 철칙성에 대하여 심각한 의문을 던지는 동시에 결정타를 가하였다. 미시계에서 무력해진 인과관계가 현상계에서는 정당하다고 주장할 수 있는 근거가 무엇인가. 미시계와 현상계는 두 개의 완전히 다른 세계라는 말인가. 현상계는 미시계를 기반으로 이루어진 세계가 아닌가. 슈뢰딩거의 고양이는 뚜껑을 열어봐야 고양이가 죽었는지 살았는지 알 수 있고, 심지어 뚜껑을 여는 행위가 삶과 죽음을 갈라놓을 수도 있으므로 그 전에는 아무도 생사를 예측할 수 없다. 확률론을 넘어 과학에 굳이 우연개념을 도입할 것을 주장한 자크 모노를 들지 않더라도 돌연변이는 생물학자도 예측할 수 없는 것이며, 일급 뇌과학자도 정상의 이탈인 정신병의 발생을 정확히 예측할 수도 완전히 치료할 수도 없다. 씨줄과 날줄로 짜인 인과의 그물코에서 우연이 주는 시사점은 말로 다할 수 없이 크다. 평면적으로 우연과 자유는 다른 차원의 주제지만, 논리적으로 볼 때 자유는 필연 곧 인과법칙에서 나올 수 없기 때문에 자유는 필연에서보다 우연에서 운신의 폭이 더 넓다. 우연은 철학적 차원으로 옮기면 자유로 치환될 수 있으며, 이는 결정론의 허점 위에 자리 잡은 반박될 수 없는 중요 원칙이다.

자유의 필연성

" 자유는 인간의 원초적 동경이자 그리움으로, 우리는 자유 속에 있더라도 자유를 찾게 되어 있다. 자유는 인간을 현재에 이르게 한 추진력이자, 미래로 이끄는 구심력이다. "

　인간에게 자유를 인정하는 것은 인간을 인간답게 만드는 첫걸음이다. 신학이나 과학은 인간이 외재하는 힘에 종속되어 있다는 점을 아직까지는 증명하지 못했다. 원인과 결과라는 관계는 언어적으로나 과학적으로나 명백한 개념 틀 내에 있는 것이 아니다. 다시 말해 무엇이 원인이고, 어떤 것을 결과라고 불러야 하는지 분명한 게 아니라는 말이다. 수만 개의 선행사실과 수만 개의 후행사실 중 어느 것을 원인이라 하고 어느 것을 결과라고 규정할 것인가. '의심스러울 때는 피고인의 이익으로'라는 법률격언처럼 인간이 신의 뜻대로 움직이는지, 혹은 가차 없는 인과율에 종속되어 있는지 확인할 길이 없을 때는 인간에게 자유를 부여하는 편이 옳다. 인간은 신의 노예도 아니고 자연법칙의 기계도 아니며, 자유의지에 따라 움직이고 있다는 증거도 산더미처럼 많기 때문이다.

　철학적으로 자유의지란 무엇일까. 자유의지란 의지will로서 인과계열에 개입할 수 있는 능력이다. 달리 말하면 전후좌우로 수없이 이어진 인과관계에 내가 의식적, 능동적으로 어느 지점 어느 시점을 선택하여 그 인과관계를 이용할 수 있는 힘이다. 쉽게 말하면 나는 자의로 배고플 때 밥을 먹을 수 있고, 따라서 먹으면 배부르다는 인과법칙을 이용할 수 있다는 얘기다. 이는 임의로 인과관계를 거스르거나, 뛰어넘거나 단축할 수 있다는 말이 아니다. 자유의지는 마술이 아니다. 단지 특정 결과를 목표로 인과관계에 원인으로서 개입할 수 있다는 것에 그친다. 신이 아닌 인간에게 이런 능력을 인정할 것인가에 대해 지금까지 논란이 많은 것은 주지하는 대로다. 따라서 이는 말하자면 일종의 요청이다. 요청이라 함은 증명의 필요 없이 당연한 것으로 전제되어, 그 위에 다른 원칙들을 세울 수 있는 명제를 말한다. 인간이 자유의지를 가졌다는 것은 철학적 요청이다. 칸트도 이성으로는 자유의 존재를 증명할 수 없지만, 도덕의 궁극적 원천으로 자유, 나아가 그를 공여한 실체로서의 신이 요청될 수밖에 없다는 점을 시인한 바 있다. 결정론과 자유의 양립가능성이니, 행위의 자유냐 의도의 자유냐 하는 복잡한 논쟁들이 끝난 것은 아니지만, 어쨌든 인간에게 그의 행위와 그 행위에 나아간 의지에 대해 책임을 묻기 위한 최종 근거로서의 자유는 절대적으로 필요한 것이다.

그러나 굳이 칸트의 권위에 기대지 않더라도 우리는 요청 이전에 이미 이를 당연한 것으로 간주하고 살아간다. 가령 법률 특히 형사법은 처벌을 감수하면서도 죄를 범한다는 인간의 자유의지를 전제로 존재하고, 경제학은 합리적 선택을 하는 경제 주체를 상정하며(선택은 자유의지의 몫이다), 문화 예술에 이르면 더 말할 것이 없다. 도대체 일상의 소소한 생활에서부터 국가의 대사에 이르기까지 자유의지 없이는 아무것도 성립할 수 없다. 그것 없이 어떻게 아이들에게 열심히 공부하라고 할 수 있으며, 내가 대통령이 되면 행복한 나라를 만들겠다고 공약할 수 있을까. 자유의지를 가지지 못했을 때 인간은 아무것도 아니다. 인간으로서의 존엄을 주장할 수 없는 것이다. 아무도 인간이 자유롭지 않다는 것을 증명하지 못하였다. 아마도 영원히 그럴 것이다. "인간은 자유롭다."라고 주장한다고 해서 퇴박맞을 상황이 아니다. 인간에게 앞으로 어떤 일이 일어날지 알 수 없다. 역사는 예측할 수 없고 세계의 행정行程에는 우연의 요소가 있다. 인간에게는 미래를 만들어갈 자유가 있다. 결정론은 공연히 인간에게서 자부심을 빼앗았다. '자유의 여신'의 뒤를 따르는 민중이 "자유가 아니면 죽음을 달라."고 외쳤을 때, 인간은 그 이전과 그 이후의 인간을 갈라주는 선을 넘은 것이다. 자기가 자기의 주인임을 알게 된 것만큼 중요한 사건이 있을까. 운명은 남이 결정하는 것이 아니다. 나는 나의 두 발로 서 있다. 누구도 간섭할 수 없다는 주체성의 확신이야말로 세상에 대해 나의 개체성, 인격의 독립성을 주장하는 기반이 된다.

    그러나 이런 논의는 전부 부질없고 번거롭다. 우리의 직관은 자유를 부인한 적이 없기 때문이다. 자유는 인간의 원초적 동경이자 그리움으로, 우리는 자유 속에 있더라도 자유를 찾게 되어 있다. 자유는 인간을 현재에 이르게 한 추진력이자, 미래로 이끄는 구심력이다.

자유 - 신의 선택

" 신은 노예의 순종을 거부함으로써 인간에게 자유를 부여했지만, 그의 선택은 인간에게 엄청난 부담과 재앙을 불러왔다. "

    감옥에 있을 때만큼 자유가 소중하게 느껴지는 상황도 없을 것이다. 높은 담장 안에서라면 하늘을 날아다니는 새들이 얼마나 부러울 것인가. 강제노역에 끌려나간 유형수에게 이르티시 강 건너 키르키즈의 가없는 초원 위로 피어 오르는 아지랑이는 보는 이의 마음을 말할 수 없이 아리게 만들었을 것이다. 도스토예프스키가 옴스크 감옥에서 자유에 대해 깊이 있는 사색을 하게 된 것은 당연한 일이다. 그는 자유에의 갈망이 식욕이나 성욕처럼 인간의 본능 또는 근원적 에너지라는 사실을 발견했고, 자유의 의미와 본질에 관해 끈질기게 천착하여 누구도 넘볼 수 없는 중대한 공헌을 하였다. 그는 "자유가 극도로 제한된 요새 안에서 자유의 결핍이 인간에게 어떠한 영향을 미치고, 또한 인간은 어떻게 반응하는가."라는 점에 대해 남다른 문제의식을 가지고 연구하였다. 악령의 끼릴로프나 쉬갈료프, 까라마조프 형제들의 이반 등이 제시한 관점은 단순한 것이 아니다. 특히 대심문관은 현대에 사는 우리들에게 끊임없는 재해석을 하도록 무거운 짐을 지우고 있다. 흔히 대심문관은 도스토예프스키가 기독교의 본령과 정신에서 이탈했다고 본 로마 가톨릭과 또한 그 변종이라 생각한 사회주의에 대한 엄중한 비판과 혐오를 드러낸 작품이라 해석되어 오고 있다. 어느 정도 그러한 면이 있는 것은 사실이고, 특히 공산주의의 현실과 연결시킬 때 그의 통찰은 놀라운 면이 있는 것은 틀림없다. 그러나 지금은 발표 당시로부터 많은 시간이 흘렀고, 대심문관은 과거의 매듭을 끊고 현재의 맥락과 연관 속에서 바라보아야 할 필요성이 있으며, 그럴만한 충분한 가치를 가졌다. 대심문관에서 제기된 쟁점들은 해결되거나 낡은 것이 아니며 끊임없이 변신하며 여전히 새로운 모습으로 오늘을 사는 우리에게도 응답할 것을 요구하고 있다.

그의 작품 전체에 산재한 자유에 관한 생각이 집중적으로 나타난 곳이 대심문관이므로, 아무래도 그에 관한 논의는 대심문관으로부터 시작하는 것이 옳다고 본다. 대심문관이 재림한 예수에게 제기한 질문은 자유 및 자유의 의미에 대해 최종적인 해답을 주는 대신 언제나 변곡점에 도달할 때마다 되풀이해서 묻지 않을 수 없는 현재진행형 과제로 만들었기 때문이다. 먼저 자유는 모든 인간에게 공통적인 함의와 속성을 가진 것으로 나타나는지 또는 달리 말하면 강한 자의 자유와 약한 자의 자유로 구분되는 것인가 하는 점이 전면으로 부각된다. 지금까지 모든 인간은 같은 내용의 자유를 가진다는 점에 대한 이견은 없었다. 자유는 자유이지, 하위개념으로 구분하여 생각하지 않았다. 굳이 정치적, 경제적 자유 혹은 정신적, 육체적 자유 등으로 세분하더라도 이는 특별한 지향점을 강조하기 위해 접두사를 붙인 것일 뿐 보편이념이라는 사실에는 변함이 없었다. 그러나 자유는 수단인 동시에 목적이라는 점에서 중대한 차별성이 내재된 것이며, 욕구로서의 자유와 욕구억제로서의 자유 및 최종 목적지가 지상, 내세인지 또는 개인, 집단이냐 등에 의해 수많은 편차가 존재하게 되어 있다. 인간은 평화와 행복, 안녕과 질서를 희구하기는 하나, 자유 없는 그것들은 전혀 의미가 없다는 점에서 자유는 인류의 유일, 최고, 최종의 가치라 할 수 있다. 만족한 돼지가 되느니 차라리 불만족한 소크라테스에 위안을 느끼는 것은 인간의 질적 차이가 아니면 설명할 수 없는 현상이고, 그런 점에서 도스토예프스키는 인간의 등급 문제에 직접 관찰자를 들이댐으로써 자유의 차등 문제를 제기하였다.

이반의 대심문관은 다음과 같이 시작한다. 죽음과 부활 뒤 1500년이 지난 16세기 스페인 세빌리아에 모습을 드러낸 그리스도. 그는 15세기 전과 같이 인간의 모습으로 눈에 띠지 않게 살그머니 왔지만, 사람들은 어떤 불가항력적인 힘에 이끌려 그가 그리스도라는 사실을 알고 그를 따르며 찬미한다. 그는 한없이 자비로운 미소를 지으며 장님의 눈을 뜨게 하는가 하면, 장례를 치르던 일곱 살 소녀를 그 어머니의 간절한 요청에 따라 죽음에서 살려내는 기적을 행한다. 그러나 이런 기적의 장면은 마침 그곳을 지나가던 대심문관의 눈에 띠고, 대심문관은 그를 가둘 것을 명한다. 그날 저녁 감옥으로 대심문관이 찾아온다. 90세에 가깝지만 신을 눈앞에 두고도 심적으로나 정신적으로나 전혀 동요하지 않고 침착하고 위엄 있는 태도로 항의성 질문을 던진다.

"성경이 전하는 바에 의하면, 악마가 당신을 시험한 것으로 되어 있는데 그것이 사실이오? 그러나 세상의 모든 현자를 모아놓고 … 지혜를 짜내게 하더라도 그 악마가 당신에게 던졌던 물음보다 더 힘차고 깊이 있는 것을 꾸며낼 수 있다고 생각하오? … 이 물음 속에 인간의 전 미래사가 하나의 완전한 모양으로 요약되고 예언되어 있을 뿐만 아니라, 이 지상에서 해결될 수 없는 인간성의 역사적 모순을 남김없이 집약한 이미지가 나타나 있기 때문이오. 첫째 질문은, 그대가 이 돌들을 빵으로 변하게 할 수 있다면 인간은 은혜를 아는 순한 양 떼처럼 그대의 뒤를 따르리라. 그리고 그대가 손을 거두어 혹시 빵을 안 주지나 않을까 영원히 벌벌 떨 것이다. … 그러나 당신은 사람들한테서 자유를 빼앗으려고 하지 않았기 때문에 이 제의를 거부해버렸던 거요. '사람은 빵만으로 살지 않고 하느님의 입에서 나오는 모든 말씀으로 산다.' 당신 생각으로는, 만약에 그 순종이 빵으로 살 수 있는 것이라면 어떻게 거기 자유가 존재할 수 있느냐는 것이었소."

불쌍하고 허약한 인간들을 따르게 하는데, 기적과 신비와 권위보다 효과적인 것이 없다. 만약 그리스도, 신인神人이 인류를 구제하기 위해 지상에 온 것이 사실이라면, 그들에게 그저 신이라는 징표(기적)를 보여 주면 모든 것이 손쉽고 순조로웠을 것이다. 사람들은 누가 시키지 않아도 그의 발아래 경배하고, 말씀과 행동을 금과옥조로 받들고 모방하며, 그가 원하는 대로 악행을 삼가고 선행을 베풀며, 즐거이 기도와 금식과 금욕과 고행에 나섰을 것이다. 불신과 배교, 악과 살인 심지어 자기들의 원죄를 대속하기 위해 지상에 온 자비로운 신을 죽이기에 이른 난장판은 아예 일어나지 않았을 것이었다.

그러나 신은 그런 신앙을 원치 않았다. 기적으로 얻어진 복종에는 자유가 존재하지 않기 때문이었다. 기적은 인간의 반항과 판단능력을 마비시켜 무비판적인 노예가 되도록 만든다. 자발적으로 노예가 된 자는 자기 의지에 거슬려 노예가 된 자보다 모든 면에서 더욱 가망이 없다. 그는 자신의 주체성을 스스로 포기한 것이므로, 자신의 이성과 감정에 따르지 않고, 주인의 그것을 추종한다. 그의 기쁨은 자기의 기쁨이 아니며, 그의 슬픔은 자기의 슬픔이 아니다. 그러나 그가 주인을 위해 헌신한다 해도 그것은 기적으로 보인 신의 힘에 굴종하여 그의 선처를 바라는 속셈이 있기 때문이다. 그의 헌신은 외양에 그치고 속으로는 은총을 갈구하나, 어떠한 은혜가 쏟아지더라도 철저한 이기심에서 벗어나지 않는다. 주인이라면 어느 누구라도 그런 영혼 없는 애정과 복종을 원치 않을 것이다. 그러므로 신이 이런 가식적인 사랑을 원치 않았던 것은 오히려 당연하다. 신은 노예의 순종을 거부함으로써 인간에게 자유를 부여했지만, 그의 선택은 인간에게 엄청난 부담과 재앙을 불러왔다. 신이 인간에게 허여許與한 이 자유는 이름만의 자유가 아니었다. 엄청난 부담과 책임이 따르더라도 그 무게를 제대로 견디어내는 자에게는 신의 귀한 손님 혹은 그 세계의 일원으로 그의 옆자리에 당당히 설 수 있도록 허락하는 면허장 같은 것이었다. 그 면허장을 얻을 자격이 있는 자는 비록 지상을 혼돈과 재앙, 생지옥으로 만들 가능성이 있더라도 꿋꿋하고 자발적인 주체의 내면에서 스스로 발효되고 숙성된 신앙, 누구의 간섭과 지시, 모방에 의하지 않고 자신의 판단과 경험과 감정에서 우러난 경배, 곧 자유라는 명칭에 걸맞은 온전한 자유 속에서 신을 따르기로 결정한 자들이었다. 그러나 신의 자유는 어깨가 넓고 허리가 곧으며 다리가 튼튼하여 앞에 놓인 짐을 질 수 있는 자들에게만 합당했다. 부실한 자들은 중력에 압도되어 일어나질 못했다. 신은 약자들에게는 생명을 주는 대신 죽음을 선물했던 것이다.

대심문관의 말이다.

"그 악마는 당신을 성전 꼭대기에 세워놓고 '네가 하느님의 아들이어든 여기서 뛰어내려보라. 도중에 천사들이 받쳐 주리라.'라고 말했소. 그러나 당신은 신으로서의 긍지를 지켜 훌륭히 행동하였소. '주 너의 하느님을 시험하지 마라' 그러나 … 당신 같이 그런 유혹을 이겨낼 수 있는 힘이 다른 사람들에게도 있을 것이라고 당신은 정말 생각해본 적이 있었소? 더욱이 생사에 관한 그런 무서운 순간에, 가장 무섭고 근본적인 정신적 의문의 순간에, 오직 자기 양심의 자유로운 결정에 따라서만 행동할 수 있도록 만들어져 있을까요? … 다른 사람들도 모두 당신을 본받아 기적을 필요로 하지 않고 하느님과 함께 있을 것이라 기대했던 거요. 그러나 당신이 기적을 부정하기가 무섭게 인간은 신까지도 함께 부정한다는 것을 몰랐었소. … 당신이 갈망한 것은 무서운 위력에 의한 인간의 노예적인 환희가 아니라 자유로운 사랑이었던 거요. 그러나 이점에서도 당신은 인간을 너무 높이 평가했었소. 그들은 원래 반역자로 태어났음에도 불구하고 역시 노예이기 때문이오. … 그들을 그렇게까지 존경함으로써 오히려 당신의 행위는 그들에게 동정을 품지 않은 것으로 되어 버렸소. … 만약에 당신이 그렇게까지 그들을 존경하지 않았던들 그들에게 그렇게까지 많은 것을 요구하지는 않았을 거요. 그리고 그쪽이 오히려 사랑하는 결과가 되었을지도 모르오. 그들의 부담도 가벼워졌을 테니까."

인간은 반역자이자 노예로 태어났다. 그렇기 때문에 광야에서 신이 보여준 모범은 인간에게 등대가 되기보다는 심장을 찌르는 비수로 다가왔다. 인간은 하늘의 빵과 자유보다는 지상의 빵과 자유가 더 급했기 때문이었다. 따라서 신의 행위는 인간을 전혀 사랑하지 않는 것과 같이 되어 버렸다. 신의 선택은 인간의 자유를 규제하고 조절하는 대신 오히려 무한정 증진시켜 결국에 가서는 그 무게와 괴로움을 이겨내지 못할 지경으로 만들었다. 고대로부터 계승된 율법에 따라 무반성적으로 행동하면 아무런 어려움이 없었을 텐데, 자유 때문에 인간은 무엇이 선이고, 악인지, 무엇이 정의이고, 부정의인지를 혼자서 결정지어야만 했다. 그러나 선택의 자유라는 무서운 짐이 인간을 압박할 때, 인간들은 신에게 등을 돌리고 신의 진리도 반박하게 된다. 신이 그처럼 많은 걱정거리와 해결할 수 없는 문제들을 그들에게 줌으로써 그들로 하여금 혼란과 고통 속에 남아 있게 했기 때문이다. 따라서 대심문관은 묻는다.

"… 설사 수만 정도의 인간이 하늘의 빵을 얻기 위해 신의 뒤를 따른다 하더라도, 하늘의 빵을 위해 지상의 빵을 멸시할 힘이 없는 수백만 수천만의 인간은 대체 어떻게 되는 거요? 신에게는 위대하고 강력한 의지를 지닌 수만 명의 인간만이 귀중할 뿐, 약한 의지를 가지긴 했지만 신을 사랑하는 나머지 수백만 명의 인간들은, 아니, 바닷가의 모래알처럼 수없이 많은 인간들은 위대하고 강력한 인간을 위한 소재 노릇을 해야 한단 말이오? … 그런 무력한 인간은 하찮다는 말이오? … 강력한 인간들의 수가 그것밖에 안 된다면, 그들은 인간이라기보다는 신이라고 해야 할 것이오. 그들은 당신의 십자가를 지고 수십 년 동안 메뚜기와 풀뿌리만으로 연명하면서, 먹을 것 없는 벌거숭이 광야에서 참고 견디었소. 그러니까 당신은 물론 이들 자유의 아들, 자유로운 사랑의 아들, 당신의 이름을 위해 자발적으로 위대한 희생을 바친 아들을 자랑스럽게 가리켜 보일 수도 있을 것이오. 그러나 그것은 수천 명에 불과한, 그것도 신이나 다름없는 인간들뿐이라는 걸 알아야 하오. 그런데 그 나머지 인간들은 어떻게 되는 거요? 그런 위대한 인간들이 참고 견디어 낸 것을 그 밖의 약한 인간들이 견디어내지 못했다 하여 그들에게 잘못이 있다고 할 수는 없는 일 아니오?"

자유의 무게를 견딜 수 있는 소수와 그렇지 못한 다수라는 구분을 소설가인 도스토예프스키가 아닌 철학자가 제시하였다면, 괜한 몽상이나 호사가의 쓸모없는 농담으로 치부되거나, 갖가지 부정적인 결과로 이어질 가능성이 있는 잘못된 단초라고 비난을 받았을 것이다.

인간의 등급

" 강한 자와 약한 자는 욕망억제로서의 자유를 택한 자와 욕망충족으로서의 자유를 택한 자의 구분과 일치한다. "

인간을 강한 자와 약한 자 혹은 우월한 자와 열등한 자로 나눌 수 있다고 주장한다면, 잘못 이해될 경우 인종주의, 성차별주의, 종파주의 등으로 연결될 것이고, 역사가 목격하였듯이 폭력과 살육, 홀로코스트의 야만으로 이어질 가능성이 있다. 그러나 인종, 성별, 종교, 신분 등에 의한 억압 및 차별과 이를 이론적으로 뒷받침하기 위한 불순한 목적으로 우월성을 주장하는 것과 개체로서의 인격의 무게, 품격, 도량, 능력의 차이를 인정하는 것과는 별개의 문제다. 굳이 영웅론을 들먹일 필요도 없이 보통 사람들보다 뛰어난 위인이 있는 법이다. 정치, 경제, 사회, 문화, 예술, 종교 등 인간의 모든 영역에서 발군의 능력을 발휘하는 인물들은 천재나 영웅으로 불리기도 하고, 현자 또는 인류의 스승으로 추앙받기도 한다. 그러나 당연한 얘기지만 단순히 기술이나 기능적으로 특출한 능력은 여기에서 관심 대상이 아니다. 문제는 자유와 관련된다. 자유는 수단이자 목적으로서 그것의 활용과 체득의 정도 및 심도가 인간의 등급을 직접 결정하는 요인으로 작용한다. 어떤 자유를 목표로 현재 자기에게 주어진 자유를 어떻게 사용하는지가 그 사람의 품격을 대변한다.

대심문관은 그리스도에게 말한다.

"…나는 당신 같은 건 무섭지 않소. 나 역시 황량한 광야에 가서 메뚜기와 풀뿌리로 연명해 본 일이 있단 말이오. 당신은 자유라는 것을 가지고 인류를 축복했지만, 나 역시 그 자유를 축복한 적이 있었소. 나 역시 수를 채우기를 갈망하여 당신의 소위 선택된 사람들 사이에, 위대하고 강한 사람들 사이에 한몫 끼어 보려 한 적이 있었단 말이오. 그러나 나는 허황된 꿈에서 깨어났으므로, 그따위 미치광이를 섬기기 싫어졌소. 그래서 나는 광야에서 돌아와 당신의 위업에 수정을 가한 사람들 무리에 서게 되었던 거요. 말하자면 거만한 자들의 곁을 떠나 겸손한 사람들의 행복을 위해 겸손한 사람들한테로 돌아왔단 말이오. 머지않아 내가 말한 일들은 실현될 것이며, 우리의 왕국은 건설될 것이오…."

대심문관 스스로 인정한 바와 같이 그도 역시 강한 의지를 가진 사람으로 고행을 통하여 신의 곁에 서려는 목표를 가졌으나, 신을 버리고 180도 방향을 틀어 약한 무리를 돌보는 것으로 수정하였다고 고백한다. 그가 말하는 강한 자는 메뚜기와 풀뿌리로 연명할 의지가 있는 자, 안락과 평안을 뒤로 하고 목표를 찾아 기꺼이 광야에 나갈 수 있는 자, 다시 말해 자유의지로 욕망을 억제할 수 있는 자를 말한다고 볼 수 있다. 그러므로 약한 자는 욕망에 굴복한 자, 쾌락과 빵의 유혹을 이겨내지 못한 자가 되는 것이다. 강한 자와 약한 자는 욕망억제로서의 자유를 택한 자와 욕망충족으로서의 자유를 택한 자의 구분과 일치한다.

'강한 자'라는 개념은 도스토예프스키가 말하는 소위 강한 성격과 밀접한 관련이 있어 보인다. 그는 『죽음의 집의 기록』에서 이런 부류의 사람들에 대해 묘사한다.

"…되풀이해서 말하지만 이들(유형수) 중에도 강한 사람은 있었다. 그리고 지금까지 평생 남을 책망하고 명령하는 데 익숙해져서 다루기 힘들고 무서운 게 없는 강인한 성격의 소유자도 있었다. 이런 사람은 당연히 모든 사람의 존경을 받았다."

뻬뜨로프라는 인물은 그중에서도 가장 공포스러운 인상을 주는 자로, 도스토예프스키의 동료 정치범은, "(저 자는) 무서움을 모르는 사나이로서, 어떤 짓도 할 수 있고, 자칫 변덕스러운 마음이라도 들면 당신이라도 죽일 것"이라고 귀뜸한다. 그런 뻬뜨로프가 동료로부터 사소한 모욕을 받고 얼굴이 창백해지면서 그에게 다가가자, 그 동료도 본능적으로 무언가를 감지하고 지레 굴복함으로써 생명을 건진다. 도스토예프스키는 다음과 같이 덧붙인다.

"이런 종류의 사람들은 … 자기들이 진정으로 바라던 일을 발견할 때까지는 방황하게 되지만 일단 그것을 발견하는 날에는 모가지 하나쯤은 문제가 되지 않는다. … 이러한 인간은 보드까 반병을 마시기 위해 필요한 25꼬뻬이까를 빼앗으려고 사람을 죽일 수 있지만, 내키지 않으면 몇 십만 루블을 가진 사람이 옆을 지나가도 내버려 두기 일쑤다. … 나는 뻬뜨로프가 무사히 그의 생애를 마치리라고는 믿지 않는다. 그는 어느 한 순간에 만사를 단숨에 끝낼 것이다. 그가 오늘날까지 죽지 않고 있다면, 그것은 그러한 기회가 오지 않았다는 의미에 지나지 않는다…."

오를로프라는 사람에 대해서는 "…나는 살면서 그처럼 강하고 강철 같은 성격을 가진 사람을 만나본 적이 없다. … 이것은 실제로 육체에 대한 정신의 완전한 승리였다. 이 사람은 자기 자신을 무제한으로 통제할 수 있었고, 어떤 종류의 고통과 형벌도 무시했으며, 이 세상에서 두려워하는 것은 아무것도 없는 것처럼 보였다…"라고 묘사했다.

감옥은 마치 실험실처럼 제한된 공간과 통제된 상황을 갖추고 있으므로 인간이라는 심연을 관찰하기에 거기보다 좋은 곳은 없었다. 오랜 숙고의 결과 그는 강한 개성의 원형을 소개할 수 있었는데, 그 특징은 첫째, 대체로 선악이나 주위의 평가에 대해 무관심하다. 즉 어떤 목표가 (그것의 정당성이나 윤리성은 문제되지 않는다) 정해지면 좌고우면하지 않고 실행한다. 수단의 정당성이나 윤리성에도 개의치 않기 때문이다. 그러므로 쓸데없이 머뭇거리거나 오락가락하지 않는다. 둘째, 결단력과 행동력이 있다. 타인이나 죽음에 대한 두려움이 없으므로 그 어느 것도 방해가 될 수 없으며 그를 제지할 수도 없다. 이런 인간형은 적절한 때와 상황이 도달하면 폭발적인 에너지로 선악의 경계를 뛰어 넘어 이정표를 세우게 된다. 셋째, 감정은 완전히 통제되어 정신이 육체를 지배할 수 있다. 연민이나 동정, 기타 불필요한 감정에 휘둘리지 않고 침착하고 냉정하게 전진할 수 있다. 그 과정에서의 육체적 고통이나 욕망의 절제, 인간적 모욕과 수치 등은 능히 견디어 낼 수 있다. 등등으로 정리된다.

강한 성격은 부산스럽고 과시적인 행동에 드러나는 것이 아니다. 오히려 평소에는 남보다 소극적이고 무관심하여 내성적으로 보일 만큼 조용하다. 그렇다고 내면에 들끓고 있는 용광로가 때를 만나면 터져 오를 것이라는 사실을 모르는 사람은 없다. 도스토예프스키가 정형화해낸 인물로는 스비드리가이로프와 스따브로긴 등을 들 수 있다.

스비드리가이로프는 라스꼴리니꼬프의 누이동생 두냐를 사랑하여 자신의 은인이자 처인 마르파를 살해하고, 집요하게 두냐를 따라다니지만, 그녀의 완강한 거부의사를 확인한 뒤 자살한다. 그는 접촉하는 누구에게나 두려움을 주고 원하는 것을 이룰 때까지 결코 물러서지 않을 것이라는 불가사의한 확신을 심어준다. 그의 내부에 잠재한 무서운 힘이 상대방에게 느껴지기 때문이다. 그를 그만두게 만든 것은 그 자신이었지 외부의 누구도 아니었다.

스따브로긴은 악마적 힘이 한층 강화된 스비드리가이로프라 할 수 있다. 주위의 모든 인물에 영향을 미치고, 인생의 궤도에 지속적인 작용력을 미친다. 주변 인물들은 그를 중심으로 소용돌이치며, 직·간접적으로 그와 연결되어 있다. 그는 되려고만 마음을 먹었다면 사제도 무신론자도 될 수 있었고, 학자도 강도도 될 수 있었다. 스따브로긴은 다음과 같이 말한다.

"나는 이성을 잃을 때까지라기보다, 고집을 부릴수록 감정에 사로잡혔지만 결코 나를 잃을 정도에 까지는 이르지 않았다. 그것은 맹렬한 기세로 타올랐어도 나는 그것을 완전히 정복할 수 있었을 뿐 아니라, 최정상에 도달했을 때도 억제할 수 있었다. … 나는 나면서부터 야수와 같은 정욕을 부여받고, 또 그 정욕을 항상 자극시켜왔음에도 불구하고, 수도사와 같은 생애를 지낼 수도 있었을 것이라고 확신하고 있다. 나는 언제라도 그럴 마음만 먹는다면 나 자신을 지배할 수 있다."

그러나 그가 결국 자살로 생을 마감한 것은 그 힘을 어디에 쓸지 몰랐기 때문이었다. 자신의 잠재력을 의식하였지만, 그것을 어디로 향해야 할지 알 수 없었다. 목표를 잃은 힘은 무력하다. 탄착점이 없는 탄환은 허공을 맴돌 수밖에 없다. 그가 우울과 허무에 패배할 수밖에 없었던 이유다. 그러나 어쨌든 여기서 중요한 점은 강한 자는 강한 성격을 가진 자이고, 강한 성격은 강한 의지의 산물이며, 강한 의지는 욕망을 억제할 수 있는 능력에서 나온다는 것이다.

그런데 정신이 육체를 규제한다거나 욕망을 정복한다는 말은 불필요한 오해를 불러올 수 있다. 욕망은 없앨 수 있는 것이 아니다. 이제까지 인간은 욕망

자체라 할 수 있음에도 욕망은 늘 버려야 할 것, 억눌려야 할 것으로 생각되어 왔다. 가감 없이 펼쳐진 욕망은 방종과 난잡, 황폐와 허무로 이어지는 것이 예정된 수순이었기 때문이다. 욕망의 목소리에 귀 기울일수록 공허해지고, 본인은 물론 주변에까지 불민한 파장이 미친다면 종교, 도덕 등 사회의 모든 메커니즘이 이를 규율하려고 노력한 것은 당연하다고 할 수 있다. 욕망은 지하로 숨어들어 은밀한 출구를 찾아 헤맸다. 욕망을 좇는 것은 언제나 불결하고 떳떳하지 못한 일이었다. 한번이라도 욕망에 굴복했던 자는 죄의식에 시달려야 했으며, 의도치 않게 욕망의 민낯을 들킨 자는 위선자로 손가락질받기 일쑤였다. 그러나 그런다고 달라진 것은 없었다. 불굴의 욕망은 조금도 위축되지 않았다.

　프로이트는 무의식이야말로 인간의 주인이고 의식은 외부 및 내부의 자극을 회피 또는 제어하기 위한 부차적인 수단에 지나지 않는다는 것을 밝혀내었다. 무의식이 의식에 기생하는 것이 아니라, 의식이 무의식에 세를 사는 것이다. 의식은 이성을 가진 인간의 모든 것이었다. 의식은 이성과 정신으로 고양되면서 인간의 유일성과 존엄을 보장하는 마법의 지팡이와 같은 것이었다. 그러나 의식의 비중은 결정적으로 쪼그라들었다. 가령 돌이 날아오는 것을 인지하거나, 극심한 복통이 느껴지는 것은 생존을 위한 필요조건에 불과했다. 그 본질은 위험이나 도전에 대응하기 위한 도구였고 이성의 다른 면모가 아니었으며, 실제로 인간을 움직이는 것은 이면의 성욕 등 무의식이었다. 무의식의 등장으로 의식의 일부인 이성의 위상축소가 불가피해졌다. 그렇다고 철학자들이 이성의 속성변경을 쉽게 용인한 것은 아니나, 어쨌든 이성으로 욕망을 조절하고 억압할 수 있다고 자신할 수 없게 되었다.

　그러나 꼭 프로이트가 아니더라도 욕망이 그렇게 푸대접을 받을 이유가 없었다. 욕망이 없는 인간은 죽은 인간이요, 살아있는 시체에 불과하다. 생에 기계적으로 반응하는 본능과 달리 욕망은 삶을 다채롭게 만드는 엔진이다. 욕망이 있기에 삶의 수수께끼가 시작되고, 슬픔과 기쁨, 행복과 불행, 만족과 불만족의 드라마가 써지며, 자기의 의지를 관철하기 위한 주인과 노예 간의 가차 없는 인정투쟁이나 초인과 범인의 비극을 엮어가게 되는 것이다. 욕망이 인간을 규정하는 필수요소라는 지위를 되찾은 것은 당연한 수순이었다. 그러므로 욕망을 억제한다거나 제거한다는 말은 정확한 말이 아니다. 욕망은 승화과정을 통해 문화창조나 예술성으로 업그레이드되는 성욕처럼(프로이트) 완급조절, 순위의 교대 또는 가치의 재창조를 통해 변형 또는 승화될 수는 있어도 어떠한 경우에도 사라지지 않고 없앨 수도 없기 때문이다. 강한 인간은 욕망이 시키는 대로 굴종하는 것이 아니라, 욕망을 지배하고 갈무리하는 자다.

라스꼴리니꼬프는 생각한다. 자신은 열정도 있고, 큰 뜻도 있으며, 인류애도 넘친다. 그런데 단지 첫걸음을 시작할 몇 푼의 돈이 없다. 그러나 전당포 노파는 어떤 기준에 의해 판단하더라도 한 마리 이虱에 불과하지만, 돈은 많다. 이런 역설이 없었더라면, 나는 나폴레옹처럼 인류를 위해 엄청난 일을 할 수 있지 않은가. 그렇다면 벌레 한 마리를 죽여 수천수만의 인간에게 행복을 가져다 줄 수 있다면 공리적으로 옳은 일이 아닌가. 이와 같은 소위 '정의의 딜레마' 문제는 쉽게 결론을 낼 수 있는 것이 아니지만, 어쨌든 그의 계산과 같이 한 명 대 수천수만 명이라면 정의가 어느 곳에 있는지 찾아내기 어렵지 않을 것 같기는 하다. 그러나 그에게 진정한 숙제로 다가온 것은 우수한 두뇌를 뽐내며 정의의 산술적 양을 계산하는 일이 아니라, 노파살해 후 찾아온 불안과 불안정, 불편함이었다. 도덕적 회한을 말하는 게 아니다. 그건 아직 더 많은 시간과 사건의 진행이 필요했다. 그러나 그는 대단히 공들여 구상한 나폴레옹 루트의 첫걸음을 떼자마자 무기력해지고 말았다. 훔친 돈과 장물은 어딘지도 모르는 곳에 버리고, 오한에 걸린 듯 떨기만 할 뿐이었다. 죄를 뉘우치기도 전에 자신은 나폴레옹이 될 자격이 없음을 깨달았을 뿐이다. 돌아올 수 없는 다리를 건넌 뒤에야 아무나 강한 자가 될 수 있는 게 아니라는 사실을 알게 된 것은 잔인하긴 하지만 반드시 치러야 할 대가였다. 강한 성격은 지성의 산물이 아니다. 감정이 풍부하다고 얻어지는 것도 아니다. 일종의 천부의 재능이기도 하고, 굳은 결의와 각고의 노력이 없으면 도달할 수 없는 경지이기도 하다. 후회와 반성, 쓰라린 경험에도 굴하지 않는 뚜렷한 목표의식과 불굴의 신념이 필요하다. 인간의 등급, 강한 자와 약한 자의 구별은 얼굴에 쓰여있는 것이 아니다. 강한 자라고 자부한다고 강한 자가 되는 것이 아니다. 추위가 닥쳐야 소나무, 잣나무가 시들지 않음을 알 수 있듯이 고난을 통과해보지 않으면 강철인지 아닌지 알 수 없다. 그때까지 옥석은 가려지지 않고, 천한 자들이 강한 자로 행세하는 부박한 세상은 계속된다.

인간의 영역, 신의 영역

" 인간의 영역은 어디까지이며, 신은 거기에 간섭할 권한이 있는가. "

대심문관이 제기한 두 번째 질문은 "인간의 영역은 어디까지이며, 신은 거기에 간섭할 권한이 있는가."라는 것이다. 물론 신이라면 인간의 일거수일투족을 감시하고 행위의 경중과 선악을 따져 최후의 심판의 날에 반영하는 것이 마땅하다. 그러나 우리는 신의 평가가 어떠한 메커니즘에 의해 이루어지는지 알지 못한다. 때로 신은 우리를 사랑하는 대신 방임하는 것 같기도 하고, 일부러 시험에 빠트리는 것 같기도 하며, 유희를 즐기는 것 같기도 하다. 이반이 신은 인정하더라도 신의 세계에는 입장하지 않겠다고 단언한 배경이기도 하다. 과연 신은 인간의 자율을 어디까지 허용한 것일까.

대심문관의 마지막 부분은 다음과 같다. 알료샤는 이반에게 말한다.

"형님은 하나님을 믿고 있지 않아요."라고 덧붙였으나, 그의 목소리에는 비애가 서려있었다. 그는 형이 자기를 냉소적으로 바라보고 있는 것처럼 느껴졌다.

"그런데 형님의 시는 어떻게 끝나지요?"

갑자기 눈을 내리깔며 알료샤는 물었다.

"아니면 그것으로 끝인가요?"

이반이 대답한다.

"나는 이렇게 끝맺을 생각이었어. 대심문관은 말을 마치고 나서 잠시 '죄수'의 대답을 기다렸지. 그는 상대방의 침묵이 못 견디게 괴로웠어. 죄수는 노인의 눈을 똑바로 바라보며 뭐라고 대꾸할 기색도 없이 가만히 듣고만 있었을 뿐이야. 노인은 아무리 무섭고 괴로운 말이라도 좋으니 뭐라고 말해주기를 바랐어. 그러나 갑자기 죄수는 아무 말 없이 노인에게 다가오더니, 아흔이나 되어 핏기 잃은 그 입술에 조용히 키스했지. 그것이 대답의 전부였어. 노인은 부르르 몸을 떨었어. 그의 입술 양끝이 무언가 약간 꿈틀거리는 것 같았어. 그는 곧 문 쪽으로 가서 문을 열고 죄수에게 말했어. '자 어서 나가시오. 그리고 다시는 오지 마시오. … 두 번 다시 오지 마시오. … 절대로!' 그리고 '도시의 어두운 광장'으로 그를 풀어주었어. 죄수는 조용히 그곳을 떠나 버렸지.' '그래서 그 노인은 어떻게 됐어요?' '그 키스는 노인의 가슴속에서 불타고 있었지만, 그래도 여전히 자기의 이념을 고수하고 있었지.'"

알료샤가 묻고 이반이 답했다.

그리스도의 그 키스는 문학사상 가장 신비로운 키스로 자리매김하였고, 그 의미에 대한 구구한 해석이 난무한다. 그리스도의 침묵이 대심문관에 대한 긍정이나 부정이라면 그것은 더 높은 차원의 부정과 긍정을 낳는다. 신이 약자로부터 자유를 헌납 받은 대가로 그들에게 지상의 빵과 안전, 질서와 평안을 제공하고 있다는 대심문관의 사업을 묵인한 것이라면, 이는 인간의 자율과 자치를 긍정한 것이고, 결과적으로 신의 권능을 스스로 부정한 것이 된다. 반대로 인간을 부정하는 것은 자신의 올바름을 긍정한 것이 된다. 그리스도의 침묵은 팽팽한 긴장을 유발한다. 말없이 떠났지만, 배교자들에게 지옥의 불바다를 내릴 것인지, 아니면 대심문관이 주장한대로 약자는 버려두고 자유의지로 그를 찾아오는 강한 자들만을 기다리기로 한 것인지, 아니면 약하든 강하든 신의 모든 아들을 구제하기 위해 다시 돌아올 것인지 여전히 알 수 없기 때문이다. 대심문관은 어떤 사람이었나. 그는 누구보다도 인간을 사랑하는 사람이었다. 만약 그리스도와는 그 방법이 틀렸다 해도 그의 진정성은 의심할 수 없다. 이반은 알료샤에게 말한다.

"…그는(대심문관) 광야에서 풀뿌리로 연명하면서 자기 자신을 자유롭고 완전한 것으로 만들기 위해 자신의 육욕을 정복하려고 필사적인 노력을 계속 했지만, 인류를 사랑하는 마음만은 일생 동안 변함이 없었던 거야. 그러나 그는 갑자기 눈이 틔어 의지의 완성에 도달한다는 정신적 행복도 그다지 위대한 것이 못 된다는 걸 깨달았어. 자기 혼자만이 의지의 완성에 이른다면, 자기 이외의 몇백만이나 되는 신의 아들은 다만 조소의 대상으로 창조되었다는 것을 인정하지 않을 수 없기 때문이지. 사실 그들은 주어진 자유를 누릴 능력도 없으며, 그런 가엾은 반역자들 중에서는 바벨탑을 완성할 거인이 절대로 나올 수 없어. 저 위대한 이상가가 조화의 세계를 꿈꾸었던 것은 이 거위 같이 어리석은 인간들을 위해서가 아니다. 이런 모든 것을 깨달았기 때문에 그는 광야에서 돌아와 현명한 사람들 편에 가담했던 거야…."

그렇게 아무 말도 하지 않고 조용히 사라져간 그리스도의 침묵이 어떤 의미였건 대심문관은 신의 승낙을 받았다고 생각해도 될 여지가 생겼다. 오해라 해도 신이 순순히 물러간 이상 지금까지 하던 대로 계속 할 수 있고, 최소한 얼마 동안은 누구에게도 제지당하지 않을 것이라는 자신감마저 가질 수도 있게 된 것이다.

자연상태를 제외하고 다수의 인간은 언제나 소수의 지배를 받아왔다. 심지어 죽음이 아니면 자유를 달라고 외치며 절대군주에 항거했던 프랑스혁명도 종국에는 부르주아의 프롤레타리아에 대한 우위를 낳는 결과를 가져왔을 뿐이다. 혁명의 이상은 자유 그리고 이성이었지만, 실제 도달한 현실은 여전히 고단한 일상과 배고픔이었다. 새로이 쟁취한 자유는 귀하고 아름다웠으나 유리상자 속의 보물과 같이 다루기 어렵고 쓸모가 적었다. 정해진 신분과 세습된 직업이 삶을 결정하고, 전래된 율법이 윤리와 도덕을 정하는 대신에, 무엇을 하고 어떻게 행동할 것인지, 무엇이 선이고 무엇이 악인지를 오로지 자기 자신이 결단해야 하는 소위 '주체'의 시대가 대두하였다. 주체는 단순히 인식론적 자아 혹은 데카르트적 에고Ego만을 지칭하는 것이 아니라, 자기 앞의 모든 대립과 모순을 시·공간의 진행과 더불어 자기 내부에서 융해하고 통합해야 하는 발전론적 개념의 자기통합체를 의미했다. 이전의 인간이 인간이되 아직 인간이 아니었다면, 이후의 인간은 모든 것을 자기 자신이 결정해야 하는 인간 이상인 인간이 될 것이다. 실제 갈 길은 아직 멀었지만 개념적으로만 완성되었던 주체에게, 철학은 인간을 수단으로 대하지 말고 목적으로 대하라고 준엄하게 다그쳤다. 그렇게 소소하고 비루한 인격들의 어깨 위에 내려앉은 자유의 무게는 작은 것이 아니었다. 엎친 데 덮친 격으로 생존의 부담은 조금도 개선되지 않았다. 오히려 더욱 열악해졌다. 혁명 후 신장개업한 계약사회에 자신의 노동력 이외에는 참여할 아무런 자산도 가지지 않은 노동자에게 인격도야나 교양은 사치였다. 자유는 축복이 아니라 저주로 다가왔다. 자유를 부르주아 이데올로기로 평가절하하고 빵을 요구하는 목소리가 커진 것은 정해진 수순이었다. 대심문관이 그리스도에게 다음과 같이 말할 수 있었던 이유다.

"…그들이 자유로운 동안은 어떠한 과학도 그들에게 빵을 줄 순 없소. 그러나 결국에 가서는 그들도 자기의 자유를 우리의 발아래 갖다 바치고, '우리를 노예로 삼아도 좋으니 제발 먹을 것을 주십시오.'라며 애걸하게 될 거요. 즉 자유와 지상의 빵은 어떠한 인간에게나 양립할 수 없다는 것을 그들 자신이 마침내 깨닫게 될 거란 말이오. 자기네들끼리 그것을 공평하게 분배할 수는 도저히 없기 때문이오. 또한 그들은 자기들이 절대로 자유롭게 될 수 없다는 것도 깨닫게 될 거요. 그들은 무력하고 죄 많고 한 푼의 값어치도 없는 반역자들이기 때문이오. 당신은 그들에게 하늘의 양식을 약속했소. 그러나 다시 되풀이하지만, 그 무력하고 영원히 죄 많은, 영원히 비열한 인간들의 눈으로 볼 때 과연 하늘의 빵이 땅 위의 빵만 할 수 있겠소? 설사 수천수만의 인간이 하늘의 빵을 얻기 위해 당신의 뒤를 따른다 하더라도, 하늘의 빵을 위해 지상의 빵을 멸시할 힘이 없는 수백만 수천만의 인간은 대체 어떻게 되겠소? 아니면, 당신에게 위대하고 강력한 의지를 지닌 수만 명의 인간만이 귀중할 뿐, 약한 의지를 가지긴 했지만 당신을 사랑하는 나머지 수백만 명의 인간들은, 아니, 바닷가의 모래알처럼 수없이 많은 인간들은 위대하고 강력한 인간을 위한 소재 노릇을 해야 한단 말이오? 아니, 우리에게 무력한 인간도 귀중하오. 그들은 죄 많은 반역자들이긴 하지만, 나중에 가선 오히려 이런 인간들이 온순하게 되기 마련이오. 그들은 우리를 보고 놀라게 될 것이며, 우리를 신으로 받들 것이오. 우리가 그들 앞에 서서, 자유를 기꺼이 참고 그들 위에 군림할 것에 동의했기 때문이오. 그리하여 그들은 마침내 자유롭게 되는 것을 무엇보다 두려워하게 될 것이오…."

도스토예프스키는 서유럽의 사회주의와 로마 가톨릭의 반그리스도적 정신과 기독교 이념에 반하는 계급적 구조가 합쳐지면 그리스도의 이름으로 그리스도를 배반하는 변종 개미왕국이 도래할 것으로 믿었다. 사회주의와 가톨릭의 동일한 정신구조가 그리스도의 참다운 뜻을 거스른다고 본 것이다. 아이러니하게도 그토록 우려했던 기형적 개미왕국은 그의 조국 러시아에서 다른 어느 나라에 비하지 못할 강도로 현실적으로 실험되고 실패로 돌아갔지만, 거시적으로 역사는 빵과 자유에 관한 그의 통찰이 잘못된 것은 아니라는 점을 보여주었다.

물론 경제적 측면에 착안해 개념화된 프롤레타리아가 의지적 요소를 주목하는 대심문관의 약자와 완벽하게 동일개념은 아니다. 그러나 빵을 자유보다 먼저 혹은 빵과 자유를 동시에 요구한다는 점에서 공통의 뿌리를 가지고 있고, 빵이 대변하는 지상의 쾌락, 욕구, 욕망의 충족을 중시한다는 핵심적 동질성을 가지고 있다. 프롤레타리아의 비참은 다수에 대한 동정과 연민, 박애감에 넘치는 인물들, 대심문관을 자처한 인물들의 감성과 지성을 일깨웠고, 마르크스는 그들을 대표하여 "하나의 유령, 공산주의라는 유령이, 유럽에 떠돌고 있다. … 지금까지의 모든 사회의 역사는 계급투쟁의 역사다. … 지배계급들로 하여금 공산주의 혁명 앞에서 떨게 하라! 프롤레타리아가 혁명에서 잃을 것이라고는 쇠사슬뿐이요 얻을 것은 세계다. … 노동자들이여 단결하라"고 외쳤다. (공산당선언)

정의는 소수보다는 다수 속에 존재한다는 공리주의적 직관이 사회주의의 감정적 근거였다. 다수는 옳다. 다수이기 때문에 옳다. 그것도 압도적 다수라면 반론의 여지없이 옳다. 프롤레타리아가 부르주아 혁명 이외에 다시금 혁명을 운위하고 나선 것은 외면적으로 보면 이전과는 달랐다. 종전의 혁명이 소수에 의한 소수의 교체를 지칭하는 것이었다면, 그들 것은 다수에 의한 소수의 제거를 말하는 것이었기 때문이었다. 정의가 다수의 편에 있다는 이론에 의하면, 그들의 행동은 인류 역사상 가장 완벽하고 발전의 최종단계를 증명하는 혁명이 될 것이었다. 그러나 그렇게 비할 길 없는 열정을 가지고 수행된 결과, 실제로 나타난 현실은 종전과 다름없었다. 자본사회에서 공산사회로의 이행기의 과도적 집권형태로 예정된 프롤레타리아 독재는 장기화되었고, 다수를 대표한다는 당의 엘리트는 다시금 소수의 지위에 올라섰다. 이번의 소수도 저번의 소수와 다름이 없었고, 다수는 그냥 다수로 남고 말았다. 그러나 그렇게 일단 멀어진 것 같아도, 개미왕국의 꿈은 사라지지 않고 영원히 계속될 것이다. 다수에게는 여전히 빵이 급하다. 자유가 있건 없건 빵은 필요하지만, 빵 없는 자유는 쓸모없다. 빵을 찾는 다수의 요구는 영원히 끝나지 않을 것이고, 지상의 질서와 조화, 행복과 위로를 약속하며 다수를 선동하는 지상의 개미왕국은 언제나 새로운 가면을 쓰고 다가올 것이기 때문이다.

그렇지만 역사의 현 단계가 도스토예프스키의 예측과 많이 떨어져 있다고 생각하면 오산이다. 절대적 평등을 지향하는 개미왕국의 실험은 일부만의 해프닝이 아니라, 오히려 전 지구적 현상이다. 그의 예시와 일치하지는 않아도 어느 국가도 대등한 취급과 경제적 안정을 요청하는 다수를 무시할 수 없었기 때문이다. 다만 어떤 면에서 보면 그도 마르크스도 예상하지 못한 방식으로 다수의 시대가 도래했다고 볼 수 있다. 부와 권력의 집중은 더욱 현저해져 소수는 더욱 소수로 수축되고 있다. 다수는 점점 많아지고 그들의 목소리는 어느 때보다 커졌다. 대심문관은 빵 문제만 해결해주면 다수가 자발적으로 복종해 올 것이라고 단언했지만 상황은 좀 복잡하다. 표면적으로 다수의 불복종은 일상화되었고, 소수는 그들의 비위를 맞추기 위해 노력하고 있다. 소수는 그들 사업의 정당성, 정확히 말하자면 명분을 그리스도의 유지를 받들고 있다는 '신의 간판' 아래서 찾기보다는 '다수의 대표자인 소수는 다수'라는 수사학에 의존하고 있다. 민주주의라는 마법이 통치의 정당성을 보장하는 만병통치약으로 작용하는 것이다. 겉으로만 보면 다수가 소수에 종속하는지, 소수가 다수를 통제하는지, 구분하기 어렵다. 오늘의 다수는 소수에게 당당하게 빵을 요구한다. 미안한 표정도 마음도 없다. 소수의 과업이 한층 어려워진 것이다. 그리하여 소수는 첨단 광고나 심리기법을 동원하여 여론을 조작하고, 다수는 만들어지고 주입된 사상을 그 자신의 것으로 지각하지만, 그 사상의 유래와 원천과 의도에 대해서는 개의치 않는다. 그들에게는 굶어 죽지 않을 정도로 적당한 양의 빵과 비루한 욕망에 아부하는 자유가 주어졌기 때문이다. 그들에게 부여된 자유는 투표할 권리(통치에 참여하고 있다는 착각), 기초생활을 보장받을 권리(생존은 천부인권이라는 착각), 술자리에서 안주거리로 타인을 비평할 권리(상당한 식견을 가졌다는 착각), 인터넷에서 남의 글에 댓글을 달 권리(독립적인 사고를 한다는 착각), 간섭 받지 않고 성적 관계를 가질 권리(신체적 자기결정권을 행사하는 듯한 착각) 등등 위장된 허위의식에 불과하다. 소수의 우위는 은밀하지만 더욱 강고해졌다.

이렇게 본다면 실은 소수와 다수의 구도는 전혀 본질적으로 변한 것이 없다. 다수는 소수에 의존하고, 소수는 다수의 허기를 달래주는 대가로 지배하고, 통치하며, 간섭한다. 소수에게는 오히려 유리한 상황이 전개되고 있다. 종전의 대심문관은 광야에 나가 메뚜기를 먹고 풀뿌리를 씹을 정도로 자신에게 엄격하고 사명감에 불탔지만 그런 강함은 옛말이 되었다. 그가 신의 길을 버린 것은 인류에 대한 사랑 때문이었다. 그럼에도 불구하고 신의 이름을 빌어 사업을 할 수밖에 없었으나, 오늘의 대심문관은 그런 위장막이 필요 없다. 오히려 '종교는 아편'이라는 구호는 이미 과거사가 된 만큼 종교에 기댈 것도 없고 심지어 와신상담臥薪嘗膽의 굳은 결의가 없어도 기교와 기술과 입에 발린 말 몇 마디로 다수를 멋대로 부릴 수 있는 술수와 술책을 손에 넣었다. 거인들의 시대는 가고 소인들의 시대가 도래한 것이다. 여기에 신의 권능이 개입할 여지는 없다. 그리스도가 재림한다 해도 사람들은 그의 말을 듣기보다는 약간의 빵과 약간의 자유를 택할 것이다. 그리스도가 가타부타 아무런 말없이 대심문관의 창백한 입술에 키스를 하고 조용히 사라진 이유는 멀리 있는 것이 아니었다. 신은 너절하고 비천한 자유를 원한 게 아니다. 신은 고뇌와 결단과 책임과 숙고에서 나온 무거운 자유, 위대한 자유를 바랬다. 기적과 빵을 던져주면, 그것을 바라고 마지못해 따라오는 노예적인 믿음을 원한 것이 아니다. 신은 대심문관의 그릇된 신념과 변절에 연민을 표하고, 자발적으로 그를 찾아올 강한 자들의 강한 자유를 기다리기 위해 한발 물러선 것이다. 인간은 그 기간 동안 자신들에 주어진 여유와 공간을 궁극의 자유라고 스스로를 기만하면서 찰나의 방종과 일탈을 만끽할 것이다. 신은 자발적으로 인간영역에의 간섭을 포기하였다. 이제부터 인간의 일은 인간이 다룰 것이다. 여기에 신의 자리는 없다고 떠들어대면서.

자유와 공동체 -
도스토예프스키가 말하고 싶었던 것들

" 인류의 10분의 9의 사람들을 가축으로 만든 뒤 건설된 지상의 천국은 바로 지상의 지옥에 다름 아니다. "

    지금까지 자유는 암묵적으로 개인의 영역에 속하는 것으로 전제되고 기술되었다. 무엇을 하거나, 하지 않을 자유는 개체로서의 개인의 의사에 관한 것이지 집단이나 사회, 국가 차원에서 고찰될 것이 아니었다. 자유는 개인에 있어 각기 진리에 관한 확신에 따라 행동할 수 있는 힘이며, 자신의 가능성을 현실 속에서 온전하게 구성하고 형상화해낼 수 있는 능력인 동시에, 모든 가능성이 완전하게 실현된 상태를 의미한다. 자기에게 주어진 자유의 의미와 가치를 모르거나, 낭비하거나, 왜곡되고 그릇된 관념 때문에 오히려 갈수록 부자유스러워지는 역설이 발생해서는 안 될 것이다. 자유의 자유로운 추구는 자유에 도달해야만 끝날 소중한 여정이다. 그러나 우리가 간과하지 말아야 할 것은 자유는 개체적 진리인 동시에 공동체적 진리이기도 하다는 점이다.
    어떤 면에서 보면 완전한 단독자, 로빈슨 크루소에게는 자유 개념이 큰 의미가 없다. 사회적으로 고립된 그가 무슨 행위나 사고를 하든, 그것에 대해 자유롭다거나 자유롭지 않다는 평가를 내리기 곤란하거나, 특별한 함의를 가졌다고 보기 어렵다. 우선 수단의 측면에서 무엇을 자유롭다 하고 목적의 관점에서 어떤 상태가 자유로운 것인지 비교대상이 없다. 자유는 절대적 개념인 동시에 상대적 개념이다.

자유 개념은 인간의 부단한 노력과 투쟁과 병행하여 힘겹게 발전해왔으며, 아직도 최종 목적지까지는 갈 길이 요원하기만 하다. 의식주 마련에 모든 시간을 받쳤을 원시인에 비해 오늘의 인류는 상대적으로 노동에서 해방되었고, 그만큼 자유로워졌다. 현대인 누구나 누리는 신체 및 사상의 자유 등은 고대의 노예들은 물론 심지어 가까운 조선시대의 노비들도 알지 못하던 관념이었다. 자유는 아무런 반성을 거치지 않은 채 그저 하늘에서 떨어진 소여물이 아니라, 역사, 종교, 정치, 경제, 사회, 문화 등 인간이 개입된 모든 영역에서 수 없는 시행착오와 철저한 이성적 통찰을 거쳐 얻어진 결과물이며, 개별 이성의 산물이 아니라, 모든 이성적 존재의 집단적 근원적 반성의 총화다. 다시 말해 자유는 공동체적이고도 역사적인 개념이다. 자유의 시간 및 공동체 관련성을 배제하면 우리는 자유의 진면목을 알지 못하게 된다. 자유는 이성과 더불어 집단으로서의 인간의 활동기록인 역사 속에서 바라볼 때만 그 의미와 가치, 향후 발전 방향과 한계를 가늠할 수 있게 된다. 로빈슨 크루소 혼자였다면, 자유 개념은 현재의 높이와 경지에 이르기 어려웠거나, 전혀 다른 모양과 내용을 취했을 것이다. 신체, 집회 및 결사, 표현, 선거권, 재산권 등의 헌법이 보장하는 거의 모든 자유는 공동체를 전제로 하지 않으면 특별히 규정될 이유가 없다. 자유를 개체적 영역보다는 공동체적 영역에 귀속되는 것으로 파악하고 분석하지 않으면 안 되는 이유다.

지금까지 역사는 공동체의 자유성취도 혹은 자유포화도飽和度를 높이는 방향으로 움직여왔다. 우리는 그 경향을 관성으로 알고 특별한 일이 없는 한

앞으로도 이러한 움직임이 계속될 것으로 믿고 있지만 여기에는 유의할 점이 있다. 자유의 여정에 있어 가장 획기적인 사건은 물론 프랑스혁명이다. 자유는 전제군주 1인의 것에서, 소수의 것을 거쳐, 이 사건을 계기로 전체의 것으로 확장되었고, 내용적으로 현재 우리가 누리고 있는 자유의 모태가 형성되었다. 공동체의 자유는 일단 구성원에게 부여되는 자유가 많을수록 제고提高될 것이므로, 이론적으로 가능한 한 무제한의 자유가 요청되었다. 그러나 구성원 전원에게 한계가 없는 자유를 부여하려던 혁명의 과격한 이상은 곧 벽에 부딪쳤다. 모든 것이 허용되는 사회는 모든 것이 불용되는 사회로, 만인의 만인에 대한 자유는 만인의 만인에 대한 투쟁을 불러오는 모순을 노정露呈하였기 때문이다. 혁명 당시 수만 명을 단두대로 보냈던 극한의 공포정치는 자유의 광기를 보여준 대표적 사례였다. 혁명의 이름으로 국왕, 귀족, 반대파는 물론 관망자, 단순 비동조자들도 무차별적으로 목이 잘렸다. 이렇게 질곡으로부터의 해방이라는 이성의 요구에서 학살이라는 비이성으로 귀결된 자유의 맨 얼굴은 지식인들에게 엄청난 충격을 주었고, 헤겔은 그의 철학에서 그 역설에 대한 대응책으로 국가와 사회를 합리적 기초 위에 재구성하여 사회적, 정치적 제도들을 개인의 자유 및 이익과 조화시키고자 노력하였다.(헤겔:『법철학』) 그가 이성은 완성된 형태로 존재하는 것이 아니라 이성의 내재적 가능성이 모든 면에서 완전하고 완벽하게 개화된 절대지絶對知에 이르기까지 부단한 변증법적 역사적 발전의 도상에 있다는 주장을 편 것은 혁명의 배반을 경험한 때문일지도 모른다. 그러므로 공동체의 자유는 개인의 자유와 반드시 이익과 방향을 같이 하는 것이 아니라는 사실이 알려졌다. 공동체의 자유는 개인의 그것과 구성원리를 달리한다고 말할 수도 있다. 개인차원에서는 권리를 행사할 수 있는 공간, 영역으로 표상되지만, 공동체의 측면에서는 허락되는 범위와 한계로 규정되는 것이다. 오해의 여지가 있더라도 좀 거칠게 말하면 공동체의 입장에서는 오히려 규제와 통제로 나타나기도 한다는 것이다. 그것은 홉스를 비롯한 사회계약론자의 기본적인 가정이었다. 개인은 국가에 일부의 자유를 양보하는 대신 생존의 안녕과 질서유지 등을 보장받는 것이 사회계약의 본질이라고 한다. 범죄에 대해 사적인 복수가 금지되고 형벌권을 국가가 전유하는 것 등이 전형적 예다.

자유의 일부를 국가에 양도한 것이 자유의 축소가 아니라 확대라는 견해가 당연히 존재한다. 헤겔이 대표적이다. 그는 개인의 궁극의 자유는 국가의 궁극의 자유와 일치하며 국가 내에서 그리고 국가를 통하여만 완전해진다고 한다.(마르쿠제:『이성과 혁명』) 실제로 인민의 자유는 생명, 신체, 소유권을 국가의 침해부터 보호하려는 소극적 형태로부터, 개인이 공공의사형성과정에 참여할 수 있게 하는 적극적 참정권을 거쳐, 최근에는 개인이 공정한 방식으로 재화의 재분배에 참여하는 것을 보장하는 사회복지권으로 확대되어 왔다. 그러나 소극적 자유가 국가의 개입을 배제하는 것이라면 복지권은 참견을 전제로 하는 것이기 때문에 개인의 자유의 확장과 더불어 국가의 간섭이 늘어나는 모순된 경향이 일반화되고 있다.

그러나 국가의 관여를 어디까지 허용할 것이냐를 둘러싸고 논의가 정리된 것은 아니다. 최근의 것으로는 최소개입을 주장한 노직 R. Nozick과 실질적 평등은 보장해주어야 한다는 롤스 J. Rawls가 양극을 대변한다. 롤스의 정의론은 평등지향적 자유주의로, 자유주의에 평등개념을 집어넣은 것이다. 그는 정의란 선험적 이상이 아니라 사회적 합의의 대상이라면서, 정의의 두 원칙을 제시하는데, 제1원칙은 '평등한 자유의 원칙', 모든 사람은 타인의 자유와 상충되지 않는 한도 내에서 타인과 동등한 자유를 누릴 권한을 갖는다. 제2원칙은,

'기회균등의 원칙' 및 '차등의 원칙', 자유는 공정한 기회가 모든 사람들에게 실질적으로 주어져야 하고(기회균등), 최소 수혜자에게 최대 이익을 가져다 줄 때 가능하다(차등). 사회적, 경제적 불평등은 큰 평등을 위해 제한적으로 허용된다. 평등한 자유의 원칙은 기회 균등의 원칙에 우선하며, 기회균등의 원칙은 차등의 원칙에 우선한다.(롤즈:『정의론』) 노직은 개인자유지상주의자로 최소국가minimal state를 지향하는데, 국가는 개인의 권리를 어떤 경우에도 침해하지 말아야 하며, 폭력, 사기, 절도로부터 구성원을 보호하고, 계약을 강제하는 한에서만 정당화된다. 다시 말해 개인권리의 절대적 보호가 국가의 유일한 존재목적이며, 그 이상을 추구하는 것은 월권이 된다. 각 개인은 자신의 생명, 자유, 재산에 대한 배타적 권리를 가지며, 분배나 자원을 제어할 중앙집권적인 통제기구는 배격된다. 다만 무정부상태에서는 권리보호수단이 결여되므로 무정부주의는 반대한다. 요약하면 롤즈는 국가의 소득 재분배를 통한 시민들의 평등한 삶에 관심을 갖고 있는 데 반해, 노직은 가능한 한 국가의 개입을 배제하고 소유권을 비롯한 개인의 자유를 최대로 보장하는 데 주의를 기울였다.(노직:『아나키, 국가, 그리고 유토피아』)

그러나 논의의 흐름과 관계없이 현실은 점차 복지국가를 강화하는 방향으로 나가고 있다. 복지국가는 국민생활의 최저보장은 정부의 의무로서, 사회보장은 긴급피난이 아니라 보편적인 시민의 권리-사회권라는 관념을 확립한 것이다. 그러나 정부의 의무든 국가의 보호든 이는 표현을 달리한 것일 뿐 실제로는 국가가 개인의 생활에 참견하게 되는 결과를 가져온다. 간과하지 말아야 할 것은 기본적으로 공산주의 실험은 인민의 평등을 직접적 목적으로 시행되었다는 점이다. 그 실험이 어떻게 되었는가는 역사가 증명하고 있다. 평등지향에는 함정이 있다. 평등한 행복, 평등한 포만, 평등한 안락에의 지향은 결과적으로 가장 큰 불평등, 다수에 대한 소수의 폭군적 통치로 결론지어질 가능성이 많다.

도스토예프스키는 이를 대단히 뛰어나게 이해하고 심도 깊게 보여주었다. 사회주의에 대한 그의 반감은 잘 알려져 있지만, 그것은 평등지향에 대한 자유 수호자의 본능적 의심이라 할 수 있다. 대심문관은 이에 대한 최고의 가시적 결과물이다. 그러나 대심문관보다 앞서 평등의 역설을 설파한 인물이 있다.

악령의 쉬갈료프는 특이한 인물이다. 그는 원래 조직을 구속, 장악하기 위해 베르호벤스키가 결속한 5인조 암살단의 한 사람으로, 배신자로 지목된 샤토프를 살해하도록 예정되어 있었지만 마지막 순간에 생각을 바꾼다. 다른 이들이 그저 두려움에, 관성적으로, 남의 비난이 싫어서, 내키지 않으면서도 엉거주춤 살인에 가담하지만, 그는 피해자에 대한 감상이나 양심의 발동이 아니라 그것이 자신의 프로그램과 어긋난다는 사실을 확인한 뒤, 먼저 베르호벤스키에게 맹목적으로 조종당하는 조직원들을 각성시키기 위해 현장에 가지만, 설득이 불가능하다는 점을 깨닫고 보복의 공포 따위는 아랑곳하지 않고 확고한 걸음걸이로 그곳에서 빠져나온다. 그는 자기만의 프로그램을 가지고 있다. 조직원들이 그를 '프리에'씨라고 놀려대지만, 그의 사상은 대심문관의 프로토타입Prototype, 원형이라 할 수 있는 것으로 더 단순하고 명료하고 직접적인 형태로 제시된다. 그는 현재의 것을 대체할 미래의 사회 시스템에 대한 구상을 가지고 있다.

"…고대로부터 현재에 이르기까지 모든 사회시스템의 건설자는 자연과학 및 인간에 대해 아무것도 이해하지 못하고 있으며, … 나는 세계개조에 관한 독자적인 시스템을 제공하려고 생각합니다. … 나의 결론은 출발점이 된 최초의 관념과 정면으로 모순되고 있어요. 무한한 자유에서 시작한 나는 무한한 전제주의로 결론을 맺고 있는 겁니다. 그러나 한마디 덧붙이자면, 내가 도달한 결론 이외의 사회 시스템의 해결법은 결코 있을 수 없다는 것입니다."

그의 동료 조직원인 절름발이 교사가 이에 대해 보충 설명한다.

"이분은 이 문제에 대한 최후의 해결법으로서 인류를 불평등한 두 부분으로 분할할 것을 주장하고 계십니다. 즉 10분의 1의 사람만이 개성의 자유를 얻고 나머지 10분의 9에 대한 무한한 권력을 향유합니다. 그리고 10분의 9는 저마다 개성을 잃고 마치 양 떼 같은 것으로 변해버려, 무한한 복종을 통해 몇 세대의 개조를 거친 다음 결국 원시적인 천진난만의 경지에 도달해야 한다는 겁니다. 그것은 이른바 원시의 낙원 같은 겁니다. 물론 일을 하지 않으면 안 되지만, 저분이 주장하고 있는 방법, 즉 인류의 10분의 9에서 의지를 탈취하여 몇 세대의 개조를 통해 이것을 짐승의 무리로 만드는 방법은 꽤 훌륭한 것입니다…."

무한한 자유로부터 시작해서 무한한 전제주의로 끝난다. 이것은 단지 로베스피에르의 공포정치로 이어진 자유의 무제한적인 추구를 지칭하는 것이 아니다. 평등에 대해 이보다 더 힘 있고 통찰력 있는 명제가 있을까. 인류의 10분의 9를 가축의 무리로 만들기 위해서는 단순히 각자의 자유를 타인의 코앞에 들이대고 흔드는 방법으로는 안 된다. 만인의 만인에 대한 투쟁은 다시 사회계약이라는 어정쩡한 타협으로 결말지어질 것이기 때문이다. 복종은 빵과 교환되지 않으면 안 된다. 순한 양이 되는 데는 대가가 필요하다. 마르크스가 공산사회에서는 "능력에 따라 일하고 필요에 따라 소비한다."고 하였지만, 남과 다르고 싶고, 남과 똑같이 살고 싶지 않은 인간의 욕구를 통제하지 않는 한 불평

불만과 서로에 대한 투쟁은 반드시 발생하게 되어 있다. 공산주의가 인간의 개성은 부르주아의 환상에 지나지 않는다고 폄하한 것은 이유가 있는 일이었다. 완전히 동등한 만족, 완전히 동등한 행복, 완전히 동등한 쾌락은 개성을 억압함으로써만 가능하다. 같은 구조, 같은 공간을 가진 벌집에 억지로 밀어 넣어 달성된 완전한 평등을 인간의 이상이라 말할 수는 없다. 인류의 10분의 9의 사람들을 가축으로 만든 뒤 건설된 지상의 천국은 바로 지상의 지옥에 다름 아니다. 이것이 도스토예프스키가 말하고 싶었던 것이다.

신은 인간에게 인간의 일을 맡겨두고 물러났다. 인간의 일에 신이 개입할 여지가 없어진 것이다. 가이사 것은 가이사에게 맡겨두겠다는 것이 신의 의지였다. 심정적으로 신에게 의지하는 것과 의지에 따라 신의 곁에 서는 것은 별개의 문제다. 신이 인간을 선택하는 것이 아니라, 인간이 신을 선택하는 것이다. 그것이 자유를 부여하고, 노예의 신앙이 아닌 자유인의 신앙을 원한 신의 뜻이다. 인간은 현실에서는 비루하지만, 가능성에서 위대한 존재다. 바로 그것이 자유의 진정한 의의다. 나는 나의 가능성을 직시하고 나의 결단에 따라 세계를 창조해간다. 세계는 자유와 가능성의 세계이며, 그곳에서는 인간의 선택이 미래의 실존을 결정한다. 신이 자리를 비워준 세상에서 나의 주인은 당연히 나 자신이다. 나는 신에게 노예처럼 의존하지 않으며, 신도 그것을 원하지 않는다. 선이든 악이든 모든 것을 나 혼자서 떠맡는다. 모든 것은 내 책임이기 때문이다. 신이든 누구든 나를 대신하지 않으며, 대신할 수도 없다. 인간은 자유를 추구하기 위해 싸우고, 실패하든 성공하든 자기가 책임을 진다. 나는 주체로서 내 앞의 모든 대립과 모순을 나의 내부에서 융해하고 통합해야 하는 의무와 권리가 있다. 나는 나다. 나는 자유인이다.

제8장 조시마 장로 - 사랑과 인격의 완성

악의 얼굴

" 모든 사람이 당연하게 여기고 평범하게 행하는 일이 악이 될 수 있다. "

　　까라마조프의 큰아들 드미뜨리는 아버지 표드르를 살해하지 않았다. 한 여자를 사이에 두고 아버지와 연적관계에 있었고, 아버지가 그의 상속재산을 가로챘다고 오해해서 죽인다고 공언하고 다니긴 했지만 결정적인 단계로 나가지는 않았다. 그럼에도 그는 그릇된 판결을 받아들이고 시베리아 유형의 고통으로 자기 내부에 있는 또 하나의 인간을 소생시킬 생각을 한다. 그러나 『죄와 벌』의 라스꼴리니꼬프는 살인 후에도 죄를 뉘우치기는커녕 다만 자기의 실패를 받아들이지 못한 채, 소냐의 희생과 사랑으로 자기 사상과 행동의 오류가능성을 감지하고 희미한 변화의 기미를 보여줄 따름이다. 한편 이 세상에는 그를 소중하게 생각해주는 이가 아무도 없는 스비드리가이로프는 그가 정복하려던 여인의 완강한 거부의사를 확인한 뒤 권총자살을 한다. 절망이나 무력감이 원인이 아니며, 후회나 죄책감 때문도 아니었다. 그것은 다만 지상에서의 최종적 목표를 상실한 무중력 상태에 놓인 자의 논리적 선택이었다.
　　죄와 벌은 삶의 필연적 조건이다. 사람이 사는 한 죄를 짓지 않을 수 없고, 어떤 형태로든지 대가를 치르게 마련이다. 그러나 모든 범죄가 같은 동기, 같은 형태로 일어나는 것도 아니고, 모든 처벌이 동등한 효과를 얻는 것도 아니다. 죄인이 따로 존재하는 것도 아니고, 국가가 주도하는 공적 형벌만이 죄의 대가인 것도 아니다. 우리의 주인공들은 살인을 저지르거나 계획했다. 일반관념에 의하면 살인자인 그들은 두말의 여지없이 악인에 속한다. 그렇다고 그들이 항상 그리고 누구에게나 악인이었던 것은 아니다. 드미뜨리는 거칠고 난폭했어도 피도 눈물도 없는 냉혈한은 아니었으며, 가슴에 품고 있던 쉴러의 이상이 마침내 그루쉔까의 마음을 움직이는 데 성공하였다. 라스꼴리니꼬프에 대해서 독자는 혐오보다는 오히려 동정과 연민을 품게 되며, 소냐가 그를 사랑하여 시베리아까지 따라간 것이 당연하다고 생각한다. 심지어 절대적 사고무친의 스비드리가이로프조차 그가 죽인 아내 마르파로부터 한때나마 숭배를 받았었다. 누군가에게는 살인자가 아니라 다정한 사람이었던 이들이 악인이 된 연유는 어디에 있는지, 무엇보다도 악이 어떤 모습으로 우리 곁에 숨어 있다가 우리에게 회복할 수 없는 일격을 날리는 것인지 알아낼 수 있는 방법이 있는지 궁금한 것은 당연하다.

우리가 악인의 얼굴을 구별해낼 수 있을까. 가령 라스꼴리니꼬프와 스비드리가이로프의 눈매가 45°각도로 찢어졌거나 광대뼈가 비정상적으로 솟아서 그들이 범죄를 저지를 사람이라는 것을 사전에 알아낼 수 있을까. 이탈리아 범죄학자 롬보로조는 인간의 두개골 모양에 따라 그가 죄를 저지를 지의 여부를 알 수 있다고 하는 이른바 생래적 범죄인설을 제창하였고, 유전자나 호르몬 이상설, 사이코패스로 대변되는 뇌기능 이상설 등 이런 계통의 학설은 현재에도 이어지고 있다. 대체로 이와 같은 결정론적 주장은 인간을 정해진 프로그램에 따라 움직이는 기계에 불과한 것으로 보지만, 악인의 징표가 손금, 관상이나 유전자, 골수에 각인되어 있는 것이 아니고 그에 대한 증거도 없는 이상, 현재까지의 과학으로는 신체적인 특징만을 가지고 범죄자를 찾아낼 수 있는 방법은 없다고 보아야 한다. 악이 고약한 인상이나 현미경으로만 파악되는 유전자 속에 숨어 있는 것이 아니라는 말이다. 그러나 인간은 환경의 산물이기 때문에 열악한 여건, 교육의 부재, 불평등과 부정의不正義가 범죄의 원인이라고 하는 사회주의 계통의 학설에도 쉽게 뿌리칠 수 없는 공감대가 있는 것도 사실이다. 하지만 궁핍한 상황에서 태어났다고 모두 범죄자가 되는 것은 아니므로, 환경을 범죄의 유일한 원천으로 지목하는 것도 문제가 있다. 사람을 환경의 소산이라고 보는 것도 결국은 결정론적인 면모에서 벗어나지 못하는 것으로, 인간이 자립적으로 설 자리가 없게 된다.

인간은 어떤 환경이나 신체적 유전적 조건을 갖고 태어났다 하더라도, 이를 극복하고 자기를 증명하고 완성할 능력이 있는 존재다. 인간은 자유롭게 태어났으며, 자신의 의지와 결의에 따라 자신의 목표를 추구할 수 있는 권리가 주어졌다. 그러므로 인간은 매 순간 누구의 간섭이나 참견을 배제하고 독자적인 선택에 따라 행동할 수 있고, 바로 그 점에 전 존재의 가치와 의의가 걸려있다고 보아도 과언이 아니다. 자유 없는 인간은 노예라 할 수밖에 없으므로, 자유야말로 인간을 인간답게 만드는 유일한 요소다. 그런데 자유는 곧 선택이며, 선택은 책임으로 귀결된다. 죄가 행동의 결과인 이상, 당해 행동을 결정한 주체는 그에 대한 책임을 져야 한다는 데에는 이견이 있을 수 없다. 그러나 인간이 근본적으로 자유로운 존재라 해도, 항시 자신의 자유를 의식하면서 행동하는 것도 아니고, 모든 결과를 예측하면서 상황을 면밀하게 통제하는 것도 아니다. 인간은 오히려 혼돈과 부주의와 방심의 존재이며, 이성과 자유를 활용하기보다는 욕망에 굴복하고, 상황과 분위기에 휩쓸리기 쉽다. 그러므로 특별히 악한 결과를 의도하지 않은 무해한 행동이 중대한 악을 불러오는 경우가 많다.

그럼에도 죄나 악은 자신과는 관계가 없고, 외부 어느 곳에 별도로 떨어져있다고 순진하게 믿고 있는 경우가 대부분이다.

이런 점에서 한나 아렌트Hannah Arendt의 순전한 무사려sheer thoughtlessness는 많은 시사점을 제공한다. 1960년 이스라엘의 첩보기관 모사드가 아르헨티나에서 나치 1급전범 아이히만을 체포했다. 그는 예루살렘으로 압송되어 재판을 받았다. 아렌트가 이때 쓴 책이 『예루살렘의 아이히만 Eichmann in Jerusalem』(1963년)이다. 형식은 재판참관기이지만, 부제인 '악의 평범성에 대한 보고서'가 주제를 함축한다. 아이히만은 친위대 중령으로 수많은 유대인들을 죽인 학살계획의 실무를 담당했던 인물로서, 공판과정에서 자신은 위에서 시키는 대로 했을 뿐 잘못한 것이 없다는 변명으로 일관했다. 수많은 학살을 자행한 그가 아주 사악하고 악마적인 인물일 거라는 생각과는 달리 매우 평범했다. 실제로 그는 개인적으로는 매우 친절하고 선량한 사람이었다고 한다. 그런 사람이 어떻게 엄청난 학살을 자행할 수 있는가에 대한 의문에서 출발해서 결론을 내린 것은 바로 악의 평범성이다. 쉽게 말해, 악의 평범성이란 "모든 사람이 당연하게 여기고 평범하게 행하는 일이 악이 될 수 있다."라는 것이다. 악이 특별히 악마적인 것에서 기원하는 것이 아니라는 아렌트의 주장은 큰 충격을 불러일으켰고, 그 후 아이히만의 인생사와 나치에서의 역할을 모르고 악의 평범성을 주장하는 것은 잘못이었다는 수많은 반론이 제기되었다. 하지만 결국 아렌트가 말하고 싶은 것은 자신이 기계적으로 행하는 일에 대해 비판적으로 사고하지 않으면 그것 자체가 바로 악이라는 의미로서, 그 자체로 심원한 통찰이라 하겠다. 아렌트는 악의 평범성이 사고의 무능성, 곧 순전한 무사려sheer thoughtlessness에서 비롯되었다고 해석했다. 아렌트가 보기에 아이히만의 죄는 '아무것도 생각하지 않은 죄', 말하자면 그가 가정에서는 자상한 아버지요 직장에서는 유능한 부하로서, 거대한 톱니바퀴의 톱니 한쪽에 불과한 역할을 아무런 생각 없이 행하였다 하더라도, 바로 그 무사려가 그의 죄를 구성한다는 지적이었다.

스탠퍼드 대학의 감옥실험도 같은 측면을 지적한다. 필립 짐바르도Philip Zimbardo는 1971년 지원자 중 가장 정상적인 사람 24명을 뽑아서, 무작위로 절반은 '가짜 교도관', 나머지 절반은 '가짜 죄수'로 행세하게 했다. 가짜 교도관들이 가짜 죄수의 집으로 찾아가서 그들을 대학의 지하 감옥으로 데려가는 것으로 실험이 시작되었다. 그런데 예상치 못한 일이 벌어졌다. 가짜 교도관의 임무를 부여받은 사람들은 시간이 지나갈수록 진짜 교도관처럼 행동하면서 죄수들을 압박하고 모욕을 주었지만, 가짜 죄수들은 진짜 죄수들처럼 행동하게 되었다. 교도소장 역할을 맡았던 짐바르도 역시 실험을 진행하면서 잠시 이성을 잃어버리고 말았다고 한다. 그의 동기였던 크리스티나 머슬랙Christina Maslach이 제지하면서 실험이 중단되었다. 이에 대해서 짐바르도는 다음과 같이 말했다.

"우리가 본 것은 무서운 것이었다. 실험 과정에서 실험자나 피험자 모두에게 '역할'이 어디서 시작되고 어디서 끝나는지 한계가 불분명해지기 시작했다. 대부분의 피험자들은 진정한 '죄수'나 '교도관'이 되고 말았으며, 역할 수행 role-playing과 자아self를 더 이상 분명히 구분할 수가 없게 되었다. 행동, 사고 그리고 감정 등 모든 측면에서 극적인 변화가 있었다. 일주일도 채 안 된 감옥생활이 일생 동안 배운 것을 (잠정적이나마) 지워버렸고, 인간의 가치는 정지되었으며, 자아개념이 도전받으면서 인간본성의 추악하고 병적인 측면이 나타났다."(루시퍼 이펙트:『무엇이 선량한 사람을 악하게 만드는가』)

섬뜩한 이야기다. 그러나 루시퍼 효과는 인간은 환경의 동물이라거나 어떤 상황에 처하면 반드시 그에 따라 변하게 돼 있다고 주장하는 것이 아니다. 오히려 상황에 무비판적으로 대처하면 언제든지 괴물로 바뀔 수 있다는 것, 따라서 늘 깨어있을 것을 주문하는 동시에, 사고의 무능, 즉 무사려야 말로 우리의 죄라는 사실을 다시 한 번 확인시켜주는 것이다.

'순전한 무사려'나 '루시퍼 효과'는 악이 우리 외부에 따로 있는 것이 아니라는 것을 보여준다. 평범하고 정상적인 누구도 언제나 알지 못하는 사이에 악인으로 변할 수 있다. 정신을 차리고 자신을 제어하지 않고 맹목적으로 상황논리에 정복당하게 되면 언제든 부지불식간에 악을 저지를 수 있다. 동기의 옳고 그름을 따지는 전통적 윤리학의 입장에서 볼 때 결과는 그다지 중요한 것이 아니었다. 예를 들어 절벽에서 떨어지려는 사람을 구하려다 실수로 건드려서 오히려 추락하게 만들었다 하더라도 동기가 선했던 만큼 도덕적으로는 악이라고 판정되지는 않았다. 그런데 아렌트는 과감하게도 선악의 판단에 있어서는 동기뿐 아니라 결과까지 고려해야 한다는 사실을 지적하였고, 그러한 면에서 인간의 도덕적 책임의 외연은 확장되어 인류는 종전보다 한층 무거운 부담을 지게 되었다고 할 수 있다. 루시퍼 효과 역시 악은 보기 싫은 눈매나 특정하게 생긴 두개골, 혹은 지하드를 외치는 이슬람교도나, 이유 없이 층간 소음을 불평해대는 사람, 역사를 부정하는 이웃나라에 있는 것이 아니라 바로 우리 안에 있다고 증언한다. 악은 우리의 머릿속에, 가슴 속에 잠복해 있다가 무사려와 무비판, 방심과 무분별한 욕구에 올라타서 그 모습을 드러낸다. 악은 멀리 있는 어떤 것이라고 믿는 것이 바로 악의 단초다. 악의 생김새를 특정 지을 수 있다고 생각하는 것은 악의 눈속임이다. 악은 우리 자신이다. 내가 악이고, 내가 악인이다. 내 안의 악인은 나와 다른 인격체가 아니다. 방심하면 언제든지 내가 미끄러 떨어질 수 있는 또 다른 나일 뿐이다. 그러나 우리는 그런 추락을 의식하지 못하는 경우가 허다하다. 게으르고 나태한 정신, 감정의 격발, 욕망에의 굴복, 정욕 등 무엇이라도 우리 안의 악인을 불러올 수 있다.

    드미뜨리나 라스꼴리니꼬프 역시 악을 의식하면서 악을 행한 것이 아니었다. 그들은 자신의 감정이 순수하다고 믿었고, 자신의 사고와 논리에 오류가 없다고 자부했다. 자신들은 정의의 편이지, 악과는 거리가 멀다고 생각했다. 스비드리가이로프 조차 두냐의 거부에 실망하였을 뿐 자기의 악을 인정한 것이 아니었다. 자신의 행동이 두냐에게 얼마나 괴로움과 고통을 주었는지 이해할 수 없었다. 반추하고 반성하지 않는 삶은 언제든 악을 배태하고 성장시킨다. 깨어있지 않으면 무엇이 잘못인지, 무엇을 잘못하고 있는지 알지 못하고, 그런 상태에서는 악은 내부에 있는 것이 아니라, 외부에 있는 것처럼 보인다. 나는 절대로 악인이 아닌 것이다. 그러므로 정말 악의 얼굴을 보고 싶다면 거울을 들어 자기의 모습을 보면 된다. 악인이 절대 아니라고 생각하는 악인이 바로 그 자신을 쳐다보고 있을 것이기 때문이다.

죄 - 자유의 이면

" 죄는 자유의 대가이자, 쌍둥이, 검은 모습, 같은 동전의 다른 면이다. "

우리는 악을 귀신이나 사탄, 악마의 속성이라 치부하고 그들에게 지상의 모든 불행과 고통, 슬픔과 신산, 증오와 미움을 투사해 왔다. 그들의 어두운 그늘 아래로 책임을 전가하려 했던 것이다. 그러나 우리로 하여금 시험에 빠지고, 유혹에 물들며, 검은 쾌락의 굴레를 벗어날 수 없도록 만든 것이, 우리와 무관하게 외부에 있는 악마라면, 오히려 두려울 것이 없다. 악은 피하기만 하면 되는 것이 아닌가. 우리가 신을 찾고 매달려온 것은 신이 그 권세와 권능으로 인간을 악마로부터 벗어나게 할 수 있다고 믿었기 때문이다. 그러나 근대는 신과 악마가 우리의 외부에 있는 것이 아니라 내부에 있다는 자각으로부터 시작되었다. 인간의 정신적 여정은 마술로부터 종교를 거쳐 과학적 사고에 이르렀다.(프레이저:『황금가지 The Golden Bough』)

고대인은 자연의 힘을 두려워하고 숭배했다. 자연의 생명력과 생산력이 곧바로 인간의 그것을 결정한다고 믿고, 어머니인 대지의 활력을 유지하기 위해 주기적으로 희생양과 제물을 바쳐왔다. 최초에는 주술이나 마법 등으로 자연을 모방하고 성난 힘을 달랠 수 있으리라 생각했지만, 점차 주술은 종교에 자리를 내어주고 숭배의 대상은 빛이나 동식물-토템-에서 그리스 신과 같이 개성과 역할을 가진 다신多神에 이르렀다가, 마침내 기독교의 유일신으로 대체되었다. 그에 맞추어 태풍이나 지진, 폭우 등 나쁜 외력도 점차 신의 이미지 변신을 따라 그 반대 개념인 악마로 통일되었다.

그러나 유일신은 가혹했다. 인간의 일거수일투족을 감시하고 무엇이 선이고 악인지를 일일이 지시하고 지정했으며, 면죄부를 발행하여 죄를 용서할 수도 있었다. 모든 판단은 신과 사제가 대행했으므로, 인간은 그대로 복종하기만 하면 됐다. 신을 따르고 그의 품에 안기면 악마는 저절로 피할 수 있는 것이었다. 악마의 마성이 강할수록 더욱더 신에의 귀의가 요구되었다. 인간은 신과 악마가 가지고 노는 공깃돌에 지나지 않았다. 그러나 저 먼 곳에 군림하는 신은 인간에게 혹독한 대가를 요구했다. 아무런 동정심도 없이 단지 믿음을 시험하기 위해 아브라함에게 자식을 제물로 바치기를 요구하거나, 성경의 단 한 구절도 빼거나 더하지 말도록 못 박았다.

"내가 이 두루마리의 예언의 말씀을 듣는 모든 사람에게 증언하노니 만일 누구든지 이것들 외에 더하면 하나님이 이 두루마리에 기록된 재앙들을 그에게 더하실 것이요 만일 누구든지 이 두루마리의 예언의 말씀에서 제하여 버리면 하나님이 이 두루마리에 기록된 생명나무와 및 거룩한 성에 참여함을 제하여 버리시리라."(요한계시록 22:18-19)

오직 신과 악마와 같은 초월적 존재만이 있을 뿐 인간의 자리는 없었다. 악을 물리쳐준다는 명분으로 인간의 굴종만을 기대하는 신은 그저 공포와 복수의 신, 비난과 훈계의 신이었지, 인간의 진정한 고통과 아픔에는 무심한, 얼음같이 냉정한 신이었다. 신은 강고한 위계질서와 사제를 통하지 않으면 다가갈 수 없는 멀리 있는 존재였다. 교황으로 총괄된 성직자의 계층질서, 지배체제만이 정통교의로 받아들여질 때, 신앙은 교회의 권위와 교리해석에 대한 복종을 의미하였고, 이에 반하는 것은 모두 이단이었다.

그러나 종교개혁은 이런 비정상의 종말을 가져왔다. 루터는 교회와 교황은 죄를 면할 수 없고, 인간을 구원해 줄 분은 오로지 하나님이며, 오직 그리스도만이 인간의 우두머리가 될 수 있음을 역설하였다. 라틴어 복음을 국민언어로 번역함으로써 이제 개개인이 신을 일대일로 마주 대할 수 있게 되었다. 결과적으로 자유는 사제 앞에서의 허락되고 승인된 자유가 아니라, 복음에 나타난 신의 뜻을 직접 이해하고 받아들여, 믿음으로 신 앞에서 의롭게 된다는 영적, 내적인 자유로 이해되었다. 그리스도가 단순히 높이 있는 신이 아니라, 인간으로서 내려온 신, 인간과 똑같은 고통을 겪은 신, 인간을 위해 죽어간 신이라는 사실을 알게 되었다. 신이 인간의 높이로 내려와, 인간의 내부로 들어오자, 비로소 신은 외로울 때 보듬어주고, 괴로울 때 위로를 주는 곁에 있는 존재, 친구 같은 존재가 되었다. 인간은 점차 신의 노예상태에서 벗어나게 된 것이다. 자의식의 성장은 인간의 주체의식의 발현을 의미했다. 이제 신만큼, 어쩌면 신보다 중요한 것은 나의 실존이요, 나의 개성인 시대가 도래하였다. 내가 없으면 신도 의미가 없다. 나는 그저 신의 불쏘시개가 아니다. 그의 계획에 이용만 당하는 것은 원치 않는다. 신은 이제 내가 인간으로서 행복을 느끼고 인간으로서의 완성에 도움을 주어야만 한다. 이렇게 하여 마침내 인간이 스스로 신의 높이에까지 기어올랐다. 인간이 신의 옆자리에 이르렀다는 것은 자기 선택에 따라 선과 악을 결정할 수 있는 힘을 얻게 되었다는 뜻이다. 근대적 양심은 이렇게 등장하였다. 종전의 양심이 신과 교회, 사제의 명령을 그대로 수행하느냐 않느냐의 외적인 문제였다면, 이제는 무엇이 옳고 그른지를 직접 취사하고 결단하는 내적인 문제로 변경되었다. 양심이 신의 손에서 인간의 내면으로 자리를 옮겨오게 된 것이다. 양심은 신과 악마 간의 싸움을 피동적으로 반영하는 것이 아니라 인간의 자기결정, 선악을 주체적으로 판단해야 하는 인간 스스로의 문제가 되었다.

　드미뜨리는 알료샤를 어느 허름한 정자로 불러 이와 같이 변화된 상황을 매혹적으로 설파한다.

　"이 세상에는 헤아릴 수도 없을 만큼 많은 신비와 수수께끼가 도사리고 있어서 언제나 우리 인간들을 괴롭히고 있단다. 이 수수께끼를 거저 풀라는 건 마치 물속에 들어갔다가 나오되 옷은 적셔서는 안 된다는 거나 마찬가지 얘기야. 아름다움의 이상 역시 뛰어들지 않고서는 알 수가 없는 거지! 그리고 또 한 가지 참을 수 없는 일은, 더할 수 없이 고결한 마음과 뛰어난 지혜를 지닌 인간이 마돈나의 이상을 품고 출발했다가도 나중에 가서는 소돔의 이상으로 끝나 버리고 만다는 사실이야. 그러나 그보다도 더 무서운 게 있지. 그것은 이미 소돔의 마음을 품고 있는 사람이 마돈나의 이상을 포기하지 않고 그것을 위해 순결무구한 청년시대처럼 가슴을 불태우고 있다는 사실이야. 인간의 마음이란 정말 헤아릴 수도 없이 넓은 것이어서 조금 좁혔으면 좋겠다는 생각이 들 정도거든. 이래 가지곤 도대체 뭐가 뭔지 알 수가 없으니까! 이성의 눈으론 더없이 추악한 것이 감정의 눈에는 비할 데 없는 아름다움으로 비치는 수가 있단다. 그럼 소돔 속에 아름다움이 있는 것일까? 대부분의 인간은 바로 소돔 속에 아름다움이 있다고들 믿고 있지. 너는 이 비밀을 알고 있니? 아름다움이란 비단 무서울 뿐만 아니라 신비롭기까지 하거든. 아름다움 속에서는 악마와 신이 서로 싸우고 있어서, 그 싸움터가 바로 인간의 마음속이야."

　-『까라마조프 형제들』

　신의 이상만이 아름다운 것이 아니라, 악마의 유혹 역시 아름답다. 죄업에는 참을 수 없는 매력과 짜릿함이 있어 거부하지 못하는 것이다. 추악함은 이성의 눈에는 밝은 달 아래서처럼 명백하게 드러나 보여도, 감정의 눈으로는 혼을 뺄 듯이 아름답게 포장되어 나타난다. 신은 이성에 기대고 의지할 뿐이지만, 악마는 감정을 흔들어 버린다. 소돔의 이상은 마돈나의 이상보다 더 무섭고, 신비롭다. 더 깊은 의미와 심오한 철학이 깃들어 있는 것 같은 착각이 들기도 한다. 그래서 대부분 인간은 소돔의 이상 속에 아름다움이 있다고 잘못 생각하고 있다. 인간이 신으로부터 양심을 넘겨받은 이래, 신의 이상은 광야의 등불처럼 미약하게 흔들리고 있다. 인간의 양심은 저 멀리 높은 곳에 있는 신과 악마의 투쟁을 수동적으로 모사하는 거울이 아니라, 그 스스로의 신과 악마, 자기 내면의 선과 악의 일상적인 싸움터로 변하였고, 책임감 있는 인간이라면 매 순간 고단한 결단을 내리지 않으면 안 되게 되었다.

대체로 양심이 신의 손을 떠나 인간의 문제로 등장하게 된 것은 자유가 그 의미를 재정립한 것과 맞물려있다. 자유가 주체의식을 갖춘, 성숙한 인격이 행사하는 의지의 속성-칸트-으로 자리매김하면서 책임과 의무의 동의어가 되었을 때, 양심은 그 행동의 도덕적 가치를 정초하는 요소가 된 것이다. 노예에게 자유는 주인이 허락한 범위 내의 행위다. 잠자거나 쉬도록 용인된 경우에 잠자거나 쉬는 것은 자유에 속하지만, 그 이외의 것은 아니다. 승낙 받지 않은 행동, 허용되지 않은 자유는 양심의 승낙도 받을 수 없었다. 양심은 주인, 신의 지시를 따르느냐 마느냐의 문제였을 뿐, 전 존재적 결단과 관계된 것이 아니었다. 갓난아기는 아직 자유와 양심을 운위할 수 없는 것처럼, 노예와 같이 타인의 판단을 이행하는 데 불과한 자, 도덕적 책임능력이 없는 자는 자유와 양심을 말할 수 없다. 자유가 자유인의 특권이듯이 양심도 자유인의 특권이자 윤리적 속성이다. 독립적인 주체가 아닌 자에게 자유와 양심은 돼지에게 던져진 진주목걸이에 불과하다. 중요한 것은 양심의 질적 변환에 따라 죄의 본질과 성격에도 질적 변화가 생겼다는 점이다. 근대적 의미의 자유가 없던 종전의 죄가 신의 율법을 어긴 죄, 주인의 명령을 수행하지 못한 죄, 권위와 권력에 반항한 죄로서 외부의 규율과 제재를 위반한 것이었다면, 자유가 확보된 이후의 죄는 내심의 목소리에 눈감은 죄, 자신이 설정한 한계와 한도를 넘어선 죄, 자율과 자제의 의무를 수행하지 못한 죄로서 내부의 저지와 금제를 무시한 것으로 본질이 바뀌었다. 죄는 외면성을 탈각하고 내면성을 얻게 된 것이다. 죄는 외적 금지를 어기는 것에서 심적 금지를 넘는 것으로, 정해진 규칙위반에서 내적 고통과 후회를 감수하고 각오하는 것으로, 부과된 한계에 대한 도발에서 책임과 결단으로 변경되었다. 죄의 성격은 외적으로 공표되어 있는 규율을 위반하는 것에서 내적으로 스스로 정한 금기를 이행하지 않는 것으로 바뀐 것이다. 자유는 선택이자, 책임이라고 규정되었다. 그런데 죄도 역시 선택이자 책임임이 밝혀졌다면, 죄는 바로 자유의 이면, 다른 얼굴이라 하겠다. 죄는 자유의 대가이자, 쌍둥이, 검은 모습, 같은 동전의 다른 면이다.

양심과 상호인정

" 상호인정은 어떤 개인의 양심이 양심으로서 합당하다고 사회구성원 상호 간에 평가해 주는 절차로서, 양심을 사회적으로 가치 있는 것으로 받아들이는 행위 과정이다. "

　　인간은 살아 숨 쉬는 한 타인과 얽히게 되어 있다. 다른 사람과 엮인다는 것은 어떤 형태로든지 그에게 영향을 미치고 역으로 그로부터 작용을 받는다는 말이다. 관계의 연결망은 공간적으로 개인을 넘어 가족, 사회, 국가, 세계로 넓어지고, 시간적으로 과거와 미래에 걸쳐지면서 개인의 인생을 규정하고 재단한다. 삶의 드라마는 사람과 사람이 연결되어 있기 때문에 전개된다. 타인의 무심한 행위가 누군가에는 치명적 피해로 등장할 수 있다. 누구를 돕거나 혹은 해를 끼치려는 명확한 의도로 한 것이 아니라, 주어진 일을 기계적으로 반복한 데 불과했던 아이히만의 무사려가 가져온 결과인 홀로코스트를 생각해보면, 사람은 발을 내디딜 때마다 매 순간 타인에게 영향을 미치고, 모든 행위는 도덕적 의미를 함축하게 된다는 것을 알 수 있다. 완벽하게 고립된 개인은 어떤 짓을 하건 무엇도 고려할 필요가 없기 때문에 도덕이나 양심이 문제될 이유가 없고, 된다 하더라도 현재의 그것과는 면모와 양상이 다를 것이다.

　　외딴섬의 로빈슨 크루소가 예의 없이 나체로 돌아다니건, 심심풀이로 불을 지르건, 누구를 신경 써야 하며 왜 양심이 요구될까. 그런 점에서 양심은 이미 인간이 사회적 존재임을 전제로 한다. 양심은 인간이 사회를 구성하고 있기 때문에 논의의 대상이 되는 것이며, 사회 안에서만 논의될 가치가 있다. 사회가 없으면 양심도 필요 없다. 도덕이 사회구성원들 간에 마땅히 지켜야 할 준칙이나 규범의 총체로서 외적 부과물이라 한다면, 양심은 타인과 공존하기 위해 인간의 내면에서 외부의 도덕에 상응하고 상조하는 기제機制라 할 수 있다. 사회적 동물인 인간이 타인과 마찰 없이 공동생활을 영위할 수 있도록 해주는 기초적 수단, 기본 요소가 양심이다. 양심은 인간이 행위를 할 때 그 행위의 가치, 즉 타인에게 미칠 영향을 평가, 심사하여 부정적인 경우 이에 제동을 거는 역할을 한다. 말하자면 양심은 공생을 위한 필수적인 도구와 같다 할 것이다. 흔히 양심은 내면의 목소리 또는 마음의 심판자라고 표현되어 왔다.

위 은유가 말하는 바와 같이 양심은 인간이 가진 위법이나 불법에 대한 자기 제어력이라고 이해된다. 전문적으로 말하자면 양심은 옳은 것과 그렇지 않은 것을 구별해 내는 내적 능력, 직관 또는 판단력이다. 양심은 사람의 도덕 감정과 밀접하게 연결되어 있어 어떤 행위나 생각이 양심에 저촉된다면 실행 전에는 억제력으로 작용하고, 실행 후에는 죄책감이 들도록 해 잘못된 결과를 교정할 기회를 제공할 것이고, 반대로 양심에 합치된다면 행위자는 자존감이나 확신감을 가지게 될 것이다. 양심이 지적 능력인지 감정인지에 관한 논쟁도 있기는 하나, 오히려 선악을 구별한다는 점에서 지적 능력인 판단력에 속하며, 또한 행위가 의무와 일치 또는 대립됨에 따라 반드시 쾌와 불쾌의 감정을 수반한다는 점에서 인간의 모든 능력 가운데 가장 특수한 성격을 가진 능력, 즉 지적 직관력이면서 동시에 감정인 특수 복합체라고 하는 편이 옳다고 생각한다.

양심의 연원에 대하여는 원래부터 인간에 내재되어 있는 것인지, 외부로부터 인간의 내면에 주입된 것인지 의견이 갈라져 있다. 맹자의 성선설이나 이를 이어받은 성리학은 인간에게 이미 측은지심과 같은 선의善意의 단초가 내재해 있다고 본다. 칸트, 헤겔 등도 생래성 여부에 대해서 직접 논하지 않았으나, 실천이성인 순수의지에 의거 인간의 욕망을 억제하고 진정으로 자유롭고 이성적인 상태에 들어가는 것이 윤리의 목표라고 하여 역시 생래적인 것으로 보고 있다고 할 수 있다. 모든 인간은 날 때부터 양심적이라는 견해는 우리에게 친숙한 것이다. 그러나 프로이트는 과학자답게 냉정하고 객관적인 입장에서 양심이 생래적이라는 사실을 전혀 인정하지 않았고, 양심이란 외부에서 개인에게 주입된 수퍼에고super-ego의 작용이라고 보았다. 말하자면 양심의 기원은 오이디푸스 콤플렉스Oedipus complex를 극복하는 과정에서 아버지로 표상되는 외부세계의 금지禁止가 내면화된 것이라는 것이다. 수퍼에고는 무의식이 쾌락원칙을 따라 현실원칙을 벗어나려 할 경우 아버지가 아들을 제지하듯 내면에서 개체를 제어하게 된다. 순자의 성악설은 인간의 본성은 본래 선악과는 무관한 백지와 같은 특성을 지녔기 때문에 악으로 기울 가능성이 많으므로, 교육과 실천, 교정을 통해 올바르게 만들어야 한다는 주장이라는 점에서, 프로이트의 외부 기원설과 비슷한 측면이 있다. 다만 프로이트의 양심은 이미 완성된 실체가 내재화된 것으로 정적이지만, 순자의 외부금지는 끊임없이 주입하고 가르쳐나가야 하는 동적인 것이라는 점에서 차이가 있다. 양심의 외부 주입설은 무시할 수 없는 탁견이다. 벌거숭이 갓난아이가 누가 말해주지 않으면 옳고 그름을 어떻게 알까. 나면서부터 저절로 안다는 주장은 경험과 배치되는 경우가 많기 때문이다 그러나 이미 언급한 바와 같이 양심은 사회적 동물로서의 인간이 사회생활을 영위해나가기 위해 필수적으로 갖추어야 하는 기본 요소이고, 내부에서 외부의 도덕에 상응하는 기제라고 본다면 태어날 때부터 갖추어진 정신적 능력이자 기능으로 봐도 무방할 것이다.

그런데 양심과 비슷하면서도 구분해야 할 개념이 있다. 바로 도덕이다. 도덕이란 사회의 구성원들이 법률이나 관습, 여론, 예절 등에 비추어 지켜야 할 행동규칙이나 규범의 총체를 말한다. 도덕은 인간상호 간의 관계를 규정한다. 법률은 도덕의 최소한으로 일탈이 정해진 선을 넘어 사회생활에 심각한 폐해를 불러오는 경우를 규제하는 것이다. 도덕적 행위는 도덕적 동기에 바탕을 둔 것일 경우에만 평가를 받는다. 외적으로 도덕에 부합하지만, 내적으로 순전히 이기심에서 비롯된 행위라면, 도덕에 부합하는 행위가 아닌 것으로 배척된다. 한편 양심에 따른 행위의 결과가 항상 도덕적인 것은 아니며 오히려 그 반대일 수도 있다. 예를 들어 부자를 터는 것이 자기의 양심이라고 한 대도大盜 조세형을 들 수 있다. 그러므로 도덕적 동기와 양심은 유사하기는 하지만 반드시 동일한 것은 아니다. 부자를 터는 것은 어떤 이유로도 도덕적이라고 승인받지 못하지만, 양심에는 합당할 수 있다. 도덕은 평가에 있어 객관적 기준에 준거하지만, 양심은 인간의 주관에 기초하고 있기 때문이다. 양심은 개인이 가지고 있는 선악관념과 밀접하게 연관되어 있다. 다시 말해 양심은 개개인이 각자 나름대로 마음속에 구축해 놓은 선악이나 정의, 부정의의 관념이 그 내용을 이루고 있는 것이다.

이때 개개인 내면의 선악이나 정의관념의 실체는 무엇일까. 여기서도 생래적으로 가지고 태어난 선악에 대한 개념, 직관이라고 하거나, 프로이트 등의 주장대로 내재화된 외부의 도덕이라고 볼 수도 있지만, 구체적인 경우 어느 주장도 그다지 도움이 된다고 할 수 없다. 부자를 터는 것이 양심이라고 확신하는 사람과 도둑질은 절대 안 된다는 사람 중 누가 양심적이라고 판단해야 할까. 양심은 원래 주관적인 것이라고 인정해버린다면 둘 다 양심적이라고 해야 할 것이다. 양심은 그 정당성에 관한 믿음이 강하면 강할수록 주관성의 함정에 빠져 행로를 잃게 된다. 김구를 암살한 것은 내 양심에 따른 것이다. 비록 법이 나를 처벌할 수는 있어도 나는 거리낄 게 없으니 내 마음은 잔잔한 호수와 같이 평화롭고 고요하다. 그러나 이를 바라보는 우리는 편안치 않다. 그러므로 무엇이 선이고 정의正義인지에 관해, 그것이 양심에 바탕을 둔 것이기만 하면 무조건 정당한 것으로 인정해 주어야 한다는 견해가 불편하다면, 당신은 이미 양심을 평가함에 있어서는 주관만이 아닌 다른 기준도 있어야 한다는 필요성에 공감하고 있다고 할 수 있다. 양심의 주관성을 절대적으로 긍정한다면, 서로 상반되고 싸우고 상대방을 멸절시키려고 기도하는 소위 양심의 충돌사태가 발생할 수 있다. 내 양심과 저 사람의 양심이 서로 반대로 마주보는 부분이 소위 양심의 충돌이 일어나는 현장이다. 누구나 내 양심의 정당성만을 고집한다면 궁극에 가서는 양심의 왜곡, 변형, 마침내는 반양심反養心에 이를 수도 있다는 점에 쉽게 수긍할 것이다. 따라서 양심에는 주관적 요소 이외에 이를 합리적 또는 이성적으로 조정하고 정리해 줄 객관적 요소가 필요하다. 그것이 바로 상호인정 혹은 개인적 차원을 떠나 공공의 영역으로 들어간 공공양심 公共良心이다.

    상호인정은 어떤 개인의 양심이 양심으로서 합당하다고 사회구성원 상호 간에 평가해 주는 절차로서, 양심을 사회적으로 가치 있는 것으로 받아들이는 행위 과정이다. 상호인정은 계약이나 합의, 타협과는 다른 것으로 단순히 관계된 당사자 간 의사의 합치를 말하는 것이 아니다. 그것은 헤겔이 말하는 인륜과 같은 것으로 한 사회, 민족, 국가의 정신적 총체성, 역사, 문화, 예술, 철학, 종교나 정치, 경제 등 한 사회의 모든 것이 총체적으로 집약된 일종의 가치 판단의 기반이자 기저와 같은 것으로 당해 사회의 구성원의 생활과 삶이 바탕하고 비롯되는 근원적 합의라 하겠다. 그것은 한 사회에 있어 도덕이나 법률로 표현될 수도 있고, 예절, 관습, 불문율로 나타날 수도 있지만, 이성의 총합체로서 움직이고 변형되며, 다양성을 포괄해가는 과정 전체를 말한다. 상호인정은 사회구성원 간에 사회를 유지, 존속시키겠다는 묵계에 따라 형성되는 총합체로서 당해 공동체의 정신적 심리적 특질과 성격을 표상하는 것이다. 다만 헤겔의 인륜이 이성의 최종단계, 이성의 완성으로까지 고양된 국가 내에서 이성의 현실태, 이성의 물적 표현으로 간주되었지만, 상호인정에는 그러한 수준의 이성적 속성과 함의가 내포되어 있는 것은 아니다. 현시점에 이르렀어도 국가나 이성이 아직 그런 높은 단계의 완전성에 이르지 않았다고 보기 때문이다. 그러므로 상호인정은 어느 시점, 어느 공간에서 이루어진 특정 행위를 판단하고 해석하는 근간이기는 하지만 인륜보다는 현재성, 경험성에 더 초점을 두고 있다고 할 수 있다. 물론 상호인정도 자유의 신장을 위해 미래를 향하여 끊임없이 변모를 거듭해 나가는 것을 바람직하게 생각하고, 그런 면에서 비판과 교정에 대해 전향적으로 열려있기는 하다. 그러나 우리는 역사가 반드시 소위 진보와 완성의 방향으로만 흐른다고는 믿지 않으므로, 상호인정 자체의 완벽성, 무오류성을 주장하는 것이 아니다. 그러나 어쨌든 상호인정은 시대정신으로서 당대의 이성의 집합인 가치체계이기 때문에 상호인정의 관문을 통과하여야만 양심이 사회적으로 양심이라고 인정받는 양심이 될 수 있다는 의미다.

상호인정의 측면에서 보면 양심은 역사적, 공적公的인 성격을 지닌 것이며 상호인정 자체와 함께 사회와 시대가 변하면 같이 변할 수 있는 것이다. 우리 헌법이 모든 국민은 양심의 자유를 가진다고 하면서도, 모든 자유는 질서유지, 공공복리를 위하여 제한할 수 있다고 하는 것은 양심의 공적 성격을 제대로 표현하고 있다고 본다. 양심적 병역거부의 경우, 어떤 일이 있어도 살인이 목표인 군대에는 가지 않겠다는 개인의 결의와 국방의 의무라는 공공 결의가 충돌

할 경우 상호인정의 범위에서 벗어난 병역거부를 처벌하는 것은 양심의 주관적 절대성을 부정하고 공공성을 강조하는 예라 하겠다. 양심은 개체의 내면에서 외부의 도덕에 상응하고 상조하여 공동체가 부과하고 요구하는 도덕규범을 준수하고, 유지 발전해가도록 하는 기제라고 했다. 양심은 주관적이지만, 그런 측면에서 사회적 기원을 가진 것이고, 역사적 공공적 성격을 간과하면 안 된다. 정신적 육체적 결함으로 양심이 결여된 사람은 반사회적 인물이 될 가능성이 높다.

도덕과 상호인정

" 수학공식처럼 명명백백한 도덕원칙은 없다. 다만 주관 혹은 상대성과 상호인정만이 있을 뿐이다. "

우리는 도덕이 인간의 사회생활을 규율하는 외적 규제의 전체라고 한 바 있다. 도덕은 양심과는 달리 외적이고 객관적인 성격을 가졌기 때문에 주관에 따라 다를 수 있는 양심에 비해 객관적이고 합리적인 판단기준이 있는 것으로 생각하기 쉽다. 그러나 상황은 그렇게 녹녹하지 않다. 오히려 개인의 입장에서 보면, 양심은 분명하지만, 도덕은 그렇지 않다. 양심은 정신적 육체적 결함 등 예외적인 상황이 아닌 이상 행위나 행위 이전의 생각 단계에서조차 벌써 쾌, 불쾌 혹은 즐거움과 슬픔 등의 감정을 수반하는 형식으로 지지와 거부를 표현한다. 그러나 도덕은 예상과는 달리 그다지 명백하게 드러나지 않는다. 8조 금법이나 십계명은 대표적인 도덕률이긴 하나, 구체적인 상황에 당하여도 명명백백할지는 쉽게 단정할 수 없다. "살인하지 말라."는 이의를 달 수 없는 지상명령이지만, 전쟁, 정당방위, 사형제도는 살인을 허용한다. 조금 깊이 들어가면 문제가 더 복잡해진다. 전쟁 시 적군은 상황여하를 불문하고 무조건 죽여야 하는가? 어떤 경우가 정당방위에 해당되는가? 어느 정도의 죄를 지어야 사형에 적합한가? 도덕의 명령이 명백하지 않으면 양심이 언제나 흔들릴 수밖에 없다. 양심이 주관성에 함몰되어 길을 잃는 이유는 도덕이 모호하기 때문이기도 하다. 이런 혼란을 제거하기 위한 노력이 있는 것이 당연하다.

절대적 윤리설은 윤리적으로 옳은 것이 하나밖에 없다는 것이고, 상대적 윤리설은 상황에 따라 윤리적으로 옳은 것이 다르다는 것이다. 절대설의 대표주자인 칸트는 "네 의지의 준칙이 언제나 동시에 보편적 입법의 원칙으로 타당할 수 있도록 행동 하라."고 했다. 여기서 의지는 실천이성이지 감정이 아니다. 의지의 기초는 당위로서의 의무이고 행복추구나 영웅심 같은 감정이 아니다. 설사 그것이 나에게 불행이나 불쾌감, 수치심을 가져다주더라도 해야 할 일은 하는 것이 의무이고, 그것의 이행이 누구에게도 긍정될 수 있는 사회의 보편타당한 규칙이 될 수 있는지 검토해야 한다는 의미다. 칸트는 도덕법칙은 무조건으로 반드시 그렇게 해야 한다고 명령한다는 점에서 정언定言명령이고, 그 자체가 최고의 가치를 지니며, 어떤 수단도 되지 않는다는 점에서 단언斷言명령이라고 한다. 이를 쉽게 표현하면 "그대가 하고자 꾀하는 것이 동시에 누구에게나 통용될 수 있도록 행하라!"로 정식화定式化될 것이다. 좋은 말이다. 옳은 말이기도 하다. 그러나 정언명령에서 더 나아가 모든 절대적 윤리설의 정식들은 구체적이고 절박한 상황에서는 너무도 멀리 높은 곳에 있다는 점에서 공허하다. 행위에 임하면서 행위자는 당해 구체적 경우의 수많은 측면과 관계를 맺는다. 그러나 그는 잇따라 일어나는 사태의 모든 곡절과 전후맥락을 빠짐없이 알고 있는 것은 아니며 따라서 모든 사정을 고려한다는 것은 원칙적으로 불가능하다. 어차피 행위는 제한된 정보와 지식을 기반으로 이루어지는 것이고, 비유하자면 행위자가 행위 시에 참고하게 되는 것은 당해 상황을 구성하는 산더미 같은 수많은 요소들로 구성된 총합체의 극히 일부분에 지나지 않는다. 따라서 그 일부 사정을 바탕으로 판단하고 행동하여 누구에게나 보편타당한 법칙이 될 수 있도록 하는 것은 우연이나 기적에 가깝다. 가장이 가족을 부양해야 한다는 것은 일종의 정언명령이다. 인간의 의무이기 때문이다. 그러나 무슨 수단을 쓰던지 돈을 벌어야 된다거나, 불법목적에 쓰일 것을 알면서도 자녀에게 용돈을 주는 것도 부양의 범위에 포함시켜야 될 지에 대하여는 쉽게 대답할 수 없을 것이다. 동서고금을 통하여 세상에 통용될 수 있는 단 하나의 윤리적 진리란 도대체 무엇이고, 어떻게 표현될 수 있는가. 행위자가 결정 시 고려할 수 있는 요인들이 반드시 제한적 부분적 일 수밖에 없다는 의미에서 절대적 윤리설은 이미 그 명칭에 걸맞은 위용을 잃는다. 행위자는 어쩔 수 없이 그때 그 장소에서 최선의 답을 찾을 수밖에 없을 것이며, 그 결과가 제 아무리 보편적 진리에 가깝게 가더라도 여전히 부족하다는 의미에서 상대적 진리에 지나지 않는다. 공자는 종심소욕불유구從心所欲不踰矩라 하여 이미 도덕적 순결상태에 들어간 경지를 묘사한 바 있으나, 그것 또한 구체적 행위시의 참고지침으로서 도움이 되는 것은 아니다. 그러므로 칸트의 정식定式으로 대변되는 절대적 도덕의 요구는 구름 위에 걸어놓은 목표, 방심을 경계하는 하나의 채찍으로의 역할 이외의 것을 기대할 것은 아니다.

절대적 윤리설의 이상은 단지 서양만의 꿈이 아니었다. 일찍이 맹자가 "사람마다 모두 남에게 차마 못할 짓을 않으려는 마음이 있다."人皆有不忍之心 면서, 불인지심不忍之心의 구체적 요소로 측은惻隱, 수오羞惡, 사양辭讓, 시비是非의 사단설四端說-公孫丑 6장-을 주장한 이래, 송대宋代의 정호, 정이와 주자 등은 이와 같이 인간이 가지고 있다고 주장되는 심성의 특질을 체계적인 우주론, 세계관과 연결시켜 해석한 바 있다. 주자 등에 따르면 천지만물의 본체인 우주天에는 명命이라고 하는 윤리적 성격을 가진 절대적 진리가 있고,

이러한 진리 구조가 마치 그대로 복사된 것 같이 인간의 마음속에 깃들어 있는 바 이를 성性이라 한다. 명과 성은 그 본질과 구조가 같다. 다시 말해 사람은 본래 누구나 우주만물에 내재한 것과 똑같은 내용의 절대적 윤리적 진리를 지닌 채 태어난다는 것이다. 누구에게나 불인지심不忍之心, 즉 사단이 있다는 사실이 바로 사람이 명命 또는 성性을 가지고 있다는 증거가 된다. 한편 다른 견지에서 보면 인간을 포함한 우주만물, 말하자면 세상은 물질로 이루어져 있는 바, 이 물질을 기氣라고 칭한다. 그런데 기氣라는 물질세계, 세상을 구성하는 내면의 원칙이 명命 혹은 성性이 되는 것이다. 그런데 이 명命 혹은 성性이 다름이 아니라 뼈대에 해당하는 이치理致라는 점을 강조하기 위해 특별히 리理라고 바꾸어 부른다. 즉 리理는 물질인 기를 구성하고 규정하는 근본규범이라는 관점에서 리理라고 지칭한 것일 뿐 성과 다른 것이 아니다. 그러므로 성은 바로 리인 것이다性卽理 [기와 리가 완전히 별개의 성격이냐-理氣二元論-, 같은 것이냐-理氣一元論-, 리와 기의 작용(리와 기가 동시에 발동하느냐 -理氣互發- 또는 기가 먼저 발동하고 리가 이에 편승하느냐-氣發理乘-) 등을 둘러싸고 논쟁이 있으나, 이것은 위 기초개념을 인정한 이후의 의견대립이니 애초부터 뿌리를 달리하는 근원적 입장차가 아니다]. 이렇게 되자, 이제 인간의 목표는 자기 마음속의 리, 즉 성을 온전히 밝히고 발휘하도록 하는 것이 되었다. 사람은 기氣로 이루어진 오욕칠정五慾七情의 불순물 덩어리이므로 이것을 제거하고 순수하고 맑고 완전무결한 리理를 회복하기만 하면 도덕적으로 완전한 사람이 될 수 있는 것이다. 이것을 위한 수양방법은 주자에 의하면 거짓 없는 진실된 마음을 가지고-誠과 敬- 사물의 이치를 끝까지 파고 들어가는 것-格物致知-이 되고, 좌선坐禪으로 보충하기도 한다.

여기까지는 좋다. 그럴듯한 얘기다. 주자학과 그 갈래인 양명학이 동양철학의 대명사, 아니 그 자체가 된 것은 모두 아는 얘기다(양명학은 우주의 이치를 공부해야 한다는 주자학에 비해 마음이 바로 리理임을 강조하여心卽理 외부 사물에 대한 공부보다는 내면수양에 힘쓸 것을 역설함으로써 주관성을 한층 강화하였다). 특히 우리나라에는 주자 사후 500년이나 지난 뒤 주자학이 풍미하면서 다른 학문은 모두 사문난적斯文亂賊 신세를 면치 못했다. 학문의 자유가 없다는 말은 사상의 자유가 없다는 말이요, 발전과 진보를 뜻하는 생기발랄함이 사라지고, 질곡과 억압만이 판을 쳤다는 의미가 된다.

왜 그렇게 됐을까?

첫째, 우선 리理를 세계의 원리로서 하늘 높이 내걸었지만 리理란 무엇일까에 대한 성찰이 없었다. 우주와 인간이 공유하는 세계의 근본원리가 무엇이고 그것이 어떠한 내용을 갖는 것인지에 대한 고민이 없었다는 말이다. 인의예지라는 도덕적으로 순수하고 완전한 실체理 개념은 형이상적인 이념일 뿐, 그것의 내용과 존재를 고구考究하거나 공부해보려는 소망이 아예 없었다. 아마도 유학자들은 당시의 윤리질서, 국법체계 등의 현실 그대로의 이념적 측면을 리理로 보았다고 생각된다. 그것이 하늘로 투사되었다가命, 하늘에서 다시 인간계로 재투사되면서性, 리理로 변신했던 것이다. 왕과 양반, 노비로 이루어진 봉건 질서는 당연했다. 진보, 자유라든가 백성을 잘 살게 할 수 있는 방안은 없는지 등에 대한 실천적 고민은 애초부터 고려대상이 아니었다. 현재 상태에서 마음공부만 하면 만사가 해결될 것이었다. 노비가 인간이라면 똑같이 리理를 부여받았을 것인데, 왜 노예로 살아야 하는지에 대한 의문은 전혀 없었다. 노비는 인간이 아니었기 때문이었다. 왕은 어떤 존재이고, 그에 대한 충성 이외에 개인의 책임, 자유를 꿈꿔서는 안 되는지에 대한 고민도 없었다. 리理는 원래 혁명적인 이념이 될 가능성이 다분했다. 이 세상은 옳은가? 이것이 최선인가? 개인의 수양 이외에 지상에 공정과 정의를 가져오는 다른 수단과 방법은 없는가?에 대한 진취적인 고뇌가 있었다면, 사상적 폭발력으로 작용할 수 있었다. 그러나 끝내 그런 일은 일어나지 않았다. 리理의 본질에 대한 치열한 사색이 없고, 현 질서에 대한 반성적 성찰이 없는 무비판적인 안주 속에서 리理에 대한 공부는 예절에 대한 집착으로 퇴락했고禮學, 자신의 도덕적 완성은 커녕 국가의 부패와 쇠퇴를 막을 길이 없었다.

둘째, 기氣의 인간적 속성인 희로애락애오욕喜怒哀樂愛惡辱의 칠정七情을 억압과 제거의 대상으로만 생각했지 이를 인정하고 알맞은 자격을 부여하기 위한 시도가 전혀 없었다. 학문의 목표는 오직 천리를 보존하고 인간의 욕심을 물리치는 것에 집중되었다存天理去人欲. 그러나 불교의 영향을 받은 것으로 보이는 이 같은 지향점은 방향이 잘못된 것이다. 욕망, 욕구, 감정, 충동, 감각, 기분, 탐욕, 갈망 등등 무엇이라 칭하던 인간의 정서적 부분은 없앨 수 있는 것이 아니다. 욕망은 자유의 물적 기초다. 사유재산에 대한 욕구, 행복을 찾으려는 노력, 욕망의 갈증을 채우려는 본능이 없이는 개성도 없고, 독립적이고 주체적인 인간도 없다. 욕망의 해방 없는 자유는 없다. 유학자들이 끝까지 상상도 할 수 없던 관념은 아마도 근대적 함의의 자유였을 것이다. 그들의 실상은 호질虎叱, 연암 박지원의 양반과 같이 겉으로는 도학의 깃발을 높이 들고, 안으로는 호색에 빠져있는 위선으로 마감하였을 뿐이다. 아무리 도를 닦는다 하여도 욕망을 어떻게 무로 돌릴 수 있었겠는가. 이렇게 하여 동양철학은 절대적 윤리를 지향하였으나, 길을 잃고 절대적 혼돈으로 추락하였다. 형식적으로는 절대적 도덕인 리理를 찾아냈으나, 내용적으로는 아무것도 말해주는 바가 없는 공허한 무로 끝나고 말았다. 인간은 철학-주자학-에 의해 도덕적으로 조금도 나아지지 않았다.

옳은 것은 일의적一義的이라는 것이 절대적 윤리설이라면, 상대적 윤리설은 윤리적으로 옳은 것은 때와 장소에 따라 다르다는 것이다. 인류학, 진화론 등은 종교, 문화, 전통과 인종이 다르면 이성과 양심도 상이하다는 것을 발견하였다. 결국 나라나 시대에 따라 도덕적으로 옳은 것은 끊임없이 재정의된다는 것이다. 그런데 상대적 윤리설은 이를 별도로 주장하고 증거를 찾을 필요도 없이 절대적 윤리설에 내재한 한계, 즉 구체적 행위 시에 행위자가 모든 요소를 고려하여 판단하고 행동할 수 없고 항상 제한적 정보와 지식만을 기초로 결정해야 한다는 점을 감안한다면 스스로 증명된다고도 볼 수 있다. 모든 행위자는 이미 절대적 상황이 아닌 상대적 상황에 놓일 수밖에 없기 때문이다. 행위자가 아무리 노력을 하더라도 우연이 아닌 이상 그 판단결과가 그대로 보편적 입법이 될 가능성은 없다고 보아야 한다. 가까이 갈 수는 있어도 절대성을 획득할 소지가 원천 봉쇄되어 있는 것이다. 이것이 절대적 윤리를 추구하는 인간 앞에 놓인 도덕적 딜레마다.

아이히만의 무사려는 그가 자신이 처한 환경에 대해 무비판적으로 대응함으로써 가뜩이나 상대적인 상황을 더 악화시킨 결과를 가져왔다. 여기에 모든 인간은 나름대로의 시각으로 세상을 바라보게 되어 있다는 점을 부가하면 문제는 더 복잡해진다. 모든 철학의 출발점은 "내가 없으면 세계도 존재하지 않는다."는 것이었다. 인간이 세상에 대해 깊이 생각하면 할수록 나 없는 세상은 아무 의미가 없다는 사실을 절감할 수밖에 없었다. 세상이 존재하는 것은 내가 존재하기 때문이요, 내가 눈을 감는 순간, 세상은 없다. 칸트가 물자체를 알 수 없다고 했을 때 객관적 세계가 있는지 없는지 알 수 없다는 뜻이 아니었다. 나의 밖에 객관적 세계가 존재한다는 점은 의심할 수 없다. 다만 우리가 보는 것은 객관적으로 존재하는 세계가 아닌 세계, 주관의 시각으로 걸러진 세계라는 말이다. 객관적 세계가 어떻든 우리는 우리 식대로 세계를 파악하게 되고, 그것이 우리 앞에 존재하는 세계로 나타나게 된다. 내가 파악하는 세계는 네가 알고 있는 세계와 동일한 세계는 아니다. 나의 세계는 나의 통각에 의해 일관성을 유지하지만, 너의 세계도 일관성을 유지할지에 대해서는 알 수 없다. 다만 그러리라고 추정할 뿐이다. 그러나 칸트가 주관성을 탈피할 수 있었던 근거는 각자의 외부에 그것이 무엇이든 단일하고 동일한 세계가 객관적으로 존재한다는 확신과 모든 인간은 같은 방법, 같은 구조로 세계를 경험하고 판단할 수 있도록 하는 요소-감성과 오성-를 공통적으로 가지고 있다는 믿음을 전제로 했기 때문이었다. 하지만 누구도 부인할 수 없는 이러한 전제를 가지고도 지각된 세계가 각자에게 완전히 동일하게 나타나는지는 증명될 수 없는 문제다. 물자체는 여전히 알 수 없고, 내가 없으면 세계도 없는 것이다. 소위 절대적 윤리도 물자체와 마찬가지 양상을 가진다. 각자 동일한 규범을 바라보더라도 그가 파악하는 내용이 타인과 똑같은 지는 아무도 모른다. 다만 타인도 나와 동일한 윤리의식을 가졌으리라 추정할 뿐이다. 결국 상대적 윤리설이 실상이자 진실임에도 철학자들이 이를 극력 회피한 이유는 상대주의는 윤리 허무주의로 귀결되기 때문이다. 너도 옳고 나도 옳고, 모두 옳다. 아니 모두 그르다. 우리가 기대고 의지할 수 있는 절대적 기준이 없다면 도덕 자체의 성립이 불가능하다. 그러나 불가능을 가능으로 바꾸기 위해 존재할 수 없는 유일하고 순수하고 불변하는 절대적인 원칙을 찾아 이를 높이 세우려 한다면, 이는 우리가 처한 윤리적 상황의 진면모를 속이는 일이다. 그런 것은 없다. 객관적이고 일의적一義的인 도덕은 없다는 말이다. 분명할 것 같은 도덕도 깊이 들어가면 불확실과 불확정만이 있을 뿐이다. 그러므로 바로 이 지점이 우리가 무엇이 도덕인지를 판단함에 있어 상호인정의 필요성이 양심에 이어 도덕에도 재차 등장하는 포인트가 된다. 수학공식처럼 명명백백한 도덕원칙은 없다. 다만 주관 혹은 상대성과 상호인정만이 있을 뿐이다. 어느 시대, 어느 장소에서 사회구성원의 상호인정에 따라 윤리라고 인정한 것, 이것은 합당하고, 저것은 비도덕이라고 배제한 것이 도덕의 내용이 된다. 그 내용이 동서고금에 통할수록 절대의 외관을 갖추어 가는 것일 뿐 절대에 도달하는 일은 없다. 상호인정은 인간의 사회적 본성에서 비롯된 것으로 되도록 객관을 지향하고 합리성을 주입시켜 행위의 가치에 대한 판단의 예측가능성을 높임으로써 사회를 지속시키고, 공동생활을 가능하게 하는 기본기제다. 역사에는 목적이 없으므로, 상호인정도 목적성과 방향성을 지닌 것이 아니고, 절대불변의 진리도 아니지만, 당대에 있어 사회적 집단의 객관과 절대에 관한 공감대의 최대공약수가 되는 것이다.

상대주의를 넘어서서 –
강자強者의 의무

" 너는 약자를 사랑할 능력이 있으므로 강자가 된 것이니라. "

    우리는 양심과 도덕이 빠져드는 주관성의 함정을 상호인정이라는 기제를 통해서 극복하려 했다. 그렇다고 상대적 윤리설의 딜레마가 완전히 해결된 것은 아니다. 각자는 각자의 안경을 통해 세상을 바라볼 뿐이라는 진단에는 부인할 수 없는 유혹이 있다. 장자莊子는 말한다.

    "나와 당신이 논쟁했다고 치자. 당신이 나를 이기고, 내가 당신에게 졌다면 당신이 옳고 내가 틀린 것인가? 내가 당신을 이기고 당신이 내게 졌다면 내가 옳고 당신이 그른 것인가? 그 한쪽이 옳고 다른 쪽이 틀렸을까, 아니면 양쪽 모두 옳을까, 양쪽 다 틀린 걸까? 이 일은 나도 당신도 알 수 없고, 제3자도 판단할 수 없다. 그렇다면 우리는 누구를 시켜 이를 판단하게 하면 좋을까. 당신과 입장이 같은 사람에게 판단하게 하면, 그는 당신과 같으니까 공정하게 판단할 수 없다. 나와 입장이 같은 사람에게 판단하게 하면, 그는 나와 같으므로 공정하게 판단할 수 없다. 나와도 당신과도 입장이 다른 사람에게 판단하게 하면, 그는 나와도 당신과도 입장이 다르니 역시 공정하게 판단할 수 없다. 나와도 당신과도 입장이 같은 사람에게 판단을 시킨다면 그는 나와도 당신과도 입장이 같으므로 또한 공정한 판단을 할 수 없다. 그렇다면 나도 당신도 그리고 제3자도 옳다, 옳지 않다는 판단을 할 수 없다. 그러면 누구에게 기대할 수 있

는가?"¹

선악, 정오正誤, 청탁淸濁은 정해진 기준에서 보지 않으면 판단할 수 없다. 그러나 어디를 표준으로 삼을 것이며, 누가 그 축을 고정하는 것인가. 우리의 의지를 보편법칙에 맞추도록 행위하라는 것이 칸트의 요구였지만, 보편법칙은 너무도 멀리 있을 따름이다. 장자는 다시 덧붙인다.

"사람은 습한 데서 자면 허리 병이 생겨 반신불수로 죽지만 미꾸라지도 그렇던가? 나무 위에 있으면 사람은 무서워 떨지만, 원숭이도 그렇던가? 이 셋 중 어느 쪽이 올바른 거처를 알고 있는 것일까? … 모장毛嬙이나 여희麗姬는 사람마다 미인이라고 하지만, 물고기는 그를 보면 물속 깊이 숨고, 새는 그를 보면 하늘 높이 날아오르며, 순록은 그를 보면 기운껏 달아난다. 이 넷 중 어느 쪽이 이 세상의 올바른 아름다움을 알고 있을까?"²

인간은 동서고금에 통하는 윤리적 보편법칙을 찾으려 노력해왔다. 그럼에도 아직 만고불변의 진리가 있는지조차 알지 못한다. 누구의 주장이 옳고 어느 행동이 정의로운지 최종 해답을 줄 수 있는 권위가 없다. 교회와 교리가 신의 이름으로 진리를 전유한 적이 있었지만, 이제 신은 속세의 잡다雜多에서 손을 떼고 물러간 지 오래되었다. 니체의 사망선언 이래 신은 스스로 가이사 것은 가이사에게 라고 선을 그었다. 지금은 누구도 압도적 위세를 가지고 무질서를 조율할 수 없게 되었다. 세계의 중심은 존재하지 않는다. 세계는 소인들의 드잡이와 난쟁이들의 삿대질, 고함과 욕설로 가득 찬 난장판으로 변해버렸을 뿐이다. 누가 옳고 누가 그른지 알 수 있는 궁극적인 묘책은 없다. 무엇이 맞고 무엇이 틀린지도 알 수 없다. 다만 힘센 자의 목소리와 이것을 강제로 실현하는 무력만이 있을 뿐이다.

1　장자, 안동림 역, 『齊物論』, 玄岩社
2　장자, 안동림 역, 『齊物論』, 玄岩社

여기서 상대주의는 허무의 진면모를 드러낸다. 도스토예프스키는 "신이 없다면 모든 것이 허용된다."라면서 신 없는 세상의 혼돈을 걱정했다. 인간끼리 정해놓은 선악은 언제든지 누구든지 다른 선악으로 대체할 것을 주장할 수 있다. 어제의 불의가 오늘의 정의가 되고, 이곳의 정의가 저곳의 불의가 될 수 있다. 정의감이 남다른 사람이라면 당연히 우울해질 수밖에 없는 쓰라린 현실이다. 삶은 고통과 쓰라림으로 점철될 뿐 이를 보상받을 길도 없다. 지상의 카오스에 대해 아무런 설명도 하지 못하는 신이 아무리 천상의 행복을 약속한들 이미 공허한 그림자를 드리우고 있을 뿐이다. 무고한 눈물은 그냥 무고한 눈물로 남을 것이다. 절망에 출구가 없다. 진리가 상대적이라면 이것을 진리라 할 수 있을까. 상대적 진리는 자칫하면 진리가 없는 것과 마찬가지의 양상을 불러온다. 너도 나도 진리를 자임하는 경우 벌어질 결과는 불 보듯 뻔한 바, 절대적 진리를 추구하지 않을 수 없는 딜레마가 여기에 있다. 상대주의는 허무뿐 아니라 체념과 오염, 부패, 최종적으로는 혼돈을 가져올 것이다. 노심초사에도 불구하고 인간은 아직 만고를 관통하는 보편타당한 도덕원칙을 발견하지 못했고, 상호인정에 의거, 시대와 장소 따라 진리로 통용될 어떤 것을 진리로 내세워왔다는 것은 부인할 수 없는 현실이다.

그러나 칸트의 격률이 표상하는 것처럼 단 한 구절로 요약되는 도덕적 진리를 찾는 일은 앞으로도 계속될 것이고, 언제나 실패할 것으로 보인다. 지금까지 내세워진 수많은 경구는 다른 경구 위에 쌓여 먼지만 뒤집어쓰고 있다. 왜 이런 일이 일어났을까. 우리는 보편적 진리는 우리의 외부에 있는 것으로 여겨져 왔다. 그러나 앞서 말한 것처럼 밖에서 부과된 도덕원칙은 항상 굴절된 모습으로 우리 앞에 나타나게 된다. "선하게 살라."고 명하더라도 사람마다 선에 대한 생각에 따라 다른 의미로 다가올 것이다. 우리는 물자체가 무無라든가, 존재하지 않는다고 주장하는 것이 아니라, 밖에 어떤 무엇인가가 있다는 것은 부인하지 않되 모든 사람이 완전하게 동일한 방식으로 이것을 인식하는지 확인할 방법이 없다고 했다. 자연과학이 객관적 진리를 찾아낸 것처럼 보이나, 그것은 일정한 패러다임 내에서 사물을 관찰하고 설명하는 방식에 관한 임시적 합의일 뿐, 패러다임이 바뀌면 다른 맥락에서 접근이 이루어지게 된다. 자연법칙도 관점을 제공하는 틀 자체가 변하면 다른 구조와 측면에서 조명될 것이라는 말이다. 그러므로 우리가 사회와 역사, 세상을 보는 시각은, 자연법칙을 염두에 두더라도, 각각의 주관적 시각이라는 점은 변하지 않는다. 어차피 인간은 나름대로 세계를 받아들이게 되어 있는 것이고, 그런 면에서 어떤 절대적 도덕도 상대적으로 변질되게 마련이다.

그러나 한편 생각해 보자. 세상은 원래 그런 곳 아닌가. 미꾸라지는 습한 곳에 살고, 원숭이는 나무 위에 살며, 인간은 집을 짓고 산다. 물고기와 새가 무서워 도망가더라도 인간의 눈에는 여희가 여전히 예쁘고 아름답다. 어떤 자는 부잣집에 태어났어도 일 년밖에 못살고, 어떤 자는 찢어지게 가난한 집에서 죽도록 고생을 하면서도 천수를 누린다. 어떤 자는 재능이 넘치는데도 바람에 날릴 듯 몸이 약하고, 어떤 바보는 박색에 불구를 면하지 못해도 육체만은 곰보다 억세다. 장자는 또 말한다. "추호秋毫보다 더 큰 것은 없고, 태산은 오히려 작다."[3] 크다 작다, 길다, 짧다의 구별은 더 크거나, 더 긴 잣대를 들이대면 무의미해진다.

그러나 일의적 기준이 없다고 반드시 절망할 일만은 아니다. 상대성은 인간

---

3 장자, 안동림 역, 『齊物論』, 玄岩社

의 삶의 조건이기도 하기 때문이다. 상대적이기 때문에 인간은 숨을 쉬고, 능력을 발휘하고, 다양한 목표를 추구한다. 각기 다른 개성들이 어우러진 궁극의 조화는 하나의 정답밖에 없는 절대 속에서는 불가능하다. 동일한 규격 속에 밀어 넣어진 인간은 통일과 균형을 획득하기는커녕 질식되어 죽어간다. 황진이를 싫어하는 남자도 있는 법이다. 미의 기준이 하나였다면 갑남갑녀의 각양각색의 수많은 사랑이야기보다는 단 하나의 여자를 둘러싼 전체 남자 간의 싸움 이야기만 남았을 것이다. 그러므로 가치의 상대성이야말로 인간이 인간답게 되는 데 필수불가결한 요소가 된다. 평가의 기준이 달라야만 다양성이 존중되고, 남과 다른 나의 모습이 아름다운 법이다. 부가 가난보다 항상 좋은 것은 아니며, 쾌락이 고통보다 반드시 더 나은 것은 아니다. 세상은 오히려 획일적인 재단裁斷이 없기 때문에 살만한 곳일지도 모른다. 상대주의를 타기해버려야 할 것으로만 생각한다면 우리는 세상의 진면목을 바라볼 수 없을 것이다. 인간이 절대적 진리와 선을 쫓는 것은 영혼 속에 깃든 의혹의 깊이와 생의 비밀을 알고 싶은 욕구를 상징한다. 하지만 상대주의에 대해 마음을 열지 않는 한 인간이 겨누고 있는 과녁은 화살이 도달할 수 없는 거리에 놓여있다. 상대주의는 내가 내 멋에 겨워, 나만의 방법대로 인생의 강을 건너갈 수 있게 하는 돛단배와 같은 수단이 되겠다.

그러나 우리는 상대주의의 달콤함에 빠져 그것이 가져올 허무를 잊어서는 안 된다. 진리 혹은 가치의 상대성은 궁극에 가서는 힘과 무력으로 귀결될 뿐이다. 온갖 차별과 불합리는 힘이라는 이름의 정의 아래 놓이게 된다. 간혹 상대주의가 가져온 부당함이나 불공평에 신의 심오한 섭리가 숨어있을 것이라고 자위하면서, 거기에 숨겨진 신의 뜻이 무엇인지 알려고 하기보다는 무조건

신의 의중에 따르려는 사람도 있었다. 그러면서도 마음의 평화를 얻지는 못했기 때문에 괴로워하고, 절대적 도덕, 보편타당한 수학적 윤리기준을 찾아 헤매 왔던 것이다.

그러나 이반의 반역 이후의 사람들은 그렇게 살 수가 없다. 왜 신은 무고한 어린애의 눈물과 비탄을 용인하는 것인지 묻지 않을 수 없다. 신과 사제가 세계의 비참에 눈을 감으라면 감고, 현재의 부당함에 아무런 질문을 하지 말라면 조용히 뒤로 물러가던 시절은 지나갔다. 인간은 스스로 기준을 세우고, 그것을 실현하고 유지할 의무가 생긴 것이다. 도스토예프스키가 걱정한 대로 '모든 것이 허용되는 신 없는 세상의 혼돈'이 시작될 것이었다. 대심문관은 누구보다 이 상태를 가장 먼저 감지한 사람이었다. 그는 신이 인간에게 부여한 자유가 약한 자들은 감당할 수 없는 속성을 가졌다는 것을 일찌감치 알아채고, 약자들의 세상이 만들어낼 혼란과 무질서를 빵과 규율로써 바로잡은 것이다. 그와 십분의 일의 강자들은 자유를 누릴 것이지만 그 자유는 방종과 안일을 의미하는 것이 아니었다. 그 자유는 광야의 단식과 욕망의 절연, 포기의 각오와 무조건적 희생과 동의어였다. 만약 대심문관의 정의가 권세와 위력뿐이었다면, 그는 약자들에게 식량과 질서를 보장하는 대신 끝없는 굴종과 봉사만을 요구했을 것이다. 그들의 목숨을 초개와 같이 여기고, 그들의 헌신을 대수롭지 않게 여겼을 것이다. 그렇게 본다면 초점이 빗나가긴 했지만, 대심문관은 나름대로의 방식으로 약자를 사랑하는 강자였던 셈이다. 신이 요구한 자유를 견디어 낼 수 있는 자는 욕망에 피동적으로 대응하는 것이 아니라, 능동적으로 대처할 수 있는 자, 멈추고 자제하고 인내하며 저급한 자기애에서 인류애와 같은 고차원의 감정으로 승화시킬 수 있는 자였다. 그런 자들이 보다 완벽하고 유덕한 자, 아름다운 영혼을 가진 자, 인간 중의 꽃으로 자리매김할 수 있는 자격을 갖춘 자가 되는 것이다. 그러므로 강자에게는 하나의 의무가 부과된다. 자기 마음 내키는 대로 진리를 내세우는 상대주의에 빠지지 말고 한뜻으로 인간을 사랑하라. 약자는 약하게 태어났을 뿐 너와 똑같이 기뻐하고 똑같이 슬퍼하는 인간이라는 사실을 잊지 말라. 너에게 다른 인간을 도울 수 있는 능력이 부여된 것에 감사하라. 너는 약자를 사랑할 능력이 있으므로 강자가 된 것이니라.

조시마 장로

" 조시마 장로는 도스토예프스키의 인물을 통틀어 가장 높은 수준의 정신적 조화를 체득한 사람이다. "

우리는 이미 상호인정의 도움이 없이는 절대적 도덕이 성립하기 어려움을 지적한 바 있다. 그러나 오해하지 말아야 한다. 모든 도덕적 명제가 같은 평면에 서는 것은 아니고 그래서도 안 된다. 그리스도는 율법 중에서 가장 큰 계명이 무엇이냐는 질문에 "네 이웃을 너 자신처럼 사랑하라."고 대답했다(마태복음 22:40; 누가복음 10:27). 이를 다시 부연하여 "간음하지 말라, 살인하지 말라, 도둑질하지 말라, 탐내지 말라고 하는 계명과 그 밖에 다른 계명이 있을지라도 이 모든 계명들은 '네 이웃을 네 자신과 같이 사랑하라'고 하는 이 말씀 가운데 다 요약돼 있습니다. 사랑은 이웃에게 악을 행하지 않습니다. 그러므로 사랑은 율법의 완성입니다."(로마서 13:9~10)라고 하였다. 이 계명은 종래의 섣부른 절대명령과 질적으로 다르다. 여타의 것이 인간의 외부에 표준을 세우려는 것이었다면 이것은 내부에 기초를 놓은 것이다. 이것이야말로 도덕철학의 코페르니쿠스적 전환에 해당한다. 이웃을 사랑하되 네 자신 같이 사랑하라는 말 가운데 오해의 소지나 꺾임, 왜곡의 가능성이 있는 부분은 없다. 왜냐하면 '제 자신을 사랑하듯이'라는 기준은 이제까지 설파된 것 가운데 가장 주관적인 것이기 때문이다. 사람은 누구나 자신을 사랑한다. 남을 제 몸 사랑하듯 사랑하라는 율법은 칸트의 정언명령과 같이 복잡한 계산과 욕망의 억제, 착오 없는 판단을 요구하는 것이 아니다. 칸트는 의무에서 나온 행동이 아니면 설사 그것이 내게 기쁨과 만족감을 주기 때문에 행했더라도 도덕에 합치되는 것이 아니라고 했다. 나는 정언명령이 인간에게 절망을 줄 뿐 도덕원칙을 세우려는 것이 아니라고 본다. 현실의 인간은 온갖 상황 속에서 의무를 정확히 가려낼 만큼 전능하지 않다. 그러나 너 자신을 사랑하듯 남을 사랑하라는 말씀은 더 말할 나위 없이 간결하고 의미가 명백한 도덕명령이다. 선을 행하라, 간음하지 말라 등과 같은 명령은 무엇이 선인지, 간음인지에 관한 정의定義부터 혼선을 가져올 수 있다. 선과 악, 정절과 간음의 경계를 가르는 지표는 외부에 있고 따라서 합의, 상호인정이 필요하기 때문이다. 사랑과 미움의 기준도 외부에 있지만, 여기에 '너 자신을 사랑하듯'이라는 전제가 붙으면 전혀 성격이 달라진다. 이는 사람의 주관적 경험에 직접 명령하는 것이다. 네가 네 자신을 이해하고 용서하고 품어주듯 바로 그렇게, 바로 그만큼 타인을 대하라 라는 것이고, 그 의미를 오해하거나 왜곡할 가능성은 없다. 간음하지 말라, 살인하지 말라, 도둑질하지 말라, 탐내지 말라고 하는 계명과 그 밖에 다른 계명이 있을지라도 이 모든 계명들은 '네 이웃을 네 자신과 같이 사랑하라'고 하는 이 말씀 가운데 다 요약돼 있다는 말씀이 참으로 합당하다.

조시마 장로는 도스토예프스키의 인물을 통틀어 가장 높은 수준의 정신적 조화를 체득한 사람이다. 그는 죽음에 임박해 있지만 이미 성자로 추앙받고 있으며, 모두들 신이 그의 죽음을 통해 기적을 보여줄 것으로 기대하고 있다. 그만큼 그는 민중의 사랑을 한 몸에 받고 있고, 그 자신 민중을 진심으로 사랑한다. 그는 젊은 시절 방탕한 장교였으나, 어떤 사건을 계기로 성직에 투신한다. 한때 자신을 사랑한다고 착각했던 여인이 다른 사람과 결혼하자, 질투를 견디지 못하고 그녀의 신랑을 부추겨 결투신청을 하지 않을 수 없도록 몰아넣은 것이다. 그러나 결투 전날 밤 충직한 당번병을 이유 없이 구타한 직후 진정한 변화가 찾아온다. 그는 결투장소에 나가 상대방에게 사죄하고 용서를 빈다. 그가 9살도 채 안 됐을 때 아직 청소년이었던 친형이 폐병으로 죽었는데, 잊고 있던 형의 일화가 이 사건이 도화선이 되어 수면 위로 떠오른 것이다. 형은 죽음을 비난하고 비탄해 하기는커녕 신의 자비와 은총을 얘기하며 사람들은 물론 나뭇잎이나 바람, 햇살이나 새들에게도 감사를 표했었다. 망각의 무의식에 묻혀있던 형의 환희와 감사가 그 순간 그에게 완전하고 완벽하게 이해되었다. 그 후 조시마의 삶은 희생과 봉사, 겸허와 헌신의 표본이었다. 대체적으로 그는 신을 외부의 어떤 독자적 존재로 상정하지 않고 우리 내부의 심리적 상태, 정신적 과정으로 받아들인다. 그에 의하면 우리가 고립과 고독의 병리에서 벗어나는 단초는 타인과 연결되어 있다는 연대감을 느끼는 데 있다. 조시마의 형은 말한다.

"우리는 누구나 다른 사람에게 죄를 짓고 있어요. 우리는 누구나 모든 사람에 대해 모든 일에 대해 죄가 있는 거예요. 어째서 우리는 싸움을 하고 서로 무안을 주고, 서로 남에게 받은 모욕을 마음에 품고 있는 것일까요. 그러니 차라리 뜰로 나가 산책을 즐기기도 하고 서로 사랑하고 칭찬하고 키스라도 하며 우리들의 삶을 축복하는 것이 좋지 않을까요?"

신의 세계에 들어가기 위해서는 모든 사람과 모든 일에 대해 죄가 있다는 사실을 깨닫는 것이 중요하다. 그것이 바로 타인에 대한 사랑의 시작이기 때문이다. 이러한 각성 없이는 타인에 대한 교만과 멸시, 차별과 모욕의 굴레를 벗어날 수 없다. 여기서 죄는 문자 그대로의 죄, 원죄의식과 같은 까닭 없는 부채의식를 말하는 것이 아니다. 인간은 타인의 도움 없이 살 수 없다는 것, 가장 기초적으로 부모, 가족은 물론이고 나의 생존은 사회 누군가의 노동과 수고에 의존하고 있다는 것, 나뭇잎이나 햇빛, 새鳥로 표상되는 자연의 생산물이 필수적이라는 것, 결국 이 세상의 모든 것은 서로 빈틈없이 연결되어 있다는 것을 깨닫는 것을 말한다. 그러므로 나의 삶이 중요한 만큼 다른 구성원, 다른 요소들도 소중하다. 아니 그것들의 가치가 고양되는 것에 비례하여 나의 가격도 올라간다. 그러므로 나를 아끼려면 세상을, 다른 사람들을, 햇빛을, 나뭇잎을 사랑해야 하는 것이다.

조시마는 말한다.

"사랑은 곧 스승이다. 그러나 우선 이것을 획득하는 방법을 알아야 한다. 왜냐하면 사랑을 획득하기란 지극히 어려운 일이어서 비싼 대가를 지불하고 장구한 세월의 노력 끝에야만 비로소 얻어지는 것이기 때문이다. 또한 우리에게 요구되는 사랑은 순간적인 것이 아니고 영원히 지속되는 것이어야만 하기 때문이다. 우발적인 사랑은 누구나 다할 수 있다. 악한 인간도 할 수 있다. 왜냐하면 우리가 진심으로 자기 자신을 모든 죄악의 장본인으로 인정하는 순간 그것은 어디까지나 사실이며 자기는 모든 사람들에 대하여 죄가 많다는 것을 깨닫게 되기 때문이다".

조시마는 사랑은 쉽게 자연적으로 다가오는 것이 아니며, 각고의 노력과 의식적인 단련 끝에 어렵게 얻어지는 정신적 경지라는 사실을 설파한다. 리즈 호끌라호바의 알료샤에 대한 고백처럼 인류애에 불타올라 멀리 있는 인간을 사랑하면 할수록 가까이 있는 인간의 콧물 훌쩍이는 소리, 음식물을 튀기면서 말하는 모습에 혐오감을 느끼는, 얕고 인내심 없는 상태에서는 사랑을 말할 수 있는 것이 아니다. 조시마는 결정적인 한마디를 덧붙인다.

"오로지 사랑의 실천과 이것에서 오는 마음속의 천국의 경험, 이것이 신앙의 증거이며 구원인 것이다. 지옥이란 무엇인가 그것은 사랑할 수 있는 능력을 상실한 데서 오는 괴로움이다."

그러므로 천국과 지옥은 물질적인 것이 아니다. 천국과 지옥은 마음의 상태이지, 피안에 있는 물리적 세계가 아니다. 그러므로 기독교인을 특징짓는 것은 그가 기독교를 신앙으로 가지고 있다는 외관적 표징이 아니라, 사람들을 구별하지도 차별하지도 않는 사랑을 실천하는 삶을 살고 있느냐 하는 것이다. 신은 그런 사람들의 마음속에 있는 것이지, 사랑의 의미는 방기한 채, 일요일 아침에 좋은 옷을 차려 입고, 옆구리에 성경을 끼고, 교회당을 찾는 사람들에게 있는 것이 아니다. 자기애自己愛는 자신을 객관화하는 과정을 통해 성장하고 진화한다. 사랑의 추상개념에서 구체적 실천으로 들어가는 길은 고립과 단절에서 벗어나 내가 세계의 일부이고, 내가 세계와 한 몸이라는 것을 깨닫는 데서 시작된다. 세계가 거미줄처럼 연결되어 있고, 의미 없이 존재하는 것은 없다는 사실의 자각이야말로 조시마 장로가 말하는 죄의 인정이며, 연대의식의 출발선이다. 그때 비로소 소박하고 자연적인 자기애는 신의 존재와 신의 의도를 세상에 증언하는, 인류에 대한 보편적 사랑으로 재탄생하게 되며, 가장 절대적 도덕에 가까운 진리가 되는 것이다.

너 자신을 알라

" 그것은 타인의 시선으로 자기를 관찰하여 자연적 단계를 벗어나도록 지도하고 촉구한 것이었다. "

자기애는 인간의 기본이다. 인간이라면 누구나 자기에게 너그럽다. 내 감정이나 욕망은 정당하고 순수하지만, 너의 그것은 저급하고 비루하며 악의 진원이요 부정의 원천이다. 내가 정의로울수록 너는 부당하다. 그러므로 악은 내가 아니라 너에게 있고, 나는 옳고 너는 그르다. 세상이 나의 마음과 같다면 불의는 사라지겠지만, 너로 인하여 불의가 번성하는 것은 유감이다. 이것은 자연적 단계의 삶이다. 내가 세계의 중심이고, 도덕과 윤리의 기준이다. 나의 잣대로 선악을 판단하고 행위의 당부를 논한다. 이 단계에 있는 인간은 감성을 통해 직접 주어지는 것들에 지배된다. 이는 즉물적인 삶이며, 욕망에 따라 행동하므로 선택도 없다. 자유는 욕망을 충족시키는 것을 의미하므로 선택 대신 감각에의 복종이 있을 뿐이다. 그러나 선택이 없으므로 선택이 가져오는 삶의 질적 도약 역시 없다. 상당 수준에 올랐다고 자부하더라도 이 단계에서 벗어나기는 쉽지 않다. 인간은 욕망을 버릴 수 없으므로 죽음의 순간까지 한쪽 발목은 영원히 잡혀 있을 것이다. 그러므로 인간이 자신을 세상의 중심으로 보는 것은 당연하다. 내가 없으면 세계도 없다. 욕망이 시키는 대로 지위와 명예를 좇고 영광의 자리를 차지하기 위한 투쟁은 계속된다. 그러나 욕망충족을 강요하는 삶은 힘들고 고달팠다. 지친 심신을 달랠 장치가 필요했다.

   자연적 단계에서도 철학의 시도는 있었다. 노장老莊이나 스토아학파가 그 것이다. 이들은 세속의 번잡과 훤소喧騷를 피해 죽림에 들어가거나 마음의 평화를 얻기 위해 자신의 통제 밖에 있는 사건들에 대한 집착을 버리고 정신적 고요에 도달하고자 노력했다. 노자는 무위자연, 즉 자연스런 삶을 강조하는 사상을 폈다. 그는 사회혼란의 원인이 도덕의 타락에 있는 것이 아니라 오히려 선하게 살 것을 강조하는 인위적 규범, 질서, 제도와 그것을 강제하는 국가 권력에 있다고 보았다. 노자는 도道를 실현하기 위해서 인간도 자연의 일부임을 깨닫고 본성에 따라 자연과 인간이 하나가 되는 물아일체物我一體의 삶을 되찾을 것을 강조했다. 스토아학파는 아파테이아apatheia의 경지를 행복의 최고 단계로 삼았는데 이는 우주적 인과관계와 자연법칙을 제대로 깨닫고, 개인의 이성이 보편적인 이성과 하나가 되어, 어떠한 상황 앞에서도 동요하지 않는 정신상태이며, 감정pathos이 억제되어 모든 욕구나 고통을 이겨내는 감각 상태를 지칭한다. 여기서 알 수 있듯이 이들의 특징은 욕망충족에 지치고 피로해진 삶의 고달픔으로부터 벗어나기 위하여 스스로 내면으로 물러간 데 있다. 그러나 이때의 내면은 반성적으로 성찰된 내면이 아니라, 문자 그대로의 내면, 울타리 안의 내부를 뜻한다. 외부의 무질서와 무법, 무도無道와 막무가내를 피해 보호막 안으로 도피한 것이라는 혐의를 피할 수 없다. 그들이 틀 안에서 누리는 자유는 그들의 욕망을 외부의 침범으로부터 지켜내는 데서 오는 자유, 타인의 방해를 받지 않고 나의 자연에 따라 욕망을 펼치는 자유를 의미한다. 이들이 누리는 것처럼 보이는 정신성은 흡족해진 욕망에서 오는 행복감으로 감각의 변형일 뿐 의지의 완성이나 선택에 따른 기쁨과는 거리가 멀다. 자유는 아직 욕망의 굴레에서 벗어나지 못했고, 외력에 의해 견제 받지 않는 상태만을 의미할 뿐이다.

자기애가 밖으로 눈을 돌려 타인도 나와 동등함을 변증법적으로 인식하게 된 것이 반성적 단계다. 나를 반성적으로 관찰하여 나의 경우에 견주어 타인의 감정과 정신을 이해하고, 사회가 부과하는 도덕적 의무 등을 자발적으로 받아들이며 보편적 이성의 수립을 목표로 하는 삶이 이 단계다. 이와 같이 확장된 자아는 모든 인간을 관통하는 일반성과 보편성에 눈을 뜨게 되고, 목전에 펼쳐진 외관에 현혹되지 않고 그 이면의 이데아, 법칙, 본질을 참된 세계라고 생각하게 된다. 나의 욕망이 타인의 욕망과 충돌하는 과정을 이해하고 나의 욕망을 자제하게 된다. 절제된 자아는 억압된 자아와는 달리 세계와 능동적으로 소통한다. 세계와 인간에 대해 원망과 피해의식이 없다. 자연적 단계에서는 욕망충족이 순조로우면 포만과 행복을 전부로 알지만, 순탄하지 못하면 곧바로 체념과 불평을 하게 되는 법이다. 그러나 반성적 단계에 도달한 자기의식은 인간관계를 주체적으로 설정하고 외부조건에 따른 행복이나 불만보다는 내면의 목소리에 귀를 기울인다. 발은 땅을 딛고 서 있지만, 머리로는 하늘의 별을 노래하며, 유한으로서 무한을 꿈꾼다.

대체로 소크라테스가 "너 자신을 알라."고 했을 때, 자기 내부에 침잠하여 구석구석 더 찾아보라는 말은 아니었다. 그것은 자기에서 벗어나 객관적으로 자아를 살피라는 것, 보편적 차원에서의 자아의 위치와 층위를 점검하라는 것, 남의 시각으로 자아를 성찰하라는 것이다. 말하자면 그것은 타인의 시선으로 자기를 관찰하여 자연적 단계를 벗어나도록 지도하고 촉구한 것이었다. 자기애가 보편성으로 발전하기 위해서는 자아를 세계로 확장하는 계기가 필요하다. 타인도 나처럼 욕망덩어리라는 사실을 인식하고 나와 동등한 권리의 주체라는 점을 인정해야 한다. 헤겔은 주인과 노예의 생사를 건 투쟁을 통하여 확립된 주종관계가, 주인은 자신의 삶이 노예의 노동에 묶여 있음을 인지하고, 노예는 노동을 통해 자신의 가치에 눈을 뜨는 과정을 통해 각기 자기의식을 확립하는 계기로 변환되는 장면을 묘사한 바 있다.-헤겔:『정신현상학』인간은 사회적 존재로서 가족, 사회, 국가의 단위에 위치하여 역할을 한다. 빈틈없이 짜여진 관계의 그물망 속에서 인간은 서로에 의존하고 타인의 노동과 수고로 삶을 영위한다. 종래의 철학은 이미 반성적 단계에 도달하여 류類로서의 인간 일반을 논하고, 사람들에게 보편, 본질, 합리를 설파하며, 이성과 법칙을 강조하고 있다. 법 앞의 평등이나 경제적 균등이 보장된 실질적 자유의 개념은 누구나 알고 있는 상식이 되었다. 그러나 지적 성숙이 반드시 정서적 도약을 동반하는 것은 아니다. 확장된 자아는 여전히 그 뿌리에 자기애를 기반으로 하고 있다. 머리와 가슴이 항상 같이 가는 것은 아니다. 자기를 사랑하듯 타인을 사랑하는 것은 조시마 장로의 말처럼 각고의 노력과 끈질긴 단련 끝에 찾아오는 경지다. 그렇지 않으면 호끌라호바 리즈가 고백한 상상 속의 인류애에 머물고 말 뿐이다. 이성과 본질을 강조한 종래의 철학은 칸트의 정언명령이 보여주는 바와 같이 인간이 실천할 수 없는 과제만을 제시하였고, 결과적으로 인류의 질적 개조에 성공하였다고 자부할 수 없게 되었다.

주자학자들의 리理도 우주의 질서, 영원불변의 자연적 이법理法으로서 진리이자, 도덕의 복합체로 상정되긴 하였지만, 구체적으로 어떤 내용의 진리이고 무엇을 가르치려는 도덕인지에 대한 궁구窮究가 부족하였다. 우물에 빠지려는 어린아이를 보면 누구나 일체의 고려 없이 아이를 구하려 할 것이라는 데서 인간의 본성은 선하다고 가정되었고, 그 선한 본성을 공부에 의해 되찾으면 만사가 해결될 것이라고 했다. 그처럼 당연해 보이는 선의 개념도 구체적인 경우에 마주하면 반드시 명확한 것은 아니라는 점에 대해서는 생각해 본 적이 없었다(우물에 빠지는 자가 어린아이가 아니라 나를 죽이려던 살인마라면?). 본질에 대한 고민이 없는 철학은 부수적이고 공허한 예론禮論으로 흐르고 말았다. 효종이 왕인지 둘째 아들인지 그리하여 효종과 그의 비妃의 사망을 둘러싸고 어떤 상복을 입어야 할 것인지를 놓고 벌어진 예송논쟁은 리의 허구성을 여실히 보여주는 에피소드가 되겠다. 이와 같이 객관에 진리의 기준을 세우려는 지금까지의 기도는 상대적 윤리의 텃밭에 절대적 윤리의 씨앗을 맺으려는 노력과 같이 불가능을 추구하는 일이 되고 말았다. 철학은 철학, 현실은 현실인 상황이 계속되는 것이다. 그렇지만 네 자신을 사랑하듯 네 이웃을 사랑하라는 말씀은 이제까지의 도덕과 설교와는 내용과 방향을 달리하는 속성을 지녔다고 했다. 그것은 주관을 바탕으로 객관에 도달하도록 지시한 것으로 가장 평이하고도 실천하기 쉬운 것이다. 나를 사랑하는 것처럼 네 이웃을 사랑하라. 여기에 이해가 되지 않는 부분이 있는가. 백 마디의 금과옥조를 늘어놓더라도 상대적일 수밖에 없는 것, 구체적인 경우 해석이 모호하여 행동에 옮기기 어려운 것, 인간에 대한 애정에서 비롯된 것이 아니라 벌주고, 비난하기 위한 것이라면, 아무리 절대적 도덕을 표방하여도 거기에 미치지 못할 것이다.

당연한 얘기지만, 성숙한 인간은 지적으로 발달한 인간이 아니라 도덕적으로 경지에 오른 인간이다. 도덕적 성장은 타인에 대한 공감능력과 사랑이 자기 연민을 능가할 때 증명된다. 다시 말해 자기애를 넘어서, 자기가 세계의 중심이 아니라 세계의 일부분임을 깨달았을 때, 내가 세상이고, 세상이 나임을 체득하였을 때 찾아온다. 이것이 초월적 단계다. 자기애를 넘어섰다는 것은 자기를 버린다거나 단절했다는 의미가 아니다. 자신을 내부의 시각이 아니라 온전히 외부의 시각으로 바라볼 수 있게 되었다는 점에서 "너 자신을 알라."라는 격률의 완성단계라 지칭할 수 있다.

　삶은 공동체 속에서 이루어진다. 곧 공동체가 삶의 조건이라는 말이다. 개인의 정체성은 타인을 자신과 동등한 주체로 인정하고, 타인으로부터 동등한 주체로 인정받는 상호과정을 통해 형성된다. 흔히 상호주관적 관계로 표현된다. 자율적이면서도 개성화된 개인들이 서로 동의하고 격려하면서 자신과 타인의 특정한 속성과 능력을 긍정적으로 바라볼 수 있어야만, 나라는 울타리를 넘어서 타인과 이상적 관계를 형성할 수 있는 인격체로 성장하는 것이다. 이것이 이성과 자유의 상관관계다. 철학은 현상의 잡다한 이면에 본질이나 실체가 존재한다고 주장하였고, 실체는 신 또는 이성, 자유 등으로 변환되어 세계는 신이 그의 뜻을 펼치는 곳, 혹은 이성과 자유의 자기전개의 장소이자, 그것의 역사로 해석되었다. 외관의 불합리와 부조리의 이면에는 신 또는 이성과 자유가 존재하며 궁극적으로 역사의 끝에는 그것이 완개完開된 상태에 도달하리라는 것이다.

　그러나 현상의 이면에 있다는 본체는 자연과학적 방식으로 증명된 것이 아니다. 명령에 따라 아들을 제물로 바칠 정도로 신에 종속되었던 인간은 천국과 영원한 행복을 대가로 현재의 불행과 고통을 감내하지 않겠다고 결의한지 오래다. 삶은 기쁨과 풍요이어야 하는데, 미래의 보상을 미끼로 여기와 지금을 무시할 것을 강요하는 교의에는 더 이상 희망을 갖지 않게 되었다. 키릴로프가 자살을 통해 보여주었던 바와 같이 자기의식의 고양에 따라 인신의 길을 택한 인간은 스스로 선택한 적이 없는 환경, 세상 속으로 던져진 존재들이며, 고유한 본질 같은 것은 없고, 언젠가 죽게 된다는 사실을 염두에 두면서, 삶에 의미를 부여하는 것은 신이 아니라 우리 자신의 결정과 행위, 즉 선택이라는 점을 인식하게 되었다. 더 이상 신에 의존하지 않는 것이다.

이성과 자유 역시 외부에 객체로서 존재하지 않고, 우리의 내면에, 결단과 선택의 필요조건으로 존재한다. 자유롭지 않은 인간은 제대로 된 선택이 불가능하다. 성숙한 사회는 성숙한 인간들로 구성된 사회다. 자유와 이성은 성숙하고 조화로운 인간으로 가는 수단이면서 동시에 성숙하고 조화로운 인간의 목표다. 다시 말해 우리가 성숙해지려면 이성적으로 사유하고 행동해야 하며, 어떤 경우에도 이성적인 인간이 되지 않으면 안 된다. 우리는 우주가 이성적인지 배후에 질서와 법칙이 있는지 알지 못한다. 우주가 빅뱅에서 시작된 것은 알고 있으나, 그 전에는 무엇이 있었는지 알 수 없다. 또한 역사가 자유를 확대하는 방향으로 진행하는지도 확인된 바 없다. 이성과 자유는 공동체를 삶의 조건으로 가지는 우리가 생에 가치를 부여하고 설정하는 틀이자 목표로서, 외부에서 부과된 것이 아니라, 내면으로부터 요구되는 것이다.

그러므로 단순히 합리만으로는 부족하다. 내가 뺨을 내밀면, 너도 내밀어야 한다는 계산은 여전히 자기애를 극복하지 못한 상태이기 때문이다. 이상적 사회는 개성의 제한 없는 발화와 더불어 공동체의 유대감이 확보된 사회다. 그러므로 개인적으로 아무리 높은 수준에 도달했다 하더라도 구성원들이 정서적으로 교감하지 못하거나, 마르크스주의가 강조하는 바와 같이 공동체의 안위가 개성의 존중보다 앞에 놓인다면(마르크스주의는 인간을 사회와의 연관 속에서만 파악하고 있으므로 인간은 꾸준하게 뒷전으로 물러나 버리게 된다.), 곧바로 균형을 상실하고 분열과 추락의 길로 들어설 것이다. 연대의식은 타인에 대한 의무감, 준법, 규율과 규칙만으로 자동 생성되는 것이 아니다. 그것은 자기애를 극복한 곳에서 자라난다. 타인을 공감하고, 타인을 사랑할 때 피어난다. 내가 세상의 중심이라는 고집을 버렸을 때 비로소 열리는 것이 조시마 장로가 말하는 우리는 모두에게 죄인이라는 의식이다. 장자는 "옛날의 진인眞人은 삶을 기뻐할 줄도 모르고, 죽음을 미워할 줄도 모른다. 태어남을 기뻐하지 않고, 죽음을 거역하지도 않는다. 무심히 자연을 따라가고, 무심히 자연을 따라올 뿐이다. 태어난 시초도 모르고 죽은 뒤의 일을 알려 하지 않는다. 삶을 받으면, 그것을 기뻐하고, 죽으면 그것을 제 자리로 돌려보낸다. 이런 경지를 사심私心으로 도를 버리지 않고, 인위로 자연을 돕지 않음이라 한다."[1]라고 했으나, 현대의 진인은 생에 대한 이러한 담담한 태도에 타인에 대한 사랑을 더한 사람이어야만 되는 것이다. 진실로 다른 모든 계명들이 있더라도 "네 이웃을 네 몸 같이 사랑하라."는 이 한마디 속에 모든 진리가 숨어 있다 하겠다.

우리는 지금까지 악은 내가 아닌 타인에게 있다는 즉물적 감각에서 벗어나 사실은 내가 악의 진원이며, 무사려한 삶은 부지불식간에 타인에게 고통을 줄 뿐이라는 현상을 확인하였다. 그를 위해 양심과 도덕의 본질을 추적하였고, 개인적 구원만이 목표가 되어서는 안 되고, 공동체의 번영과 행복도 중요하다는 것을 인식할 때에 비로소 성숙하고 조화로운 인격체로 거듭난다는 것을 언급했다. 조시마 장로는 타인에 대한 사랑은 끈질긴 성찰과 노력 끝에 얻어지는 정신적 경지로서, 타인에 대한 죄인의식 혹은 연대의식의 산물이라는 것을 밝혔다. 사랑이 없으면 천 마디의 바른 말도 소용없고, 사랑이 있으면 아무 말이 없더라도 다 느끼고 알게 되는 법이다. 일찍이 인생의 역경을 거쳐 정신적 높이에 도달한 시인의 아름다운 시로 결론을 대신한다.

---

1 안동림 역주, 『장자』의 대종사(大宗師)

평화 나누기

박노해

일상에서 작은 폭력을 거부하며 사는 것
세상과 타인을 비판하듯 내 안을 들여다보는 것
현실에 발을 굳게 딛고 마음의 평화를 키우는 것
경쟁하지 말고 각자 다른 역할이 있음을 인정하는 것
일을 더 잘하는 것만이 아니라 더 좋은 사람이 되는 것
좀 더 친절하고 잘 나누며 인간의 예의를 지키는 것
반대를 위한 반대가 아니라
삶을 위한 반대를 하는 것
비록 전쟁의 세상에 살지만
전쟁이 내 안에 살지 않게 하는 것
폭력 앞에 비폭력으로 그러나 끝까지 저항하면서
따뜻이 평화의 씨앗을 눈물로 심어가는 것

제9장 결론 - 자유의 미래

필연이냐 자유냐

" 철학적으로 필연은 결정론으로 전화轉化되어 인간에게 자유의지를 인정할 것인가 하는 문제를 다룬다. "

　필연은 자유에 대비되는 말이다. 필연이라 함은 앞선 사건이 있을 때 사물의 관련성이나 경과가 반드시 뒤의 사건을 낳는 결과를 가져오는 상황을 말한다. 원인과 결과로 요약되는 인과율은 인간이 세계를 해석하고 그에 적응하여 살기 위한 수단이자 장치 중의 하나였다. 과학법칙은 인과율의 다른 표현으로 자연현상을 이해하고 예측하는 기반으로 작용한다. 눈부신 문명의 발전은 인과율에 기초한 바가 많다. 특정 원인을 부여하면 특정 결과가 발생하는 관계는 예측가능성과 기대가능성으로서, 인간이 미래를 설계하고 실행하는 필수조건이 되었다. 철학적으로 필연은 결정론으로 전화轉化되어 인간에게 자유의지를 인정할 것인가 하는 문제를 다루게 되는바, 인간을 자연과학적 객체로 볼수록 자유의지를 부정하는 경향으로 나타났다. 예컨대 뇌과학이나 심리학상의 실험결과, 즉 특정 자극이 있을 때 예측된 행동이 나오는 것을 증거로 인간을 기계에 가까운 존재, 인과율에 예외 없이 종속되는 존재로 파악했다.
　그러나 인간과 사회는 아무리 노력해도 자연과는 달리 전적으로 자연과학적 방식만으로 설명될 수 없었고, 필연을 어느 정도 인정할 것이냐 하는 것은 지금도 논쟁거리가 되고 있다. 필연은 일반적으로 아폴론적인 정신, 질서와 조화를 중시하고, 착한 사람은 복을 받고 악한 사람은 벌을 받는 해피엔딩적 심성에 호소력을 가진다. 콩 심은 데 콩 나고 팥 심은 데 팥 나는 것을 기대하는 것은 이성과 합리에 기초한 세계상이요, 기하학적 균형과 조형미를 중시하는 인생관이다. 근대에 들어 과학의 발전과 더불어 이성의 중요성이 부각된 것은 이성이 가진 보편타당성과 객관성이 인간과 사회의 문제를 체계적, 합리적으로 해결할 수 있을 것으로 보았기 때문이었다. 이성이 만든 낙관주의는 한 시대를 풍미하여 진화와 진보에 대한 끝없는 신앙을 만들어내기도 했다. 과학과 이성의 도움으로 우주와 세계의 모든 비밀은 풀리고 모든 곤경과 난관은 극복되며, 인간은 마침내 고난의 행군을 끝내고 최종적인 행복과 안식에 도달할 것이었다. 그것은 노력에 대한 보상과 선은 악을 이기고야 만다는 무언의 약속이 실현되는 사필귀정, 인과응보의 세계관이었다. 미래에 대한 희망을 잃은 사람은 모든 것을 잃은 것이다. 올 것은 반드시 와야만 한다. 이것이 필연이 만든 수학적 세계, 2×2=4가 되는 세계다.

그러나 여기에 도스토예프스키가 등장했다. 그는 세상에는 단지 2×2=4라는 결론이 마음에 안 들어서 2×2=5를 고집하는 사람이 있다고 주장했다.-『지하실의 수기』 2×2=4만이 유효하다면 그때는 이미 자기 의지가 무슨 소용이 있겠느냐는 것이었다. 내가 나라는 것, 남과 다른 나라는 것, 다시 말해 인간의 내면에는 개성을 드러내고 싶어 하는 욕구가 엄연히 존재한다는 것을 만천하에 공표한 것이다. 2×2=4인 세상에서 다른 목소리를 내는 것은 불가능하다. 누구도 부인 못 하는 명백한 진리를 부정하는 것은 정신이상이 아니고는 설명할 수 없는 행동이다. 그러나 인간은 그렇게 간단하지 않다. 인간은 그보다 더 넓고 더 깊다. 더 변칙적이고 더 복잡하다. 아마 누구나 다 알고 있었을 것이다. 하지만 누구도 이것을 공개적으로 주장하지 못했다.

소설 주인공의 입을 빌었지만 도스토예프스키는 이것을 해냈다. 그냥 남들과 똑같이 되는 것이 싫어서, 잘못이거나 심지어 죄악인 줄 알면서도, 일부러 그 행위를 하는 사람들이 있으며, 심지어 모든 정상적인 사람들의 마음속에도 그런 욕망의 부분이 내재해 있다. 비열한 卑劣漢 속에도 영웅이 있고, 군자 속에도 소인이 있다. 인간은 몇 줄로 규정할 수 없고, 몇 마디로 정의될 수 없었다. 인간을 규율과 질서, 절제와 자기관리 아래 놓으려던 시도는 실패할 운명이었다. 그의 무규정성, 복잡다단성은 둘러싸고 있는 세계의 부조리한 상태와 불합리한 상황을 만들어 내고 있다. 그러한 자각은 이후 문학은 물론 철학에도 반영되어, 이성에 대한 숭배가 최고조에 이르렀음에도 불구하고 조금도 줄어들지 않는 병리와 이상異常을 설명하는 길잡이 역할을 하고, 마침내 실존은 본질에 앞선다는 근본적 자각에 이르게 된다. 물론 새 조류를 연 것은 그의 공로만은 아니다. 그는 쇼펜하우어, 키에르케고르나 니체, 프로이트와 같은 지적 거인들과 보조를 맞추어 현대라는 지적 현상의 물꼬를 텄다. 삶은 이성의 목표에 봉사하여, 유기적으로 돌아가는 조화롭고 거대한 메커니즘의 행복한 구성원 또는 의식 있는 부품으로 정합되어 있는 것이 아니라, 단지 살려는 맹목적인 의지이거나, 불안에 떨면서 의미를 정립하려는 외롭고 고단한 노력에 불과하였다. 기존의 도덕은 지금 여기에 사는 인간의 절박한 참모습을 반영한 것이 아니고, 모든 기준을 존재 여부도 불분명한 피안에 맞추면서, 현실을 억압하고 왜곡해왔을 뿐이다. 무엇보다도 중요한 것은 신이 아니라 인간, 그것도 미래의 천국에 있을 인간이 아니라 현재 여기서 고통받는 인간이었다. 불합리와 부조리가 삶의 조건이라면, 이에 맞서기 위해 인간은 무엇을 해야 할 것인지 고민

해야 했다. 마르크스는 철학의 임무가 세계를 해석하는 것이 아니라 변혁하는 것이라 했지만, 어떻게 변화되더라도 부조리를 없앨 수 없다면, 이를 어떻게 해석하고 대처할 것인지의 의무가 사라지는 것이 아니다.

생의 조건으로서의 부조리

" 인간은 산수와 논리로만 살 수 없다. 수정궁이 아무리 멋져도 그 곁의 움막에 살려는 사람이 반드시 있게 마련이다. 이게 그의 직관이었다. 부조리는 삶의 조건이다. "

　소설가는 기본적으로 인간을 선한 존재로 생각하지 않는다. 선한 곳에는 사건이 없기 때문이다. 그것은 스피노자가 인간의 욕망 혹은 신체의 보전에 좋은 것을 선, 나쁜 것을 악이라고 생각한 것과 같은 발상이다. 무엇보다도 인간을 욕망으로 본 것이다. 인간을 이성적인 존재로, 선악을 절대적인 것으로 파악하면, 울고 웃고 절망하고 환희하며, 갖가지 모순을 끌어안고 변증법적인 발전을 이루어나가는 인간을 포착하지 못한다. 소설이 평범한 소일거리를 벗어나서, 독자에게 영감을 주고 통찰을 선물하려면 미메시스mimesis와 카타르시스catharsis를 넘어선 어떤 것이 필요하다. 단순한 모방과 정화淨化가 아니라 질문을 던져야 한다. 지금 네게 중요한 것이 무엇이냐. 인간으로서의 너는 세상의 부조리에 어떻게 맞서고 있느냐. 찰나 같은 순간만이라도 독자를 진지하게 만들지 못한다면 그건 소설다운 소설이라 할 수 없다. 물론 소설이 철학과 같은 역할을 하려 든다면 그것만큼 우스운 것은 없다. 그러나 철학이나 소설이 모두 인간을 주제로 다루고 있는 점에서는 전혀 별개의 분과가 아니다. 소설과 철학은 인간에 대해 묻는 방식과 구성이 다를 뿐이다. 철학이 체계와 논리를 특징으로 한다면 소설은 다른 모든 예술 장르와 같이 직관을 무기로 한다.

때로는 직관이 논리에 앞서는 법이다. 철학이 인간의 욕망을 어렵게 우회적으로 인정해가는 동안, 소설은 곧장 인간의 욕망을 다루었다. 지금도 철학자들이 순순히 인정하지 못하는 부분이지만, 욕망은 뿌리를 뽑을 수도 없고, 마음대로 제어도 안 되며, 오히려 이성을 왜곡하고 자기를 주장하고야 만다. 지상의 부조리는 욕망의 다른 모습이자 물적 표현이다. 도스토예프스키는 동료들이 더 나은 미래를 위해, 러시아의 후진성을 탈피하기 위해 이성에 호소하고, 사회주의에 경도되었을 때, 그 너머를 바라보았다. 인간은 산수와 논리로만 살 수 없다. 수정궁이 아무리 멋져도 그 곁의 움막에 살려는 사람이 반드시 있게 마련이다. 이게 그의 직관이었다. 부조리는 삶의 조건이다.

틀에 박히지 않은 것을 자유라 부를 수 있다. 규칙과 규율을 벗어난 곳에 자유가 있기 때문이다. 인간의 자유는 그렇게 2×2=5인 지점에서 시작된다. 남과 다르고 싶고, 도덕과 윤리가 뭐라고 강요하든 원하는 대로 하고 싶은 욕망이 자유의 모체라는 말이다. 그러나 그 자유는 과연 어떠한 자유인가. 자유는 인간이 개성과 독립성을 가진 개체로 정립되지 않으면 논의될 수 없다. 노예의 자유를 운위하는 것은 난센스다. 그의 자유는 주인이 허락하고 용인하는 한에서의 자유, 눈감은 공간에서의 묵인에 지나지 않기 때문이다. 그러므로 자유는 일단 법적으로 어디에도 구속되지 않는 신분이 필요하다. 이것이 근대적 의미의 자유다.

그러나 자신의 존엄을 지킬 경제력이 없는 사람에게 자유는 빛 좋은 개살구에 불과했다. 복지가 확보돼야 했다. 이것이 현대적 의미의 자유다. 그러나 돈과 시간이 인간의 자유를 완성하지 않는다. 내 마음대로 할 수 있는 것, 욕망을 한껏 충족시킬 수 있는 것이 자유의 완성상태는 아니다. 폭식, 탐욕, 정욕, 나태, 질투, 분노, 교만에 자유를 연상하는 사람은 없다. 도스토예프스키의 시선은 그곳에 머물지 않았다. 자유는 빵으로 살 수 없다는 것, 그것 이상以上이라는 점에 주목했다. 신이 인간에게 원한 것은 돌을 떡으로, 물을 포도주로 만든 기적에 감복하여 생겨난 노예의 신앙이 아니라, 자발적 선택에 터전을 둔 자유로운 신앙이었다. 진정한 신앙은 이적과 변이에 개의치 않는다. 자신의 판단과 책임에 따라 신의 옆자리에 설 것을 선택하는 것이다. 그러므로 자유의 핵심은 판단과 책임이 된다. 자신의 선택이 어떠한 결과를 가져올지 예상하고, 일어난 결과를 기꺼이 받아들이는 것, 그것이 성숙한 인격의 태도가 된다. 자유에 책임이 따른다는 말은 현대의 관점에서는 진부할지라도, 그 의미가 축소되거나 폄하되어서는 안 된다. 참된 자유는 욕망을 가감 없이 따르는 것이 아니라, 자제하고 제어하는 순간부터 개시되기 때문이다.

부조리의 극복

" 세계가 부조리한 것은 인간이 자유롭기 때문이고, 자유로울수록 더욱 부조리해진다. "

    욕망을 통제할 수 있는 사람, 미래를 위해 현재를 희생할 만큼 의지가 강한 몇몇 인류애가 지나쳐 평범한 자들을 지도하고 계몽해야 한다는 강박에 빠지는 경우가 있다. 대심문관은 재림한 그리스도에게 따진다. 도대체 강한 몇 사람에게만 걸맞은 신앙, 고통 없이 도달할 수 없는 자유가 단지 빵만을 원하는 범인凡人들에게 무슨 소용이 있는가. 니체가 권력에의 의지가 인간의 본질이라면서 가차 없이 강해지기를 선동했을 때, 거기에는 위선적인 인류애, 혐오를 감춘 이웃 사랑의 진면목을 백일하에 드러내려는 의도가 있었다. 사람들이 열광했던 것은 그의 사자후가 귀를 파고드는 악기소리처럼 내심의 금선琴線을 울렸기 때문이었다.

    그러나 대심문관은 간단한 위선자가 아니다. 그도 범인에 대한 경멸을 숨기지 않는다. 그는 그들이 빵을 위해 자유를 포기할 수 있을 뿐 아니라 신까지 버릴 수 있음을, 신을 대신하여 가령 평등이나, 형제애 같은 것을 궁극의 목표로 하는 새로운 종교를 섬길 수도 있다는 사실을 잘 알고 있다. 그는 인간에게는 무질서와 부조리를 피하려는 본능, 질서와 합리 속에 안주하고 싶은 욕구가 있다는 사실을 간파하고, 복종을 헌납 받는 대신 빵과 안정, 안전을 베풀 것을 약속했고 실천했다. 그가 그리스도에게 거칠게 대들 수 있었던 자신감은 대중을 자기편으로 만들 수 있다는 믿음에 근거를 둔 것이다. 대중은 광야의 자유보다 호텔 같은 감옥, 자유의 착각, 그림자의 안락을 원한다.

대심문관의 실험은 공산주의가 역사의 장으로 사라지면서 함께 휩쓸려간 것이 아니다. 오히려 한 발 더 현실적으로 다가섰다. 주위를 보라. 소셜미디어 SNS의 범람은 대중의 영웅 강박을 줄이기는커녕 더욱 조장하고 있다. 보통내기에게 초인을 요구하는 세상이 도래했다. 누구나 정치, 경제, 문화에 정통해야 하고, 좋은 남편, 좋은 아빠가 돼야 하며, 상사이자 후배로서 좋은 직장인이 되지 않으면 안 된다. 모든 면에서 남과 비교당하고, 시기하고 부러워하며 살게 되었다. 죽어도 채워질 수 없는 갈망과 나쁜 정보의 홍수는 행복을 조롱하고 있을 뿐이다. 인간은 점점 불행해지고 있다. 외롭고 만족을 모르는 인간은 파탄과 파행, 자기파괴의 책임을 외부로 돌리게 마련이다. 그가 가진 자유는 타인의 자유에 위협이 된다. 요즘 볼 수 있듯이, 무고한 시민을 상대로, 이유도 없고, 목적도 없는, 비열하고 무차별 테러의 빈발은 일반인의 일상에 불안의 그늘을 드리우고 있다. 대중은 점점 국가에 강도 높은 보호조치를 주문한다. 개인의 안전을 위해 국가의 도움이 필요한 상황, 자유 자체의 필요에 의해 자유를 제한할 수밖에 없는 역설이 전개되고 있는 것이다. 고전적 자유는 국가로부터의 자유를 의미했으나, 장래에는 국가가 없으면 자유도 없는 아이러니가 펼쳐질 것이다.

그러므로 대심문관은 기다릴 뿐, 굳이 앞서 대중의 복종을 요구할 이유가 없다. 악령의 쉬갈료프가 예언한 미래사회가 제 발로 찾아오는 것이다. 그의 시스템은 무한한 자유에서 시작하여 무한한 전제주의로 끝을 맺게 된다. 사회문제를 해결하기 위해 인류를 불균등한 두 부분으로 나누어, 10분의 1만이 개성의 자유를 얻고 나머지 10분의 9에 대한 무한한 권력을 향유한다. 10분의 9

는 개성을 잃고 무한한 복종과 개조를 통해 양 떼 같은 것으로 변하게 하고, 비방, 밀고, 상호감시를 수단으로 완전한 무인격, 완전한 평등, 완전한 원시의 낙원을 만들게 된다. 완전한 평등이 있는 한 평범한 인간들이 불만을 가질 일은 전혀 없으므로 완벽하게 사회개조가 달성된다. 대심문관의 꿈이 저절로 실현되는 것이다. 우리는 자유의 미래가 과연 장밋빛인지 진지하게 물어봐야 할 것이다.

한발 물러서서 보자. 대중이 지금처럼 교만해진 적이 있었던가. 전대미문의 수준 높은 교육은 대중을 전 세기世紀의 귀족과 같은 위치에 올려놓았다. 그들은 개성과 취향을 뽐내며, 자유와 부를 만끽하고 있다. 그들에게 대심문관, 빅 브라더는 먼 곳의 얘기일 뿐 체감되는 실체가 아니다. 대중의 정신적 높이가 이런 정도에 이르렀던 적은 없었다. 그러므로 우리는 쉬갈료프 체계의 문턱에 있지만 한편으론 속박을 풀고 인류가 자유로이 사회를 개조할 수 있는 절호의 기회를 맞고 있기도 하다. 엘리트가 아닌 대중의 지적 능력도 사회문제를 고민하고 해법을 탐구할 정도에 이르렀기 때문이다. 필요한 전제조건은 단 하나, 표출된 온갖 이견에도 불구하고, 각 구성원들은 타 구성원들도 자신과 마찬가지로 공동체의 생존과 번영을 목표로 하고 있다는 암묵적 신뢰를 견지할 것인가, 아니면 각자는 타인은 안중에 없고 자기의 생존만을 위해 노력할 뿐이라고 타기해 버릴 것인가를 먼저 결정하는 일이다.

흔히 생각하는 바와는 반대로, 사회문제에 관한 한 정답이 없는 경우가 많다. 교통편의를 위해 강에 다리를 놓자 하면, 환경을 파괴한다며 반대한다. 유럽연합을 비롯한 국제기구, 국가관계나 기후, 환경변화 등에 대한 전망에 있어서는 정반대의 목소리가 대립한다. 그 중간쯤 어디에 진리가 있다는 말은 무지를 대변하는 데 그친다. 사전에 정해진 형태의 답은 어디에도 없다. 해답은 최선의 결과를 이성적 태도를 가진 자들이 협의하고 상의하며 다듬어가려는 의지, 서로의 견해에 대한 비판과 수용, 교정과 개선을 통해 점진적으로 모양새를 갖추어가려는 자세 속에 있다. 다시 말해 바람직한 결과는 우리에게 알려지지 않았던 진리, 완성된 채 숨어있던 진리를 찾아내는 것이 아니라, 존재하지 않던 답변을 협력을 통해 만들어내는 것이다.

칼 포퍼는 과학의 특징을 반증 가능성이라 했다. 누군가 세운 가설은 동일한 가치를 가진 다른 가설에 의해 논박되고, 그렇게 수정되어 점차 경험적 법칙적 확실성을 높여가는 과정이 과학이다. 그는 과학법칙과 윤리법칙을 구분하여, 과학을 경험과 검증에 정초시키고, 윤리를 양심에 기초하게 하려 했으나, 우리가 앞에서 말한 바와 같이 도덕과 양심도 우리와 무관하게 외부에 객관적으로 존재하는 절대적 선을 추구하는 것이 아니다. 행위자는 언제나 무엇이 절대적이며 최선의 도덕인지에 관한 판단자료와 정보가 부족한 구조에 놓이게 되는바, 그런 상황이라면 도덕과 양심도 주어진 여건에서 모든 사람에게 가장 납득되고 수긍될 수 있는 결과를 찾아가는 경로일 수밖에 없다. 따라서 도덕과 양심의 속성이 과학의 그것과 다른 것이 아니다. 양심은 인간 내부에 존재하는 법정이기는 하나, 허용가능한 양심의 범위는 사회적 맥락에서 정해진다. 우리는 이런 동적動的과정, 사회적 해법의 변증법적 창출궤도를 상호인정이라고 불렀거니와, 상호인정은 시행착오, 파괴적 비판이 아닌 창조적 구축構築, 신뢰와 협의, 공동체의 유지와 존속이라는 대의명분에 공감하는 동지관계를 바탕으로 하는 구성원 간의 근본적 믿음의 실행 및 확인절차라 할 수 있다. 그런 의미에서 상호인정은 고정되거나 매여있지 않고 역사와 상황에 따라 움직이는 이성이다. 우리는 인간 문제에 관한 한 단 하나의 정답, 진리라는 말을 믿지 않는다. 무엇이 진리인지 각자 관념이 다를 것이고, 진리라고 합의하더라도 그것은 늘 움직이며, 다음 순간에는 오답으로 변질돼서 다른 대안을 찾아야 하며, 이런 사안이 수도 없이 무한대로 중첩되어 있는 것이 사회다.

세계가 부조리한 것은 인간이 자유롭기 때문이고, 자유로울수록 더욱 부조리해진다. 세계를 합리적으로 이해하려는 시도는 늘 불만스러울 뿐만 아니라, 볼만한 성과 없이 끝나게 되어 있다. 세계의 본질이 부조리라면, 모든 것의 궁극에 있는 것으로 가정되는 이데아IDEA, 시공을 초월한 비물질적 영원의 실체, 완벽한 균형과 대칭의 아름다운 이데아라는 관념은 허구에 불과하다. 여기와 지금을 넘어서 창공에 밝게 빛나는 이상理想은 없다는 것이다. 이상을 실현할 곳은 현실이다. 난마 같이 얽힌 현재의 부조리를 가장 잘 해결하며 미래를 가장 잘 준비할 수 있도록 협의해 가는 것이 우리가 말하는 움직이는 이성, 바로 상호인정이다. 헤겔과는 약간 다른 의미에서지만, 현실적인 것은 이성적인 것이요, 이성적인 것은 현실적인 것이다. 우리는 현실을 이성으로, 이성을 현실로 만들기에 나서지 않으면 안 된다.

강자強者의 의무

" 네 의지의 격률이 보편적 법칙이 되도록 행위하라. "

그러나 도대체 무슨 방법으로? 공동체의 근본은 구성원 간 의견이나 입장 차이에 관계없이 타인도 나와 같이 공동체의 유지, 존속을 목표로 하고 있다는 근원적인 신뢰에 있다. 상대에 대한 믿음과 적대는 그를 나와 동등한 이성과 감성을 가진 인격체로 보는가의 여부에서 갈린다. 그의 인격을 부정하는 것은 그를 나보다 열등한 존재로 간주한다는 신호이자 징표다. 지배와 복종만이 있을 뿐 우월감을 가진 자가 등급이 낮은 자와 상의하고 협력하는 것은 어렵다. 쉬갈료프의 망령에서 벗어나기 힘든 이유다.

이 부분에서 조시마 장로의 사랑이 전면으로 부상하는 계기가 부각된다. 그가 강조하는 이웃사랑은 현대인에게는 진부한 관념처럼 들릴지 모른다. 아직도 사랑인가. 그러나 만일 우리가 '판 깨기' 혹은 '공동체 부정 또는 해체'를 목표로 하지 않는 이상, 서로에 대해 지켜야 할 최소한의 도덕적 의무가 있는 법이다. 칸트는 "네 의지의 격률이 보편적 법칙이 되도록 행위하라."를 정언명령으로 삼았거니와 도덕적 존재인 인간이 도덕적 존재인 타인에게 도덕적 의무를 지는 것은 당연한 일이다. 인간이 사회 속에서 살아가는 한 그의 모든 행위는 타인에게 영향을 미치게 되고, 그런 측면에서 어떤 행위든 도덕적 함의를 띠게 된다. 다시 말해 인간의 일거수일투족은 도덕적 평가대상이라는 것이다. 만족스럽지는 못했지만, 철학과 종교가 정언명령이나 십계명과 같은 도덕률을 끊임없이 제시해온 이유다. 그러나 격률 형식으로 부과된 도덕률은 추상성과 절대성 때문에 구체적인 상황에서는 행위자에게 효과적인 길잡이 역할을 하지 못했다.

"살인하지 말라."는 명령을 예로 들어보자. 그것을 무조건 따를 수 없다는 것은 정당방위나 사형, 전쟁의 경우를 따져보면 수긍이 갈 것이다. 행위자가 행위시점에 무엇이 보편법칙인지를 완벽하게 인지하고 판단할 수 있는 가능성이 사실상 봉쇄되어 있는 구조라면, 도덕이란 행위자가 주어진 환경에서 사람들이 긍정할 수 있는 결과를 찾아가는 행로일 수밖에 없다. 도덕이 상대적이라면 회의를 표시할 사람들이 있겠지만, 행위자가 놓인 구체적 상황은 절대 선을 추구하기에는 완전치 못하다는 의미에서 상대적이라고 표현한 것이다. 이는 우리가 처한 도덕적 현실을 그대로 모사한 것일 뿐 추상이나 전도, 왜곡의 결과가 아니다. 그런 가운데서도 지금까지 나온 도덕률 가운데 가장 혼선의 가능성이 적은 격률, 따라서 절대적인 기준에 가까이 있는 것이 있을 수 있다. 우리는 그것이 바로 "너 자신을 사랑하듯 네 이웃을 사랑하라."라는 말씀이라고 주장한다. 위 말씀은 행위자가 어떤 맥락에 놓여있더라도 오류에 빠질 가능성이 가장 적은 원칙이다. 사람이 자기 자신을 사랑하는 데 있어 지식이 모자라거나, 판단자료가 부족할 수 없다. 그러므로 자기애自己愛에 관한 보편법칙은 명백하다 할 수 있다. 여기서 도덕명령은 "네 이웃을 사랑하라"는 것이고, '너 자신을 사랑하듯'이라는 부분은 이행의 기준과 원칙, 방법, 정도를 알려주는 길잡이로서 위 명령을 실천 및 실현 가능하게 만드는 역할을 한다. 이리하여 위 말씀은 주관을 객관에 적용하여 절대보편법칙을 완성한 마법과 같은 격률이라 할 수 있다.

　조시마 장로의 설교는 이반의 반역과 같은 긴장감과 짜릿함은 없지만, 음미할수록 우리에게 남겨진 다른 길이 없는 유일한 대안임을 확인하게 된다. 그러므로 우리에게 남겨진 의무는 비상한 결의를 가지고, 자유는 책임임을 통감하고 나 자신을 사랑하듯 네 이웃을 사랑하는 아름다운 영혼이 되도록 노력하는 것이다. 그것이 진정한 강자의 자세다.

유일한 대안 - 자유

" 나는 자유인으로서 나의 자유를 사랑한다. "

　도스토예프스키가 열어젖힌 세계가 만개에 이른 오늘의 모습은 과거의 인간이 꿈꾸었던 유토피아와는 거리가 멀다. 체홉은 그의 소설에서 자주 과학과 문명이 발전할 미래는 더 나은 세상일 것이라는 믿음, 진보에 대한 신뢰를 표시했지만, 인간의 수준과 높이가 늘어난 교육과 부의 수준에 비례한 것은 아니다. 과거의 인간이 과거의 부조리 때문에 고통을 겪었다면, 현재의 인간은 현재의 부조리 때문에 고통을 겪고 있다. 마음껏 행복할 수 없는 것이 인간의 운명이라면, 잃어버린 낙원에 대한 향수는 접고, 신에 대한 기대도 줄이고, 현실에 몰두하는 편이 낫다고 본다. 인간의 문제는 인간 이외에 풀 수 있는 주체가 없다. 죽음이라는 암흑이 기다리고 있는 내세를 위해 현재를 희생하는 것도 현명치 못하다. 여기 지금에 의미를 부여하는 것은 나의 의지, 결심, 행동이다. 내가 동료인 타인들과 함께 지상을 살만한 곳으로 바꿀 수 있느냐는 나의 선택, 결국 나의 자유에 달려있다. 나는 자유인으로서 나의 자유를 사랑한다.

참고문헌

● 전집류

　도스토예프스키 전집 (열린책들; 2009.)

● 단행본

　도스토예프스키 (E. H. 카; 김병익, 권영빈 역; 홍성사; 1979.)
　도스토예프스키 (발터니그; 임석진 역; 분도출판사 1976.)
　도스토예프스키 (스로닐; 전광용 역; 신구문화사; 1983.)
　도스토예프스키 (얀코 라브린; 홍성광 역; 한길사; 1997.)
　도스토예프스키 (정창범; 건대출판부; 1994.)
　도스토예프스키 (투르나이젠; 강성기 역; 종로서적 1983.)
　도스토예프스키, 키에르케고르, 니체, 카프카 (후벤; 유희관 역; 까치 1983.)
　도스토예프스키, 톨스토이, 니체 (네스토프; 이경식 역; 현대사상사; 1987.)
　도스토예프스키 1, 2 (콘스탄틴 모출스키 김현택 역; 책세상; 2000.)
　도스토예프스키: 대심문관 (이종진; 한국외대출판부; 2004.)
　도스토예프스키: 돈을 위해 펜을 들다. (석영중; 예담; 2008.)
　도스토예프스키: 신과 인간의 비극 (작가의 일기; 이종진 역; 문학세계사; 1982년)
　도스토예프스키 소설연구 (러시아시학연구회; 열린책들; 1998.)
　도스토예프스키 연구 (르네 웰렉; 고대노어노문학회; 열린책들; 1987.)
　도스토예프스키의 세계관 (베르쟈에프; 이경식 역; 현대사상사 1979.)
　도스토예프스키의 종교 (깁슨; 이경식 역; 현대사상사 1988.)
　도스토예프스키 장편소설연구 (전근철; 한국외대출판부; 2006.)
　도스토예프스키 창작의 제문제 (바흐쩐; 김근식 역; 정음사 1988.)
　무엇이 인간인가 (오종우; 어크로스; 2010.)
　빵과 기적과 굴레속의 자유 (이유석; 이목구비; 1994.)

안나 도스토예프스키 자서전(안나 토스토예프스키; 김봉영 역; 문음사; 1986.)
이병주의 동서양고전탐사 서양편(이병주; 생각의 나무; 2008.)
자유: 도스토예프스키에서 배운다. (석영중; 위즈덤하우스; 2013.)
죄와벌의 현대적 해석 (조주관; 연대출판부 2009.)
톨스토이냐 토스토예프스키냐 (조지 스타이너; 윤지관 역; 종로서적; 1983.)
톨스토이와 도스토예프스키(스테판 츠바이크; 장영은, 원당희 역; 자연사랑 2001.)
톨스토이와 도스토예프스키: 인간과 예술(메리지코프스키; 이보영 역; 금문; 1996.)

● 영문서적

A Karamazov companion; (Victor Terras; University of Wisconsin Press; 1981.)

A writers diary volume 1, 2
(translated by Kenneth Lentz; Northwestern University Press; 1997)

Aspects of dostoevskii(Robert Reid and Joe Andrew; Rudopi Books; 1994.)

Camus the challenge of Dostoevsky
(Ray Davison; University of Exeter press; 1997.)

Dialogues with Dostoevsky
(Robert Louis Jackson; Stanford University Press; 1993.)

Dostoevsky (Konstantin Mochusky translated
by Michael A. Minihan; Princeton University Press; 1971.)

Dostoevsky after Bakhtin (Malcom V. Jones; Cambrige University Press; 1990)

Dostoevsky and Romantic Realism
(Donald Fanger ; Northwestern University Press; 1998)

Dostoevsky and Soloviev(Marina Kostalevsky; Yale University Press; 1997.)

Dostoevsky and Woman question;(Nina Pelican Straus; St. Martins Press; 1994.)

Dostoevsky on evil and atonement
(Linda Kraeger and Joe Banhart; The Edwin Mellen Press; 1997)

Dostoevsky the thinker (James p. Scarlan; Cornell University Press; 2002.)

Dostoevsky: An examination of the major novels
(Rich and Peace; Cambridge University Press; 1990)

Dostoevsky: The mantle of the prophet 1871- 1881;
(Joseph Frank; Princeton University Press; 2002.)

Dostoevsky: the miraculous years 1865-871;
(Joseph Frank; Princeton University Press; 2002.)

Dostoevskys conception of man (Peter M. Woof; Dissertation.com)

Dostoevskys taboos (Olga Meerson; Dresden University Press; 1998)

Existentialism from Dostoevsky to Sartre
(Walter Kaufman; a Merdian book; 1975)

Holy foolishness; Dostoevskys novels and the poetics of cultural critique
(Harrat Murav; Stanford University Press; 1992)

On dostoevsky (Susan Leigh Anderson; Wadsworth; 2001.)

Problems of Dostoevskys poetics (Mikhail Bakhtin translated
by Caryl Emerson; University of Minnesota Press; 1999)

Reading dostoevsky (Victor Terras; University of Wisconsin Press; 1998)

Remembering the end: Dostoevsky as prophet to modernity
(P. Travis Kroeker and K. Ward; Westview Press; 2001)

Suicide: As a culturlal institution in Dostoevskys Russia;
(Irina Paperno; Cornell University Press; 1997)

The boundaries of genre (Dostoevskys diary of writer and the traditions
of literary utopia; Gary Morson; Northwestern University press; 1981.)

The Dostoevskys Archive (Peter Sekirin; Mcfarland; 1997.)

The idiot: Dostoevskys fantastic prince
(Dennis p. Slattery; Peter Lang Publishing; 1983.)

The optina pustyn monastery in the Russia imagination: Iconic vision in works
by Dostoevsky, Gogol, Tolstoy and others;
(Leonard. J. Stanton; Peter Lang Publishing; 1995.)

The perverted ideal in Dostoevskys devils
(Nancy k. Anderson; Peter Lang Publishing; 1997.)

The structure of brothers Karamazov
(Belknap; Northwestern university press; 1989.)

Tolstoy or Dostoevsky (George Steiner; a Peregrine book; 1967)

찾아보기

ㄱ

강자(强者) 235, 240, 241, 270, 272
개미왕국 92, 193, 194
결정론 63, 164, 166, 169, 171, 172, 207, 208, 258
계몽주의 83
계시종교 54
공공양심(公共良心) 223
공동체 197, 198, 199, 200, 224, 225, 252, 253, 254, 267, 268, 270
공리주의 83, 193
과학혁명(의 구조) 166
군자(君子) 112, 113, 114, 129, 130, 260
군주론 112
긍정 17, 62, 64, 78, 89, 163, 189, 223, 227, 252, 271
기(氣) 88, 104, 229, 231
기독교 17, 39, 52, 53, 54, 90, 104, 111, 113, 146, 154, 161, 173, 192, 214, 246
까라마조프 형제들 17, 118, 137, 148, 173

ㄴ

나스따샤 116, 117, 125
나폴레옹 18, 19, 38, 39, 42, 49, 140, 150, 186, 187
노예 4, 39, 42, 60, 84, 90, 102, 118, 136, 140, 146, 156, 158, 159, 162, 163, 170, 173, 176, 177, 178, 186, 192, 196, 198, 204, 208, 215, 217, 230, 250, 263, 264

노자(老子) 122, 124, 248
노직 200, 201
논어 110
니체 14, 19, 39, 106, 146, 236, 260, 265

ㄷ

대동사회(大同社會) 110, 129
대심문관 4, 14, 17, 19, 20, 23, 57, 59, 60, 61, 62, 63, 64, 66, 69, 70, 71, 72, 73, 74, 75, 119, 152, 173, 174, 175, 177, 179, 181, 188, 189, 190, 191, 193, 194, 195, 196, 202, 240, 265, 266, 267
대중(大衆) 69, 71, 72, 73, 74, 75, 265, 266, 267
도덕 12, 29, 58, 66, 79, 86, 97, 98, 101, 109, 110, 112, 116, 117, 123, 127, 129, 140, 141, 162, 171, 185, 186, 191, 211, 217, 219, 220, 221, 222, 223, 225, 226, 227. 228, 229, 230, 231, 232, 233, 234, 235, 237, 238, 240, 242, 243, 246, 247, 248, 249, 250, 251, 254, 260, 263, 268, 270, 271
두냐 30, 31, 32, 33, 34, 37, 40, 41, 42, 43, 45, 46, 47, 48, 49, 92, 93, 182, 212
뒤르켕 136, 137
드미뜨리 21, 48, 118, 119, 206, 207, 212, 216
득도 122, 123, 124, 127, 159, 160
들뢰즈 85, 89
디스토피아 58, 100

ㄹ

라깡 78, 85, 89
라플라스 164, 167, 168
로마 가톨릭 62, 173, 192

롤즈 201
루시퍼 효과 211
루진 31, 32, 41
루터 88, 215
리(理) 104, 229, 230, 231, 250
리비도 45
리자베따 43, 140

● ㅁ

마르쿠제 200
마르크스 89, 100, 166, 193, 194, 203, 253, 261
마르파 30, 31, 32, 40, 41, 42, 49, 92, 183, 207
마키아벨리 112
메멘토 모리 133, 134
명(命) 228, 229, 230
모출스키 54, 95
물자체 232, 233, 238
므이쉬낀 17, 116, 123, 125, 130
미성년 137

● ㅂ

바흐찐 17
반역 19, 52, 56, 59, 66, 67, 119, 150, 151, 154, 176, 190, 192, 240, 272
백치 94, 108, 116, 117
벌(罰) 17, 57, 129, 137, 140, 141, 163, 165, 161, 206
범인 16, 19, 38, 186, 265
법철학 199
베르호벤스키 139, 140, 144, 202
병리 90, 91, 92, 93, 94, 96, 98, 102, 244, 260

부정 20, 56, 57, 59, 62, 63, 64, 67, 84, 96, 119, 129, 146, 150, 154, 168, 178, 179, 189, 208, 211, 220, 222, 225, 247, 258, 259, 270
부조리 14, 55, 66, 67, 84, 144, 147, 150, 152, 156, 252, 260, 261, 262, 263, 265 269, 273
비범인 16, 18, 19, 39, 40, 49
뻬뜨로프 34, 35, 36, 37, 38, 182

● ㅅ

사랑 5, 6, 13, 14, 16, 17, 18, 19, 21, 22, 23, 24, 26, 31, 32, 41, 42, 47, 48, 49, 52, 53, 62, 67, 69, 97, 107, 109, 112, 113, 114, 116, 117, 118, 119, 121, 122, 124, 125, 126, 127, 128, 130, 134, 140, 141, 142, 144, 145, 147, 149, 153, 159, 177, 178, 179, 183, 186, 190, 192, 195, 206, 207, 235, 239, 240, 241, 242, 243, 244, 245, 246, 250, 251, 254, 265, 270, 271, 272, 273
사이코패스 37, 207
상대적 윤리설 227, 232, 233, 235
상대주의 233, 235, 237, 239, 241
상호인정 219, 223, 224, 225, 226, 233, 234, 237, 242, 243, 268, 269
상호주관적 관계 252
샤토프 53, 200
선(善) 12, 28, 29, 30, 58, 66, 73, 79, 83, 85, 86, 88, 106, 109, 111, 116, 117, 141, 165, 171, 178, 191, 211, 217, 237, 239, 243, 251, 259, 262, 268, 271
성(性) 104, 229, 230
소냐 17, 31, 38, 43, 46, 206, 207
소크라테스 101, 165, 175, 249
수퍼에고 221
순수이성 167

순전한 무사려 209, 211

쉬갈료프 152, 173, 202, 266, 267, 270

슈뢰딩거 169

스따브로긴 17, 30, 95, 137, 138, 139, 140, 141, 142, 143, 149, 183, 184

스뜨라호프 95

스메르자꼬프 94

스비드리가이로프 30, 31, 32, 37, 40, 41, 42, 43, 44, 45, 46, 47, 48, 49, 78, 82, 92, 93, 96, 137, 138, 140, 183, 184, 206, 207, 212

스토아학파 161, 248

신이 없다면 모든 것이 허용된다 21, 57, 58, 63, 237

신인(神人) 16, 52, 54, 113, 115, 144, 145, 176

● ㅇ

아글라야 116, 117

아우구스티누스 93

아이히만 29, 209, 210, 219, 232

악령 17, 25, 53, 137, 138, 173, 202, 266

안또노프 36, 37

알료샤 17, 55, 56, 67, 69, 72, 108, 118, 119, 120, 121, 123, 130, 152, 188, 189, 190, 216, 245

양 떼 60, 62, 63, 66, 67, 70, 71, 73, 74, 75, 176, 203, 267

양심 55, 56, 80, 96, 159, 178, 200, 215, 217, 218, 219, 220, 221, 222, 223, 224, 225, 226, 227, 234, 254, 268

예론(禮論) 251

오를로프 182

오이디푸스 콤플렉스 82, 231

요청 63, 102, 105, 162, 171, 175, 194, 199

욕망 5, 40, 42, 45, 48, 70, 78, 79, 80, 81, 82, 84, 85, 86, 87, 88, 89, 90, 93, 96, 97, 98, 99, 100, 101, 102, 118, 119, 122, 140, 159, 160, 161, 162, 181, 183, 184, 185, 186, 193, 195, 208, 212, 221, 231, 240, 243, 247, 248, 249, 250, 260, 262, 263, 264, 265

욕심 122, 123, 125, 127, 130, 159, 231

우연 33, 97, 139, 163, 168, 169, 172, 228, 232

위군자(僞君子) 130

유일신(唯一神) 14, 26, 146, 214

유토피아 63, 100, 110, 111, 201, 273

이반 14, 17, 19, 20, 21, 54, 56, 59, 66, 67, 72, 118, 119, 148, 149, 150, 152, 173, 175, 188, 189, 190, 240, 272

이성 14, 22, 23, 24, 52, 55, 69, 72, 78, 79, 82, 83, 84, 86, 87, 88, 89, 90, 97, 99, 101, 105, 106, 118, 140, 146, 150, 166, 168, 171, 176, 184, 185, 191, 198, 199, 200, 208, 210, 216, 217, 221, 223, 224, 227, 232, 248, 249, 250, 252, 253, 259, 260, 262, 263, 268, 269, 270

인과관계 164, 166, 167, 168, 170, 171, 248

인과론 165

인신(人神) 16, 142, 144, 145, 146, 147, 252

● ㅈ

자살 31, 32, 47, 95, 96, 132, 133, 135, 136, 137, 138, 144, 145, 147, 148, 154, 156, 182, 184, 206, 252

자유 93, 96, 98, 102, 107, 108, 130, 145, 146, 156, 158, 159, 160, 161, 162, 163, 164, 166, 167, 169, 169, 170, 171, 172, 173, 174, 175, 176, 177, 178, 179, 180, 181, 189, 190, 192, 193, 194, 195, 196, 197, 198, 199, 200, 201, 202, 203, 204, 208,

213, 215, 217, 218, 221, 223, 230, 240, 248, 250, 252, 253, 258, 263, 264, 265, 266, 267, 269, 272, 273

장자(莊子) 110, 235, 236, 238, 254

절대적 윤리설 226, 228, 229, 231, 232, 233, 251

절대지(絶對知) 54, 199

정상 90, 91, 92, 93, 94, 95, 96, 102, 145, 166, 171, 210, 260

정신현상학 54, 250

정의 20, 29, 30, 66, 109, 133, 168, 180, 186, 193, 200, 212, 222, 223, 230, 237, 239, 240, 243

조시마 5, 17, 20, 21, 22, 67, 72, 118, 120, 153, 242, 243, 244, 245, 246, 250, 254, 270, 272

종교개혁 14, 215

죄(罪) 5, 17, 23, 52, 57, 107, 108, 118, 122, 128, 149, 142, 150, 151, 163, 165, 171, 186, 192, 206, 207, 208, 209, 210, 213, 214, 215, 218, 226, 244, 245, 246

주인 84, 122, 159, 172, 176, 177, 185, 186, 204, 216, 218, 250, 263

죽음의 집의 기록 16, 34, 181

지하실의 수기 5, 16, 85, 90, 160, 259

진리 4, 13, 16, 52, 53, 54, 55, 58, 69, 73, 74, 75, 85, 101, 106, 133, 147, 153, 165, 166, 178, 197, 228, 229, 234, 236, 237, 238, 239, 246, 250, 251, 254, 259, 268, 269

짐바르도 210

● ㅊ

천국 63, 64, 67, 69, 73, 111, 126, 127, 141, 152, 155, 179, 197, 204, 246, 252, 260

천년왕국 13, 20, 56, 62, 149, 150, 151

천명(天命) 104

철인왕 19, 111

체르느이셰프스키 83

체홉 16, 107, 273

초인(超人) 38, 39, 40, 62, 63, 67, 69, 70, 73, 146, 186, 266

친부살해 20, 95

● ㅋ

카리스마 34

칸트 66, 79, 86, 87, 167, 168, 171, 217, 221, 227, 228, 232, 233, 236, 237, 243, 250, 270

쾌락원칙 45, 79, 221

쿤 166

키릴로프 135, 137, 138, 139, 140, 141, 142, 144, 145, 146, 147, 148, 150, 152, 154, 252

● ㅍ

파스칼의 내기 129

포이에르바하 145

포퍼 268

폰지비나 52

프랑스혁명 191, 199

프롤레타리아 72, 191, 193, 194

프로이트 45, 78, 79, 80, 95, 166, 185, 186, 221, 222, 260

플라톤 111

● ㅎ

하이젠베르그 169

한나 아렌트 29, 209

헤겔 54, 158, 199, 200, 221, 223, 224, 250, 269

혁명 14, 62, 139, 140, 144, 154, 166,

191, 193, 194, 199, 200, 230

현실원칙 45, 79, 221

호르크하이머 84

호색 43, 78, 80, 81, 88, 90, 91, 92, 93, 94, 95, 96, 102, 230, 231

활연관통 123, 159

도스토예프스키 만나다

초판 1쇄 인쇄 2017년 5월 25일
초판 1쇄 발행 2017년 5월 31일

지은이 김형진
펴낸이 이재욱
펴낸곳 ㈜새로운사람들
교정·교열 김의수
디자인 이정윤
마케팅·관리 김종림

ⓒ김형진, 2017

등록일 1994년 10월 27일
등록번호 제2-1825호
주소 서울 도봉구 덕릉로 54가길 25(우 01473)
전화 02)2237-3301, 02)2237-3316,
팩스 02)2237-3389
이메일 ssbooks@chol.com
홈페이지 http://www.ssbooks.biz

ISBN 978-89-8120-546-1

*책값은 뒤표지에 표시되어 있습니다.

II